LOS ÁNGELES DEL DESTINO HUMANO

QUIÉNES SOMOS. ADÓNDE VAMOS

VOL. 2

Lucy Aspra

LOS CUATRO ANGELES DEL DESTINO HUMANO
Volúmen 2 QUIÉNES SOMOS. ADÓNDE VAMOS

Portada y láminas interiores de: G. Dominguez Elizarrarás

Primera Edición: Septiembre 2003
C 2003 Lucy Aspra
La Casa de los Ángeles
Campeche 261, Esq. Chilpancingo
Colonia Hipódromo Condesa
México, D.F 06100, México
Tels. (55) 5574-3052 / 5584-2325 / 5564-3392
e-mail:casangel@prodigy.net.mx
www.lacasadelosangeles.com.mx

I.S.B.N. 970-92209-4-2

Dedicatoria:

*A San Miguel Arcángel,
con todo mi amor y agradecimiento y la más
profunda devoción y entrega.*

PRESENTACIÓN

Todos los que estudian una carrera, una filosofía, un curso, etc., que los encamine a desarrollarse positivamente y a elevar su estado de conciencia, están estudiando a los Ángeles. Porque son los Ángeles los que conducen las energías que producen crecimiento, son ellos los que traen las tendencias positivas y los que inspiran los descubrimientos necesarios para que la humanidad pueda dar un paso más hacia el futuro, porque ellos supervisan hasta la partícula más minúscula que llega a nuestro espacio y a nuestra vida. Todo lo que el ser humano alcance a percibir, y que es noble, bueno y altruista, procede del trabajo de los ángeles. Los ángeles nos traen regalos de Dios, y todo lo que nos dan es bueno, pero el hombre, una vez que recibe estos regalos, puede ejercer su libre albedrío y proceder a degradarlos; en este caso, no intervienen los ángeles, porque ellos no pueden obligarnos a "ser buenos"; tenemos que llegar allí por decisión propia. Dios, nos da todo y nos permite usarlo como nos va indicando nuestro estado de conciencia, y los Ángeles tienen indicaciones de no intervenir aún cuando procedamos a destruir lo que se nos da con profundo amor. Debemos aprender a percibir el trabajo de los Ángeles, y a ver sus celestiales manos en todo lo que es delicado y noble; pero también es preciso que alcancemos a discernir dónde no están trabajando; porque también hay entidades que hostigan continuamente para invertir el crecimiento de la humanidad, y debemos saber diferenciarlos. Una vez que nos acercamos a los gloriosos ángeles de Dios, poco a poco sabremos discriminar y comprenderemos sin preguntar qué labor colabora en el Plan de Dios y cuál lo entorpece. En ese momento, de manera instantánea, sabremos dónde está el trabajo de los Ángeles de Dios y dónde están operando los entes del Mal. Cuando decimos que los Ángeles nos guían y dirigen, nos referimos a que no importa lo que percibimos del mundo, ni la forma en que hoy se conduce una parte importante de la humanidad, ni debe interesarnos cuál sea el plan de los entes del mal ni de sus esbirros en la Tierra, el Bien triunfará. De eso se trata la supervisión de los Ángeles. Su trabajo no consiste en detenernos cuando queremos ejercer nuestro libre albedrío, sino que ellos, de manera mística y etérea, van inspirando a los que están a punto de despertar al mundo espiritual, y éstos, a medida que lo hacen, irán también transmitiendo los mensajes de amor, de fe y de esperanza a otros; y de esta manera, eventualmente, se cumplirá la Voluntad de Nuestro Creador. El Plan de Dios se cumplirá, y participarán todos los que desean hacerlo. Todos estamos invitados, sólo es cuestión de decisión.

No estamos solos, ni las cosas suceden al azar; somos conducidos celestialmente para llegar a expresarnos de acuerdo a delineamientos perfectamente señalados desde las esferas celestiales. Y este camino que todos recorremos, está supervisado por los celestiales mensajeros de Dios; son ellos, los que, desde niveles sutiles, nos van guiando, y aunque no se puedan percibir objetivamente, ellos se encargan de que las situaciones se cumplan en cada lugar y en cada persona; ellos velan por la perfecta realización del Plan de Dios. Y sobre toda la hueste de ángeles, existen 4 Celestiales Seres que se conocen como los Cuatro del Destino del Hombre, y sobre estos Divinos Guardianes de nuestra humanidad nos hemos extendido en este volumen 2, esperando que, a través de esta información, eventualmente puedan ser percibidos por todos los que lean estas páginas.

Los Cuatro Divinos Ángeles son conocidos desde el origen de la vida en el planeta, y aunque sus funciones varían, todas están perfectamente sincronizadas para conducir al planeta y a la humanidad a cerrar el ciclo que se avecina. En el volumen 1, hablamos del proceso de la "Muerte" y cómo intervienen los Ángeles regidos por el Ángel de la Vida, y en esta sección exponemos las funciones de los otros tres. También hubo necesidad de referirnos a las fuerzas del Mal, y cómo han podido engañar por tanto tiempo a la humanidad. Se habló de ellos con el fin de que estemos conscientes que aunque no es necesario prestarles atención, sí existen, y son muy objetivos en los planos que habitan. Han logrado ir ganando terreno por su habilidad para mantenernos con el temor de que si denunciamos su realidad se nos tilde de incultos o que no estamos bien mentalmente. Casi todos hemos oído hablar de la protección que da San Miguel Arcángel, pero a veces lo vemos como algo intangible o irreal y no comprendemos bien contra qué es lo que nos defiende; la verdad es que su protección es precisamente contra estas malévolas fuerzas que cada día tienen más injerencia en el planeta, y es necesario que estemos conscientes que la lucha que entabla ese celestial guerrero es muy objetiva, no es surrealista ni imaginaria, y en este tiempo, es preciso que tengamos la certeza también que no hay nada que temer cuando nos acercamos a él y buscamos su apoyo. Nunca nos fallará, está pendiente de cada petición que le hacemos, y responde a cualquier llamado de auxilio que le enviamos; por esto, es buena idea buscar su resguardo y ponernos bajo su cuidado. San Miguel Arcángel existe, es un ser real, objetivo, activo, y es el encargado de nuestro planeta. Y aunque los Celestiales Cuatro trabajan en todo el Universo, la labor que realizan en nuestro planeta, se lleva a cabo de acuerdo a sus indicaciones.

En la Presentación del volumen 1, relaté algunos sueños que me estimularon para escribir sobre lo que sucede cuando las personas mueren, y aunque hubiera querido decir cosas como: "todos los que mueren automáticamente llegan al cielo", o "no es necesario recordar a los difuntos porque sólo los perturbamos", o "ellos ya no necesitan de nosotros", etc., etc., frases que quizá consolarían a muchos, pero que a la luz de la información histórica y la que nos aporta muchos testimonios, no corresponden a la realidad, y también, como creo que algunos de los sueños que tuve, se deben al interés

LUCY ASPRA

de los difuntos para moverme a rezar por ellos y a transmitir la información que aparece
en el primer volumen, siento cierta obligación hacia ellos, por lo que no hubiera podido
decir más que lo que considero es la verdad: "los difuntos nos necesitan", y si lo
analizamos podremos comprender en dónde radica esta necesidad: Cuando el ser
humano fallece, su conciencia sigue activa en otro lugar, porque la muerte no existe, lo
único que sucede es que los que están vivos ya no pueden ver actuar al muerto. Si como
sabemos, estamos aquí para aprender a practicar el bien, por lógica, si no cumplimos
con eso, hay una consecuencia a la que debemos enfrentarnos cuando nos vamos de
aquí. Si todo fuera impune, no existirían almas en pena, ni almas perdidas, ni espíritus
chocarreros, ni demonios, etc. Cuando el ser llega al otro lado, comprende que está en
un mundo donde las energías están fuera de su control, y que las que se lanzan sobre él
provienen de lo que hizo mal o dejó de hacer bien mientras estuvo vivo. Se da cuenta
que no puede venir personalmente a reparar o a aminorar esas ráfagas voraginosas, pero
desde la Tierra existe esa posibilidad, porque sólo desde aquí tenemos el poder de
suavizar esas corrientes; y desde ese momento ansía volver para reparar lo que hizo,
pero no lo puede hacer, ante esto, su única esperanza es que sus "deudos" le envíen el
paliativo que necesita: energías de amor que repelen las vibraciones densas. Cuando
comprendemos cómo son los Planos que rodean nuestro planeta, entendemos también
que las energías oscuras que contaminan el Astral vienen únicamente del Plano físico o
tridimensional; no se originan en ninguna otra parte, por eso es que sólo desde aquí se
pueden mitigar. El que fallece se va enterando de esto, por eso buscará incesantemente
llegar a la conciencia de los vivos para que le ayuden. Buscará todas las formas para que
lo recuerden con cariño y recen por él, pero aquí entra otro factor: ¿Hizo algo en vida
para que sus deudos se acuerden de él?... ¿No predicó él mismo, que todo se acaba con
la muerte?... Y si nunca emitió sentimientos de amor para que pudiera ser recordado de
la misma manera, y si tampoco cumplió con los compromisos que debía, o si fue
déspota, intolerante, iracundo, etc., etc., ¿no estarán más bien sus deudos, felices de
haberse deshecho de él?... Si este es el caso, nos indica que el difunto no sembró nada
para cosechar, ni dejó cosa alguna para que se le recordara con amor, y llegó con las
manos vacías al otro lado. Ahora sabe que las únicas energías que pueden dispersar las
que le atormentan, tienen forzosamente que venir de la Tierra, ¿y cómo hacer para que
los vivos se enteren de esto?... Si tiene la oportunidad de transmitir el mensaje cuando
en sueños sus deudos entren al Astral, es muy seguro que aprovechará ese momento;
pero esto no es muy fácil tampoco, porque debe coincidir exactamente en la misma
onda longitudinal a la que entra el deudo cuando duerme; pero lo intentará aunque sea
un instante en que coincidan. Cuando dormimos incursionamos en otros planos, y
cuando soñamos podemos recordar momentáneamente esas visitas; por esto debemos
esta pendientes de lo que de allí percibimos de los seres fallecidos, porque a no ser que
tengamos dotes de médium, es la única forma que tienen para comunicarse con

LOS ANGELES DEL DESTINO HUMANO Vol. 2 V

nosotros. A la luz de lo anterior, es fácil comprender entonces, que todos los que se han adelantado necesitan nuestros pensamientos de amor, los sacrificios y obras caritativas que realizamos en su memoria, y naturalmente, también necesitan oraciones.

En este volumen 2, se contempla la actividad de los Cuatro Ángeles que supervisan la Ley de Amor que Dios ha dispuesto para nuestra evolución. Ellos sólo se encargan de que el Plan de Dios siga el cauce establecido por Él, y cuando un individuo altera ese cauce, ellos deben reacomodarlo para que no se interrumpa la evolución. El resultado de su labor es lo que nosotros a veces percibimos como una crisis, pero al ir comprendiendo como funciona esa Gran Ley, comenzaremos a fluir con ella y nuestra vida será armoniosa y agradeceremos continuamente la asistencia de estos Celestiales Mensajeros.

A través de estas páginas se podrá encontrar la información relacionada con estos divinos Seres: el Ángel de la Vida, el Ángel de los Registros, el Ángel de la Justicia y el Ángel de los Nacimientos, que son los que trabajan estrechamente con los seres humanos en los momentos más trascendentales del Alma, que son: el Nacimiento y la Muerte. Su labor también abarca a las diferentes especies dentro de los reinos de la Naturaleza: Mineral, Vegetal y Animal. Estos excelsos Seres son los que supervisan la construcción de cada una de las formas que se manifiestan en el mundo físico, y con una precisión divina, permiten que cada ser humano reciba exactamente lo que ha generado, tanto a nivel material, como emocional e intelectual. Sin embargo, también siendo Seres de Amor, en estos momentos de nuestra evolución están incrementando la vibración de las energías que bañan al planeta, con el fin de despertar a más seres humanos a la realidad del mundo espiritual.

Mi deseo más grande es que este libro sirva para que las personas que lo lean sientan interés por conocer más sobre los Ángeles y pensando en su Ángel Guardián, le pidan su asistencia, y así inicien ese camino de amor que él les va señalando.

Que Dios los bendiga y su Ángel les cubra con su resplandor de paz, armonía, amor y sabiduría.

Lucy Aspra

AGRADECIMIENTOS

Como expresé en la Presentación del vol. 1 "Morir sí es Vivir", a través de sueños he tenido la oportunidad de percibir sentimientos de seres que se nos han adelantado en el camino. En estos sueños ellos intentaban transmitirme en qué estado se encontraban. En algunos casos, seres que había conocido mientras vivían entre nosotros, me solicitaban llevar mensajes a sus allegados vivos, invariablemente eran pidiendo oración. Muchos sueños los tuve cuando aun no estaba yo muy enfrascada en la búsqueda espiritual y no le daba tanta importancia a la oración. Hoy en día, puedo decir, que la comprensión de lo que significa la oración comenzó con estas peticiones de difuntos. Hubo un momento en que eran tantos los seres por los que pedía diariamente que comencé a hacer una "lista de difuntos". Una noche tuve un sueño donde un chico fallecido que no conocía me dijo que por favor lo anotara en mi lista. Recuerdo claramente el aspecto con que se me presentó mientras me decía que su nombre es "Alejandro"; desde entonces lo recuerdo diariamente en mis oraciones. La lista con los nombres de los difuntos siempre la guardo debajo de un candelero donde prendo una vela diariamente, y un día se perdió la lista, por lo que tuve que hacer otra; en ésta se me olvidó agregar el nombre del esposo de una amiga por el que había estado rezando algún tiempo, y como al mes se presentó en sueños y me dijo: "Lucy, por favor pon mi nombre nuevamente en tu lista, necesito oraciones", yo hasta ese momento me di cuenta que no estaba incluido en la lista nueva. Los seres queridos que se han ido, están muy cerca de nosotros, necesitan nuestros pensamientos de amor, nuestros recuerdos cariñosos y sobre todo, nuestras oraciones; y creo que ellos, a través del esfuerzo que realizaron para que pudiera percibirlos, han intentado sensibilizarme para hablar sobre el tema, y creo que también son los que me han impulsado para escribir este libro; por este motivo, quiero enviarles un sentimiento de profundo amor y agradecimiento, con la esperanza de que sea éste un medio para llegar al corazón de otras personas para que los recuerden con amor y comprensión.

Quiero aprovechar este espacio también para reconocer la inspiración que he recibido de las personas que sufren la separación de un ser querido, por su ejemplo de fortaleza y abnegación ante este gran dolor. Y también recordarles que - aún cuando sienten que no hay esperanzas porque es tan inmensa la aflicción por la pérdida- la muerte no es más que un viaje a otro espacio de amor, y ese ser amado que se adelantó, hoy está libre y aguardando con alegría y gloriosas expectativas, el momento de su llegada.

Hay una constante en mi vida que me motiva para continuar con el trabajo que llevo a cabo: es el amor de mis hijos, Sabrina, Renata y Rodrigo Herrera Aspra. Y como las mismas ocupaciones me retienen mucho tiempo, se me dificulta demostrarles con mi presencia la magnitud de mi amor por ellos, por esto aprovecho estas páginas para asentarlo y expresarles un profundo agradecimiento por inspirarme y alentarme continuamente, y también por darme 7 preciosos nietos: Renatita, Regina, Sabrinita, Rodri, Sebastián, Pau y Alonso. Además debo agradecer nuevamente el apoyo económico de Rodrigo al hacerse cargo de la edición de los dos volúmenes de este libro. También, debo agradecer nuevamente, con profundo amor y admiración a Sergio de la Torre por su amor, paciencia e infatigable apoyo.

Se me dificulta encontrar las palabras para expresar adecuadamente mi gratitud a los amigos que continuamente colaboran de manera desinteresada en hacer de La Casa de los Ángeles, un centro cultural donde todo el que lo desee puede acercarse para recibir la información relacionada con los cursos que con profundo amor imparten, pero nuevamente debo mencionar a Lolita Santos, Silvia Ibarra y a Ángeles Romero, quienes además de impartir desinteresadamente y con excepcional entrega el curso de Milagros, debo reconocerme en deuda con ellas por la gentil disposición y generosidad que desplegaron supliéndome en los cursos durante las últimos meses que he estado terminando este libro. Tengo que extender este agradecimiento también a Miguel Pérez, Tere Fiallegas, Silvia Casarín, Ana Luisa López, Cristina López Quiñones, a todos, desde el fondo de mi corazón: gracias. A Evangelina Lavanderos, quien diariamente esparce su amor a través del servicio y compartiendo su devoción a los ángeles, especialmente con los niños. Rosalba Reynoso que llena el espacio con su energía de amor y gran sabiduría. A Pedro Jiménez Jiménez, quiero expresar un reconocimiento especial por tantas horas que invierte en investigaciones y traducciones que realiza para apoyarnos. A todos ellos que diariamente dejan allí sus emanaciones lumínicas provenientes de su gran interés por La Casa de los Ángeles, como también a otros grandes amigos que fielmente nos acompañan en todos los momentos, dispuestos siempre a colaborar en lo necesario, debo reconocerme agradecida especialmente con: Rubén y María Elena de Parada, Yolanda González Arzate, Leticia Viesca y Armando Díaz, Malulle Pedrero, Arturo Pérez, Pedro Pineda, Josefina Moreno, María Eugenia Bedoy y su hija Elizabeth, Carmina Yaffar y su hija Carmina, Ángeles Ochoa, Corina Verduzco, Patty Correa, Beatriz Tamés, Minerva Santoyo, Patty Merino, Carlos Osorio, Leticia Torreblanca, Rosa Márquez Avilés, Rocío Balderrama, Hilda Pola de Ortiz, Isabel Heredia, Luz María Pastor, Dr. Juan José Quiroz, Dr. Marco Antonio Cataño, Norma Rivera de Pérez Abreu, María Luisa Cuevas de Domínguez, Guadalupe Gutiérrez Ramírez, Eduardo y María Luisa Vogel, Dr. Julián García Granados, Luz María Oropeza, Elba Zumaya y Carlos Hernández, Marina Hernández López, Emelina Pastrana, Elizabeth Zamudio de Rivera, Carmen de la Selva, Georgina Madrid, Esther Hurtado Gutiérrez, Victoria López Cruz, Alicia Cruz Gutiérrez, Otilia Galván Buitrón, Guadalupe Álvarez Tinoco, Yolanda Balderas, Eva Escobedo, Beatriz Ortiz; así como

ASPRA
LUCY ASPRA

también con los fieles colaboradores: Angélica Zúñiga Cruz, Malena Nava, Enrique Romero y Liz Valentín. Aprovecho este espacio para darles mi gratitud eterna y también porque debo manifestarles que es gracias a su vibración de amor por los mensajeros de Dios, que cada día se advierten más bendiciones de paz, armonía y amor en La Casa de los Ángeles.

También quiero mencionar en este espacio a los amigos que desde lejos siempre están pendientes de La Casa de los Ángeles, enviándonos con sus pensamientos de amor, la celestial emanación que ha permitido que se continúe con la difusión cada vez mayor de la presencia de nuestros mensajeros celestiales, a Martita Ortiz y a Javier, su esposo, de Piedras Negras, Coahuila; a Angélica Sánchez y a Enrique, su esposo y a sus dos adorables hijos, Quique y Poncho, de Sahuayo; Michoacán, Marcela Mejía de Canadá, Lucy Martínez de Aguascalientes, Susy Cuan de Miguel, de Veracruz; Mayra Martínez, de La Paz, Baja California; Armida Hernández, de Querétaro; Arturo Galicia, de Querétaro; Patricia de Mokarzel, de Acapulco, Guerrero; Rosario Gutiérrez González, de Reynosa, Tamaulipas; Dr. Sergio de la Barrera, de Toluca, Edo. México; Esther Leal Ron, de Guadalajara, Jalisco; Isela Sedano de Oaxaca, Luz Marina Bustos de Florida, Flori Mata de Costa Rica, Clara Malca de Panamá; Zoila E. Pinel de Honduras; también a mi hermana Argentina Alvarado y mi hermano Jaime Aspra, y a mis queridos amigos Carmencita y Juan Álvarez, dueños de "The Fairy's Ring" de Miami, Florida, un centro cultural que igual que La Casa de los Ángeles, está dedicado a San Miguel Arcángel y a divulgar gratuitamente la información sobre los ángeles.

No puedo dejar pasar esta oportunidad sin reiterar mi más sincero agradecimiento a los grandes comunicadores que sin ningún interés económico, solamente movidos por su Ángel Guardián, dan a conocer a través de los medios, el trabajo que se realiza en La Casa de los Ángeles: a Irene Moreno, quien conmueve con su devoción y amor a nuestros queridos mensajeros celestiales; a mis buenos amigos: Germán Figaredo a quien admiro por su gran devoción y fortaleza, y a Alejandro Figaredo por la sinceridad y sencillez en su búsqueda espiritual; a Luis Ramírez Reyes, inquieto investigador y extraordinario amigo; a Marta Venegas, mi gran amiga y también una activa buscadora de la verdad. A mi siempre admirable y extraordinaria amiga Marta Susana, gracias a cuyos mensajes llenos de profundidad, muchas almas han encontrado apoyo en momentos críticos. A Julieta Lujambio, Maxine Woodside, Cristina Saralegui, Talina Fernández, María Idalia, Ricardo García Santander, Marissa Escribano, Carlo Coccioli, Mayte Maya, Marcos Vilorio, Chaya Michán, Marco Villasana, Mauricio Peredo, Tony Aguirre, Paola Figueroa, Luis O. Esquivel que me distingue con sus atenciones continuas enviándome sus pensamientos llenos de sabiduría. Gracias a todos y que Dios los bendiga siempre.

A todos los que nos encontramos unidos por la devoción y amor a nuestros celestiales guardianes, entre ellos quiero mencionar especialmente a mi querida amiga Lilia Reyes Spíndola, autora de varios libros donde despliega su profunda devoción a estos divinos seres; a mis amigos los Generales Tomás Ángeles D. y Mario Fuentes, quienes nos proporcionan un extraordinario ejemplo con su interés por el crecimiento espiritual de los que dependen de ellos y porque se extienda a todos los campos este conocimiento esencial; a mis amigos de Argentina: Sergio Chagas y Yohana García, ambos escritores también de bellísimos libros que reflejan su comunicación con ellos. A Helios Proa, mi amigo y maestro, a Enrique Espiro por sus "Revelaciones" angelicales a mis queridos amigos Gloria Palafox y Alberto Calvet; y a Fernando Morán, Javier Montiel y Eder Priego, y a todos los que, aun sin conocerlos, escriben y hablan de los ángeles, ya que gracias a la dedicación y amor de todos, cada día son más personas las que se están acercando a nuestros celestiales guardianes de amor. Sabemos que son ellos, nuestros amados ángeles, los que están conduciéndonos sutilmente para dar a conocer su realidad, y cada día habrán más personas hablando y escribiendo sobre ellos, porque diariamente se va percibiendo más su trabajo y más lo objetivo de su función. Asimismo, extiendo un profundo reconocimiento a los autores y editores de los libros que aparecen en la Bibliografía, pues ha sido gracias a ellos que he podido recopilar la información que aparecen en estas páginas. Finalmente, agradezco la paciencia que muestren los lectores al ir leyendo este libro porque encontrarán algunos conceptos muy repetitivos, pero he intentado que cada sub-título sea comprendido sin tener que buscar referencias complementarias en los sub-títulos anteriores o siguientes. Gracias por su comprensión.

En nombre de todos los que he mencionado y todos los que lean estas páginas, dedico este trabajo a los Ángeles para que estemos siempre cubiertos con sus dulces emanaciones y podamos recibir su apoyo ahora y cuando trascendamos.

Para todos los seres difuntos, extiendo también este deseo, porque a su influencia se debe la concepción de este trabajo, y su ejecución es con la esperanza de que de alguna manera sirva para que puedan recibir más atención de los seres que vivimos aún en el mundo físico. Aquí quiero mencionar a dos amigos que se adelantaron mientras escribía este libro: Alberto Gutiérrez Mollër y Carolina Ricco, a quienes, junto con mis seres queridos trascendidos y todos los fieles difuntos, deseo fervientemente que Dios los tenga en Su gloria, cubiertos con su luz perpetua de amor.

Que Dios los bendiga y los ángeles los envuelvan entre sus alas de amor.

Lucy Aspra

ÍNDICE

CAPITULO UNO
LOS ÁNGELES ENCARGADOS DE LA EVOLUCIÓN HUMANA

"Yo Soy el Ángel que explica la evolución:

He cruzado cielos, atravesado mundos y recorrido espacios para bendecirte hoy... porque recibí esta encomienda de Nuestro Padre Celestial: llegar a tu vida y derramar en ti mi irradiación angelical... Ven... cierra tus ojos... aspira profundamente... aspira mi luz de amor... Estoy aquí para traerte fortaleza, perseverancia y valor... y con ternura explicar algo de nuestro desarrollo natural... Las "Jerarquías Celestiales" que conoces señalan que hay ángeles en distintos grados de evolución... Las funciones de los de Arriba, aún no las comprendemos los de una escala menor... y la luz de los Serafines de este Sistema Solar aún no abarca el Universo total... Así el humano aún no es posible que comprenda totalmente lo que hacemos los que guardamos la humanidad, pero algún día lo entenderá y hará una labor similar... y aspirará... aspirará mientras asciende por la Eternidad... porque eso ha querido Dios para Su Creación... Cariño, a medida que creces vas entendiendo que lo que no comprendes no inquieta... Sabes que es imposible comprender la magnitud de lo que Dios pensó...Cuanto más entiendes, entiendes que hay más que entender... y te arrodillas y bendices a Nuestro Padre por haberte dado la capacidad de llegar a esa comprensión... Ahora... ven... vamos a saludar a los ángeles y tratar de comprender por qué hoy te han preparado este día tan especial..." **De la Agenda Angelical, de Lucy Aspra**

LOS ÁNGELES ENCARGADOS DE LA EVOLUCIÓN HUMANA.

Dios, Nuestro Padre Celestial, ha establecido leyes en el Universo para conservar la armonía y el sincronismo que se observa en todo lo que de Él ha emanado, y para la ejecución y supervisión de estos decretos celestiales ha puesto a 4 Divinas Figuras que se conocen como los 4 Ángeles del Destino o 4 Ángeles Registradores. En realidad son 7 los Grandes Arcángeles, pero los libros no dan información sobre los primeros Tres; esto se debe a que en la etapa actual de nuestra humanidad, son estos Cuatro Grandes los que tienen relación directa con nosotros.

LOS CUATRO ÁNGELES, SUPERVISORES DIVINOS ¿QUIÉNES SON?

Los celestiales Seres responsables de que las Leyes de Dios se cumplan en la Tierra, son Ángeles cuya elevada evolución corresponde a Universos lejanos, trabajan de manera independiente pero a la vez están sincronizados; y cada uno es el encargado de una sección bien delineada dentro de Nuestro Sistema Solar incluyendo toda vida en nuestro planeta. A su cargo laboran muchísimos Ángeles de distintos grados y categorías.

Los 4 grandes Arcángeles aparentemente laboran de forma impersonal, pero su trabajo es combinado y su finalidad es conducir a la humanidad a anhelar la paz, la armonía, la justicia, a prestar atención al equilibrio que existe en la Creación y a amar profundamente a Nuestro Padre Celestial. A medida que el ser humano despierta a los susurros de los Ángeles empieza a darse cuenta de la perfección en la manifestación divina y de cómo ésta corresponde a ciclos que invariablemente se cumplen; empieza a observar los ritmos en la naturaleza y en los sucesos que de forma cronológica y sin interrupción tienen lugar durante su existencia. Comprende que no hay casualidades, porque Dios no deja nada al azar, sino que todo está programado para que siempre exista la justicia aun cuando pareciera que las leyes se cumplen de manera automática, ciegamente, sin favoritismos y con aparente inmisericordia. Al llegar a este conocimiento, el ser humano empieza a tener confianza y seguridad, sabe que de él depende que exista armonía en su vida y su mundo, se despiertan sus deseos de cumplir con las leyes sagradas y empieza a sentir una íntima conexión con todo lo que de Dios ha emanado, porque surge el amor divino y el anhelo de colaborar en ese maravilloso Plan de Dios cuya magnitud ya es capaz de percibir. Entonces, comprende que, de aquí en adelante, él puede cambiar lo que le incomoda, y también se da cuenta que aquello que ya tiene una consistencia por la fuerza del abuso, debe seguir un cause natural, y él que ya conoce la ley, con humildad acepta los designios de Nuestro Padre Celestial; es decir, acepta que se cumplan Las Leyes sin tratar de oponerse a ellas.

¿CON QUÉ NOMBRES SE DESIGNAN A LOS CUATRO ÁNGELES ENCARGADOS DE NUESTRO PLANETA?

"Después de esto vi cuatro ángeles de pie en las cuatro esquinas de la tierra, que sujetaban a los cuatro vientos de la tierra para que no soplaran sobre la tierra, ni sobre el mar, ni sobre los árboles." Apoc.7:1

En casi todas las tradiciones se hace referencia a estos excelsos seres y en los tratados antiguos se les designa con nombres diversos:

- Los 4 Arcángeles
- Los 4 Maharajas*
- Los 4 Lipikas
- Los 4 Señores de los Puntos Cardinales.
- Los 4 Regentes de la Tierra.
- Los 4 Ángeles del Karma

En el mundo cristiano a estos 4 Grandes Seres que se encargan de la distribución de las energías sobre el planeta para la evolución de la humanidad, se les conoce como los Ángeles Registradores y son representados por los cuatro animales a los que hace referencia Ezequiel cuando narra la aparición de que fue testigo a orillas del Río Chebar, y de igual manera, según se refiere en Apoc. 4:6,7. Se relacionan también con los cuatro evangelistas: San Mateo, San Marcos, San Lucas, y San Juan, los cuatro que narran la vida de Jesucristo.**

---

*Aunque este nombre "Maharaja" deriva del sánscrito que significa "gran divinidad" se usa para identificar a los Ángeles de Dios que supervisan amorosamente la humanidad, también lo aplican algunos líderes espirituales para designarse a sí mismos. Los Cuatro Maharajas entre los budistas del Norte, son las grandes divinidades Kármicas, situadas en los cuatro puntos cardinales para vigilar a la humanidad. Son los regentes que presiden, respectivamente, los cuatro puntos cardinales, gobernando sus Fuerzas cósmicas, cada una con su distinta propiedad oculta. Estos seres son los protectores de la humanidad y se hallan relacionados con el Karma, del cual son agentes en la tierra; por esto se les conoce como los "señores kármicos".

**Ver en vol. 1 ¡Morir sí es vivir!, en Cap. 1 "Los cuerpos perecederos del ser humano y sus símbolos"

Las funciones de estos Grandes Ángeles son siempre las mismas, aunque de acuerdo al grado de desarrollo de cada grupo de seres humanos es como será percibida la labor que realizan, por esto es que sus nombres pueden variar en cada cultura. Cuando no se conocen las leyes cósmicas se pueden percibir como seres destructores o justicieros incongruentes, pero no es así, porque realmente ellos son los Protectores de la Humanidad que están siempre supervisando su desarrollo físico, emocional, mental y espiritual de acuerdo a las leyes imparciales establecidas por Dios, nuestro Padre Celestial, Quien emana sólo amor, porque Él es Amor. A estos grandes Ángeles se les relaciona con los cuatro puntos cardinales y se dice que "gobiernan las fuerzas cósmicas de estos puntos" (Apc.7:1). También se relacionan con la figura mística de la Cruz y cada brazo respectivamente, representa la jurisdicción de uno de estos Grandes Seres. Se dice que, además de que la Cruz es el modelo que usó Dios para formar el cuerpo del hombre, su importancia también deriva de su relación con los Cuatro Grandes Registradores que supervisan la evolución humana.

En la filosofía hindú se les relaciona con los Chabur Maharajás, cuyos nombres propios son:

- Dhritarashtra
- Virudaka
- Virupaksha
- Vaishravana.

Los grupos de Ángeles conocidos como los "globos alados", o según la descripción en el Libro de Ezequiel: "ruedas ígneas", trabajan para ellos y se les conoce como:

- Gandharvas se relacionan con el Este y con el color Blanco.

-Kumvhandas se relacionan con el Sur y con el color Azul.

-Nagas se relacionan con el Oeste y con el color Rojo.

-Yakshas se relacionan con el Norte y con el color Amarillo Oro.

En el Libro de Henoc: 40:1/10 se habla también de estos Celestiales Cuatro: *"Y tras eso, vi miles y miles y miríadas y miríadas, innumerables y sin cómputo, que se mantienen ante el Señor de los espíritus. Después miré y vi, a los cuatro lados del Señor de los Espíritus, cuatro rostros diferentes de los que no duermen, y aprendí sus nombres que me dio a conocer el ángel que andaba conmigo y me hacía conocer todos los secretos. Y oí las voces de esos cuatro rostros, mientras cantan alabanzas en presencia del Señor de Gloria. Y la primera voz bendice al Señor de los espíritus por los siglos de los siglos. Y oí la segunda voz bendecir al Elegido y los elegidos que dependen del Señor de los espíritus. Y oí la tercera voz pedir y rogar por los que habitan el árido; y suplicaba en nombre del Señor de los Espíritus. Y oí la cuarta voz expulsar a los Satanes, y no les permitía llegar cerca del Señor de los espíritus para acusar a los que habitan sobre el árido. Después de eso, pedí al ángel de paz que andaba conmigo y me enseñaba todo lo que está oculto "¿Qué son esos cuatro rostros que he visto, y cuya palabra he oído y escrito?" Y me dijo: "El primero es el misericordioso y pacientísimo Miguel; el segundo, que está encargado de todas las enfermedades y de todas las heridas de los hijos de los hombres, es Rafael; el tercero, que está encargado de toda fuerza, es Gabriel, y el cuarto, que preside en el arrepentimiento, para esperanza de los que heredarán en la vida eterna, su nombre es Fanuel*". Esos son los cuatro ángeles del Señor de los espíritus, y las cuatro voces que he oído estos días."*

---

*Según Ezra IV, Fanuel es el mismo Uriel, sólo que como Fanuel se manifiesta realizando otra función. Recordemos que el nombre que se daba a cada Ángel correspondía a su trabajo, ya que cada nombre deriva de una palabra cuyo significado es una función que se debe llevar a cabo, ejemplo: Rafael indica "médico de Dios", etc. Para más información sobre los Ángeles ver Manual de Ángeles Vol. 1, "Di ¡Sí! a los ángeles y sé completamente feliz", de esta misma autora.

A. Galván

El hombre parado, con los pies juntos y con los brazos extendidos hacia los lados forma la cruz latina. Si en esta posición permite que el sol lo cubra en la tarde, su sombra proyecta una cruz perfecta

LA ESENCIA DE ESTOS CUATRO SUPREMOS ÁNGELES ¿ACTÚA EN TODAS PARTES?

Sus energías están presentes en todo lo creado, porque ellos dirigen sabiamente la evolución en el Universo, las Galaxias, los Sistemas Solares con sus planetas y diferentes planos, y están pendientes de cada uno de los reinos y las distintas especies que allí se desarrollan. Su esencia actúa en los elementos: fuego, tierra, aire, agua y en el éter primordial, y su efecto moldea la esencia primordial que espera estructurarse para seguir formando el mundo y sus habitantes. Son ellos los que aplican la Gran Ley de Causa y Efecto o de Acción y Reacción, mediante la que todo se acomoda en el lugar que le corresponde. Esta ley se aplica en todo el Universo y de ella derivan las otras leyes que rigen y se aplican en la ejecución de todo aquello que se relaciona con la vida en la naturaleza.

¿CUÁLES SON LAS FUNCIONES DE LOS CUATRO ÁNGELES QUE SUPERVISAN CON PROFUNDO AMOR LA EVOLUCIÓN DE LA HUMANIDAD?

"Nunca borraré su nombre del libro de la vida, sino que proclamaré su nombre delante de mi Padre y de sus ángeles". Apoc. 3:5

Cada uno de los cuatro celestiales Seres que laboran en la dirección de la vida en nuestro Sistema Solar y en nuestro planeta, tienen funciones específicas que se relacionan con todo lo que se desarrolla en nuestro mundo; pero básicamente, su trabajo está organizado para despertar la conciencia del ser humano y conducirlo a encontrar su camino de regreso a Casa; porque nuestro destino es divino, y para que comprendamos esto, Dios ha puesto a sus celestiales Supervisores para que nos inspiren con amor. Trabajando con ellos existen miriadas de otros ángeles que siguen fielmente sus divinas indicaciones. Las funciones de los Cuatro Ángeles son vastísimas pero las resumiremos de la siguiente manera:

LUCY ASPRA

1.-El Ángel de la Vida. Es el que se encarga de auxiliar al Alma o Vida a separarse del cuerpo cuando éste ya cumplió la función para la que fue conformado. La Vida o Alma está establecida en formas manifestadas físicamente (cuerpos), las cuales con el tiempo llegan a ser obsoletas. Es decir, es el Ángel encargado de separar la vida de Dios que temporalmente se manifiesta en una forma creada (un cuerpo), sea en cualquiera de los reinos: mineral, vegetal, animal y humano, cuando la forma ya no tiene razón de ser, cuando ya cumplió con la función para la que fue programada. Este proceso es conocido como "muerte", aunque sabemos que la Vida continúa su proceso evolutivo y se retira de las diferentes especies en los reinos inferiores para integrarse a otras formas superiores, y en el reino humano continúa su ascensión hacia espacios o planos intangibles. Antiguamente, cuando existía poca información respecto la continuidad de la vida y se tenía un pavor terrible a la muerte, se identificaba este momento con un ser que respondía al nombre de Muerte, pero hoy como sabemos que esta transición sólo es la separación del Alma con la Esencia de Vida eterna, al ser que asiste en ese proceso se le conoce como el Ángel de la Vida, o el Ángel de la Celestial Luminosidad, o el Ángel de la Luz Divina, o el Ángel del Resplandor Divino, etc.

2.-El Ángel de los Registros. Es el encargado de los registros de todos los pensamientos, sentimientos, palabras, omisiones y acciones de la humanidad. La energía que produce el ejercicio del libre albedrío conforma el mundo objetivo en que vive la humanidad, por lo que todo lo que proviene del hombre es grabado en planos invisibles, distintos según la vibración, que puede variar dentro de lo que se conoce como: "bueno", "regular" y "malo", aunque realmente se refiere a vibraciones altas, medianas y bajas. Según la teoría de la Reencarnación, a partir de la información que registra este celestial Ser, actúan los otros Tres Ángeles encargados del Destino de la Humanidad: el hombre recibirá un cuerpo, oportunidades, tareas, misión y final de vida que le corresponde según lo que ha generado y que se encuentra registrado en los Archivos Celestiales. De esta manera, cada ser humano se desarrolla en el país, familia y espacio que le corresponde de acuerdo a sus merecimientos; y a nivel grupal, también responde a la acción de este Ángel, que cada familia, cada pueblo, cada país, etc. reciba las características "positivas" o no, de acuerdo a la suma de los pensamientos, sentimientos, palabras, omisiones y acciones de los habitantes de cada grupo. A este divino Emisario Celestial se le conoce como el Ángel de los Registros Akáshicos, o de los Archivos Divinos, o del Recuerdo, o de la Memoria Cósmica, etc.

3.-El Ángel de la Justicia. Es el Celestial Ser que a partir de la calidad de la energía que resulta del uso del libre albedrío de la humanidad, determina las condiciones de las formas que deben albergar a los seres humanos y el mundo en que viven. Es el que decide la forma y características del cuerpo, del ambiente, de los talentos, gracias, virtudes, particularidades y distintas situaciones en la vida del ser humano, a nivel personal y mundial. Continuamente ofrece nuevos aspectos para mantener y perfeccionar las formas o cuerpos que por su desarrollo espiritual el hombre llega a merecer. Estos cuerpos pueden ser agradables o menos graciosos, pero todos estarán delineados de acuerdo a las funciones que se deberán llevar a cabo en ellos. A este Ser de Excelsa Grandeza se le conoce como el Ángel de la Justicia.

4.- El Ángel del Nacimiento. Es el que supervisa la estructuración de formas nuevas cuando llega el momento de otra expresión de vida personal o mundial, dentro de los diferentes ciclos del Plan Divino. Este Ángel se encarga de hacer viable la substancia para conformar los cuerpos nuevos que deben nacer a la vida de las formas. De acuerdo a la teoría de la Reencarnación: revisa el registro de las vidas anteriores del ser que debe nacer nuevamente como bebé, y a partir de ello reúne la muestra de la substancia que formará sus cuerpos: físico, etérico, astral y mental. La esencia que se dispone para cada nuevo cuerpo deberá ser atraído por el Átomo permanente correspondiente que guarda el Espíritu, ya que a partir de la vibración de cada simiente es que se van estructurando los cuerpos. Los pensamientos, sentimientos, palabras y acciones de la madre del ser por nacer, influyen extraordinariamente para que los componentes inferiores que usará el Alma sean de una mejor vibración. Es preciso, por lo tanto, que todo lo que rodea a la madre sea armonioso, ya que a ella pueden afectarle la forma de expresarse del padre del ser por nacer y de los demás miembros de la familia o grupo en el que se mueve. A partir de la determinación del Ángel de la Justicia, quien se apoya en los Registros Akáshicos, el Ángel del Nacimiento también supervisa la justa formación de todas las especies dentro de los Reinos inferiores en la Naturaleza. A este gran Espíritu Divino se le conoce también como el Ángel de las formas nuevas, el Ángel encargado de la estructuración de los cuerpos objetivos, etc.

En el día de nuestro cumpleaños.
Pidamos ese día: los 7 Divinos Regalos de Dios

1.- Don de Fe
2.- Don de Sabiduría
3.- Don de Discernimiento y Comprensión
4.- Don de la Curación
5.- Don de Alentar y
6.- Don de Producir
7.- Don de dar y recibir amor

El nacimiento es un acontecimiento celestial, y nuestro cumpleaños es una fecha muy importante pues en ese día los Ángeles, además de colmarnos de gracias y regalos, renuevan en nosotros la energías para todo el año. Hay que prepararse durante siete días: el día del cumpleaños, tres día antes y tres después. La forma de hacerlo es visualizando las emanaciones de amor que nos baña mientras damos gracias al cielo por ellas. Los regalos materiales son sólo un símbolo en el que, medida que caímos en el materialismo, fuimos poniendo nuestra atención y olvidándonos de lo verdaderos dones que nos reservan los ángeles en ese día, el más santo del año.

¿EN QUÉ PLANOS SE MANIFIESTAN LOS CUATRO ÁNGELES QUE SUPERVISAN LA EVOLUCIÓN DE LA HUMANIDAD?

De acuerdo a los designios divinos, están pendientes que la evolución se realice en el mundo y efectúan su labor en todos los planos que rodean nuestro planeta, los visibles e invisibles. Todo aquello que corresponde a la armonía que Nuestro Padre decidió para la humanidad, está bajo el cuidado de estos celestiales seres, y el resultado de su intervención se percibe en las formas objetivas perfectas que aparecen en la creación. Todo lo que el ser humano ve en el mundo y que frecuentemente supone que se da de manera mecánica y natural pertenece al trabajo de estos 4 Ángeles, quienes van aplicando las leyes correspondientes para que las moléculas que vibran en la frecuencia de cada cosa - por minúscula que sea – se amalgamen y aparezcan objetivamente ante nuestros ojos. Bajo la dirección de estos 4 Excelsos seres laboran enormes huestes de ángeles que son los que directamente trabajan en la organización de las partículas de toda forma en cada uno de los reinos: Mineral, Vegetal, Animal y Humano

En los planos invisibles, su labor se manifiesta a través del cuidado que prestan para que las leyes que mantienen las diferentes partículas vibrando en el espacio correspondiente, sean ejercitadas continuamente, evitando de esta manera que los entes de los bajos planos puedan tener acceso a los planos más sutiles. Esta es la protección que Dios envía para nuestro desarrollo, pues de lo contrario se dificultaría nuestro crecimiento si las entidades de la oscuridad tuvieran acceso a todos los espacios: tanto los de su vibración como los de frecuencia alta. Esto no sucede, debido al trabajo de los Ángeles, porque son ellos, quienes con sólo hacer funcionar las leyes de Dios, limitan la acción de los entes del mal. Con esto se comprende que cuando el ser humano ha llenado su espacio de energía de baja frecuencia, esto es, tiene un campo electromagnético de vibraciones densas, debido a pensamientos, sentimientos, palabras y acciones irresponsables y egoístas, propicia la entrada de fuerzas oscuras. Pero cuando una persona despliega un campo electromagnético de vibraciones muy altas, (también a través de pensamientos, sentimientos, palabras y acciones pero de amor sin egoísmo) a su espacio no pueden entrar entidades del mal; sólo podrán acceder seres de frecuencia alta, como son los ángeles de Dios.

LUCY ASPRA

EL ÁNGEL DE LA VIDA ES EL QUE ASISTE AL SER HUMANO A LA HORA DE ENTREGARSE A DIOS.

"El Ángel Liberador ha venido a mí; me ha iluminado, me ha mostrado el camino, me ha tendido la mano y me ha sentado sobre el trono que me estaba preparado en la morada de la Vida. Gloria a la Vida. Amén." 1El Libro de Adán:20

Cuando ya se cumplió el tiempo para el que estaba programado un cuerpo, es el Ángel de la Vida el que emite el sonido celestial que libera las ataduras etéricas que unen al Alma con dicho cuerpo físico. El trabajo de este Ángel es realmente muy consolador para el Alma, pues lo lleva a cabo cuando ya el vehículo que la contiene se ha vuelto obsoleto y ha perdido la capacidad de albergar su lumínica esencia. Cuando los Ángeles que laboran con este gran Ser encargado de romper los lazos que aprisionan al Espíritu reciben la orden de cortar los hilos que lo unen al cuerpo físico del hombre, con celestial dulzura se dedican a consolar la conciencia del moribundo y a prepararlo para que continúe el camino de ascensión que le corresponde.

En el pasado remoto, no existía el terror como el que actualmente se tiene a la separación del Alma del cuerpo, es decir "miedo a morir", porque se sabía que las formas gastadas y viejas, las que ya no resisten la presión de las energías vitales que se renuevan continuamente, deben ser desalojadas para que el Alma pueda seguir su camino hacia otros planos, en vehículos cada vez más aptos para acercarla a Dios. Y hoy, aunque persiste el miedo a morir, cada vez irá llegando más luz a la humanidad para que vaya comprendiendo que el paso al otro lado no es más que eso, una gloriosa transición. Y la ayuda que presta el Ángel de la Vida no debe ser temida, porque su trabajo es constructivo, positivo y necesario. Es a través de él que los seres humanos son auxiliados al cruzar las fronteras del mundo etérico hacia el plano Astral.

Trabajando para este Ángel del Resplandor Divino, existe una gran hueste de Ángeles que son los que se encargan de cortar el Hilo de plata que une el alma al cuerpo. Son seres de gran dulzura, bondad y comprensión, que ayudan al ser que acaba de fallecer a aclarar su visión celestial y bloquean de su percepción las escenas terribles de las regiones del Bajo Astral; le protegen con ternura, amor y sumo cuidado. La imagen de estas Celestiales Criaturas no tiene nada que ver con la crueldad y el fatalismo que se les ha asociado. Aquí se debe aclarar que la ayuda que recibe un ser al dejar su cuerpo material, será mayor o menor según su cercanía con Dios, y según las oraciones que por la calidad de vida que llevó, merece de sus deudos al fallecer.

IMAGEN DEL ÁNGEL DE LA VIDA

"...El Ángel de la Vida Eterna trae el mensaje de la eternidad al hombre, pues quien con los ángeles camina aprenderá a remontarse por encima de las nubes." **Evangelio de los Esenios II**

El Ángel de la Vida* es un Ser de santidad inmaculada que sólo trabaja para Dios, Nuestro Padre. No se le debe confundir nunca con ninguna entidad, que a cambio de logros terrenales, reclama del incauto que lo busca, su vida o la de sus familiares. El verdadero Ángel de la Vida, es un Ser de belleza refulgente porque su esencia es de resplandor; la luz que emite corresponde a su vestidura de gloria, manifiesta su espíritu porque no tiene ni una molécula que gravite hacia la tierra o a las esferas que circundan el planeta. No se le puede invocar para que conceda favores en el mundo material. No existen rituales, ni ofrecimientos, ni trabajos mágicos que puedan atraer su atención; ni existe un solo ser humano que tenga el poder de atraerlo hacia las esferas egoístas del plano material; él trabaja únicamente para Dios, realizando la tarea que Nuestro Padre Celestial le ha encomendado en beneficio de la humanidad. Cualquier rito o ceremonia que se practique con intención de que se acerque, lo único que hace es que atrae a una entidad que corresponde a la vibración de la petición material y egoísta del que lo solicita. Esta aclaración es importante porque es necesario que no exista ninguna confusión en cuanto al trabajo de este glorioso

---

*El Ángel de la Vida es un Mensajero de Dios que nada tine que ver con la calavera con que las fuerzas de la oscuridad quieren engañarnos para que temamos a la muerte. Sabemos que la muerte es sólo la salida del Alma de la envoltura material. Este cuerpo físico sólo está programado para usarse un pequeño tiempo para una experiencia en el mundo físico. El cuerpo material es sólo un contenedor del Alma, no es nada más. Ver el Cap. "San Miguel Arcángel, nuestro protector contra las fuerzas del mal" para más información sobre las fuerzas de la oscuridad.

Ser, cuya estatura es tan alta en cuanto a niveles vibratorios que es preciso saber que sólo responde a la oración dirigida a Dios pidiendo auxilio para los que están partiendo al Más Allá. Es el Ángel de la Vida porque asiste al alma que deja este valle de oscuridad para celebrar en el glorioso Hogar celestial. Es el Ángel que permite que el alma triunfe sobre la materia, ayudándole a separarse, mediante la muerte, del cuerpo que lo sujeta al mundo físico.

Si es preciso una imagen con forma corpórea para poder expresar tridimensionalmente esta Excelsa figura angelical, debemos recordar que su símbolo responde a la Vida, y podemos imaginarlo como una visión de fulgores tan brillantes y de belleza tan magnífica que nuestros ojos espirituales deberán estar ejercitados continuamente por medio de la entrega devocional, el fervor y el éxtasis divino de amor a Dios para tener un pequeño vislumbre de su celestial grandeza. Podremos visualizarlo con sus manos extendidas hacia adelante ofreciendo la simbólica luz de nuestra esencia espiritual, de la chispa divina, de la llama eterna que pugna por mostrar su esplendidez en el fondo de nuestro corazón.

Los que han podido percibir su majestuosa presencia en visiones conocidas como "experiencias cercanas a la muerte", han descrito una figura etérea con forma corpórea de extraordinaria belleza que emana bondad y devoción sublimes. Estas experiencias confirman que este majestuoso Ángel se acerca con celestial ternura para asistir al Alma cuando ésta debe partir; o si debe retornar su conciencia al mundo material, le transmite sentimientos de fe, de confianza y de la seguridad de nuestra inmortalidad, para que al regresar pueda confirmar a los que vivimos en este plano material, que la muerte no existe, sólo es la entrada a un lugar glorioso, lleno de amor. Este gran Ser resplandece con tal magnitud que después de las experiencias mencionadas, los que han sido bendecidos con su presencia tienen dificultad para transmitir el cúmulo de sentimientos que les embarga una vez que reciben la expresión de paz, sosiego, arrobamiento, felicidad, dicha, etc. que con profundo amor les proyecta.

El Ángel de la Vida es un Ser de radiante belleza, con luminosos rayos dorados que emanan de su enorme aura. A su alrededor existen resplandores celestiales que se separan como pequeños soles iluminando y llenando de consuelo, paz y tranquilidad. Su color es blanco como la aurora, porque es luz de vida, de un nuevo nacimiento, es el preludio a una etapa más gloriosa, más bella y más cerca de Nuestro Padre Celestial.

LUCY ASPRA

¿DE DÓNDE PROCEDE LA FIGURA DEL ESQUELETO CON GUADAÑA QUE ANTIGUAMENTE REPRESENTABA A LA MUERTE?

"Este Mensajero de los decretos eternos, no se dejará corromper ni por los regalos ni por las caricias; nunca confundirá a un hombre con otro." **El Libro de Adán: I**

La imagen que antiguamente se usaba para representar a la Muerte, era una calavera con una guadaña. Otras veces era sólo un ente desagradable con una calavera en la mano izquierda. También se le llegó a personificar como una figura con una espada de fuego o simplemente como una entidad alada y vestida de negro. La figura del esqueleto con la guadaña, más bien puede significar al cobrador que viene a cortar lo que es suyo: la paja que no tiene Vida, para llevarla al fuego, a la muerte eterna. El trigo, que representa al Alma que perdura, que se salva para la eternidad, que emite bondad y amor, es recogido por un ser de belleza singular, que es el Ángel de la Vida. De acuerdo a los anales antiguos, en el continente hundido conocido como "Atlántida" existieron grandes magos negros a los que llamaban: los de la "senda siniestra", los de la "faz obscura", etc., que hicieron creer a nuestros antepasados que la muerte era el final de la vida, les infundieron un temor tremendo a ese momento crucial del paso a los mundos inmateriales y les enseñaron a venerar a una imagen del Mal, pero convenciéndolos de que simbolizaba a un ser que podía retrasar o interrumpir el cruce al Más Allá y que además podía proporcionarles favores relativos a placeres sensoriales y logros en el mundo material. La anterior es una de las versiones que condujeron a la percepción de la muerte como algo temible, de allí la veneración a una caricaturesca figura que llegó a personificar este miedo. Sin embargo, la muerte no es ningún ser que puede dar dones, ni ofrecer gracias divinas al humano; tampoco es una entidad que trae bendiciones, porque la muerte más bien llegó como una maldición después que el demonio en forma de serpiente sedujo a Eva, quien movida por el engaño, junto con Adán desobedeció el mandato y la advertencia de Dios: *"Mas del fruto del árbol de la ciencia del bien y del mal no comas; porque en cualquier día que comieres de él, ciertamente morirás."* Génesis 2:17 La Muerte procede del primer Mal cometido por el ser humano. Una vez que Adán y Eva comieron del fruto prohibido, Dios *"... a Adán le dijo... maldita sea la tierra por tu causa; con grandes fatigas sacarás de ella el alimento en todo el curso de tu vida. Espinas y abrojos te producirá y comerás hierbas de la tierra. Mediante el sudor de tu rostro comerás el pan, hasta que vuelvas a la tierra de que fuiste formado; puesto que polvo eres y a ser polvo tornarás."* Génesis 3:17/19. En cuanto al causante de esta desgracia que a través de Adán cayó sobre la humanidad: *"Dijo entonces el Señor Dios a la serpiente: Porque has hecho esto, serás maldita... Yo pondré enemistad entre ti y la mujer, entre tu descendencia y la suya: ella te herirá en la cabeza; pero tú sólo herirás su talón..."* Génesis 3: 14,15. *"La envidia del diablo introdujo la muerte en el mundo, y la experimentan los que toman su partido."* Sabiduría 3:24

Por este temor, que a través del tiempo se nos ha inculcado al momento de dejar el mundo material, en la actualidad existe cierta desorientación, de allí la idea de querer congraciarse con alguna entidad que supuestamente ofrece prolongar la estancia aquí, pero este elemental conformado con energías oscuras de miedo*, no tiene ninguna relación con el Ángel de la Vida; las dos figuras no tienen nada en común porque la luz se opone a la oscuridad. Los momentos que vive la humanidad corresponden a un final de ciclo y siempre cuando esto se presenta hay un gran desconcierto, pero hay Seres de elevada naturaleza celestial que están próximos a nosotros para ayudarnos en esta difícil transición al que se enfrenta nuestro planeta y todo lo que en él vive. Dios, Nuestro Padre Celestial, ha puesto a nuestro lado a un Ángel Guardián para guiarnos, inspirarnos y conducirnos sin tropiezos hacia nuestro hogar espiritual, y ante tanta incertidumbre, es prudente tomarnos de su mano y permitir que él nos ilumine el camino por donde debemos transitar. La muerte no es sino el comienzo de la Vida, por esto el símbolo que representa a este divino Ser es un bellísimo Ángel que ofrece la llama de la Vida y no la muerte.

---

* En el vol. 1 "¡Morir sí es vivir!", en el Cap. 3 existe información sobre los "elementales artificiales", o entidades conformadas con las energías que provienen del ser humano.

LUCY ASPRA

William Bramley, en su libro "The Gods of Eden" (Los dioses del Edén), nos narra que intentando encontrar el motivo por qué la humanidad a pesar de que desea vivir en paz parece que irremisiblemente es arrastrada hacia la guerra, encontró – para su sorpresa - que una constante en los conflictos entre seres humanos fueron los avistamientos de OVNIs, por lo que deduce que algunos de estos objetos - cuya presencia es encontrada desde el comienzo de la historia de nuestro planeta - parecen influir negativamente en la humanidad.

En su libro también toca el tema de las plagas y hace referencia a la obra de otro autor llamado Johannes Nohl, quien en 1926 escribió "The black death, a chronicle of the Plague"(La Peste Negra, una crónica de la Plaga) donde concluye que las grandes plagas que han azotado a la humanidad parecen haber coincidido siempre con la aparición de "cometas" (ver figura en páginas más adelante) - de allí la creencia que estos fenómenos en el cielo presagiaban desgracias - pues generalmente, según sus investigaciones existe una desafortunada relación entre las plagas y los "cometas", siendo estos últimos, de acuerdo a sus conclusiones, naves tripuladas por seres de avanzada tecnología. Refiere Bramley que de acuerdo a estas investigaciones, en el pasado existieron muchos reportes sobre "cometas" esparciendo una espesa niebla sobre pueblos enteros y explica además, que existe una gran coincidencia entre la llegada de estos "cuerpos celestes" y la aparición de extraños hombres pálidos y cadavéricos vestidos de negro, de "demonios" y otras terribles figuras voladoras en los campos de trigo de las comunidades europeas. Estas desagradables criaturas recorrían los campos portando un raro artefacto parecido a una guadaña que emitía un ruido silbante durante todo el tiempo que duraba lo que aparentemente era una siega, pero lo extraño es que el trigo no caía mientras ejecutaban su maniobra. Las visitas eran siempre seguidas de un brote de plaga. Estas espantosas criaturas vestidas de negro regularmente eran vistas llevando largas "escobas", "guadañas" o "espadas" que eran usadas para "barrer" o "tocar" en las puertas de las casas. Después de estas visitas los habitantes de esas casas caían enfermas con la plaga, por lo que a partir de estas experiencias se relacionó a la "Muerte" con la figura de un esqueleto o demonio vestido de negro portando una guadaña para segar a la gente, aunque, de acuerdo a las deducciones de los autores ya mencionados, es muy probable que lo que hacían estas entidades era regar veneno o gases bacteriológicos y los movimientos que se interpretaron como que cortaban la avena o el trigo correspondían realmente al acto de regar aerosoles para enfermar al pueblo. De hecho, aún los médicos de esa época afirmaban que la peste negra no era transmitida de persona a persona sino adquirida por respirar la extraña niebla que invariablemente precedía a los brotes. Una gran cantidad de los casos relatados eran acompañados de fenómenos semejantes a las que según la Biblia se relacionan con las 10 Plagas de Egipto (Éxodo 7:14 a 13:16). Calamidades parecidas se mencionan también en 1 Samuel 5:6, 5:9, 5:11-12, etc., por lo que deducen que el Antiguo Testamento realmente hablaba de infecciones producidas por agentes biológicos intencionalmente esparcidos en el aire.

El conocimiento que tenemos de los Ángeles como seres espirituales que supervisan amorosamente a la humanidad, no debe ser afectado en ningún momento por narraciones - sean bíblicas o históricas - que supuestamente implican la intervención de alienígenas que han interferido en la evolución del planeta. Sabemos que la palabra "Ángel" significa "mensajero" y éste puede ser positivo o negativo, espiritual o con cuerpo de carne y hueso, pero es importante recalcar que los Seres de Luz que de acuerdo a los designios de Dios, Nuestro Padre están junto a nosotros tratando de llegar a nuestros corazones para inspirarnos y conducirnos por el camino correcto hacia nuestro hogar celestial, son seres espirituales, no tienen cuerpo de carne y hueso, son "Mensajeros" porque nos traen mensajes de paz, amor, esperanza y felicidad de parte de Dios; nada tienen que ver con los seres que se conocen como "extraterrestres", que también podrán ser "mensajeros", algunos manifestarán su cuerpo material y otros algún cuerpo con moléculas de una cuarta dimensión, y no necesariamente son portadores de mensajes de paz, bienaventuranza y consuelo, pues al leer los testimonios de abducidos o contactados, algunas experiencias se relacionan más bien con los relatos de las "posesiones" narradas en crónicas antiguas.

LUCY ASPRA

Aquí también es necesario enfatizar que los Ángeles de Dios jamás se posesionan de un ser, tienen un respeto profundo por nuestra integridad y nuestro libre albedrío, bajo ninguna circunstancia usurparían el cuerpo de un individuo para actuar o hablar a través de él.* En el Manual de Ángeles, vol. 1** tratamos de establecer la diferencia entre los Ángeles o Mensajeros espirituales de Dios y los "ángeles" o "mensajeros" con cuerpo material: *"La palabra "malak" que en hebreo significa "mensajero" aparece en el Antiguo Testamento 213 veces. Sin embargo, en muchos pasajes la palabra se refiere a un "mensajero" humano, por lo que al seleccionar a los "mensajeros divinos" se reduce esa cifra."* Y en el mismo Manual de Ángeles, bajo el título "¿Son extraterrestres los Ángeles?... textualmente dice lo siguiente: *"Todo lo que no pertenece a la superficie terrestre del planeta se podría decir que es extraterrestre; sin embargo, como la palabra "extraterrestre" tiene una connotación predominantemente de seres que viajan en artefactos voladores provenientes de otros planetas, la respuesta es no. Los seres que viajan hacia la superficie terrestre o intraterrestre del planeta, o los que viven dentro de la Tierra y se transportan en vehículos materiales son seres que tienen una tecnología más avanzada que la de los habitantes del planeta, pero no son*

---

*En la actualidad se está dando mucho el fenómeno de seres cósmicos que invaden el cuerpo de un ser humano, convirtiéndose éste en vehículo temporal de una "inteligencia" que transmite mensajes. Naturalmente que entre estas entidades habrán algunas con buenas intenciones que dejan mensajes relacionados con la evolución del ser humano pero sabemos que también existen otras que se manifiestan para inducir a la maldad, como las "posesiones satánicas" o de entidades malignas que se adueñan de la voluntad de los jóvenes especialmente, quienes los evocan a través de las letras de las canciones o que se comprometen con ellos por medio de rituales, etc. Los Ángeles, Mensajeros de Dios, no se meten al cuerpo de un ser humano porque nos respetan sobremanera. Cuando desean transmitirnos un mensaje siempre será a través de tocar dulcemente nuestro corazón para que elevemos nuestro estado espiritual y podamos captar sus recomendaciones de amor. Ellos sólo nos inspiran y si no podemos proporcionarles un espacio puro para que podamos conectarnos con ellos, es difícil establecer una comunión. Existen rituales que supuestamente son para atraer a los ángeles, pero la única forma de acercarnos a ellos es a través de pensamientos, sentimientos, acciones y palabras nobles; y cuando esto existe no es necesario ningún ritual ni hacer cosas extrañas porque ellos viven dentro del espacio iluminado con partículas de amor libres de egoísmo que provienen del ser humano. Para comunicarnos, sólo es necesario elevar nuestro pensamiento hacia ellos. (Para más información, ver Manual de Ángeles, vol. 1).

**Para conocer más sobre los Ángeles y nuestro Ángel Guardián, leer los libros de esta misma autora: "Diario Angelical", "Agenda Angelical", Manual de Ángeles, vol. 1 "Di ¡Sí! a los Ángeles y sé completamente feliz", Manual de Ángeles, vol. 2, "Las Emisiones Siderales de los Ángeles de la Astrología" y "¡Apariciones!".

Esta ilustración fue publicada en 1557 y corresponde a un "cometa" que fue observado en los cielos de Arabia en el año 1479. Según la descripción de los testigos el cometa semejaba una viga de madera puntiaguda. Como se puede apreciar, el dibujo más bien parece referirse a un cohete espacial con numerosas ventanas. Es probable que muchos otros "cometas" avistados en la antigüedad tuvieran características similares a éste.

Arcano XIII
Arcano sin
nombre.
Carta del
Tarot que
representa
la muerte.

En la mitología griega, Thanatos es la personificación de la muerte, es hijo de la Noche y hermano gemelo del sueño (Hipnos), con quien vivía en una remota cueva por el río Lethe en el infra mundo. Era insensible y despiadado y presto para reclamar el espíritu de los que fallecían. Cuando Escolapio restituye la vida, se queja ante Zeus. No pudo vencer a Sísifo por lo que fue encadenado, y hasta que fuera liberado ningún hombre encontraría la muerte. A través de la historia, la muerte ha tenido diferentes símbolos, antiguamente, en la iconografía, era simbolizada con una tumba, o también un personaje armado con una guadaña, o un ente que tiene a un ser humano entre sus quijadas. Se usó también la imagen de dos muchachos (uno negro y otro blanco), o un jinete (del Apocalipsis), un esqueleto, una danza macabra, una serpiente o cualquier animal, como un caballo, perro, etc.

En el siglo XIV aparece el juego compuesto de 78 cartas, conocido como el Tarot - sobre cuyo origen existen diversas opiniones – y la carta marcada con el Número 13 es La Muerte, que es un esqueleto armado de una guadaña, igual al símbolo al que nos referimos anteriormente.

Ángeles. Todo el que procura el bien de la humanidad, sea oriundo de nuestro planeta o no, también es guiado por los Ángeles. Algunos de los "extraterrestres" son muchísimo más evolucionados espiritualmente que los habitantes de la Tierra y amorosamente asesoran a la humanidad, aconsejando, haciendo la labor que todo habitante del Universo debe hacer: ayudar y apoyar a los que están en una escala menor; pero también hay "extraterrestres" que llegan para interferir negativamente en el desarrollo del planeta. Los "extraterrestres" son seres con cuerpo material, que viajan en vehículos materiales. Muchas veces desaparecen sus naves ante nuestros ojos pero eso se debe a que suben la frecuencia, de la misma manera que desaparece ante nuestros ojos las hélices de un avión o las aspas de un ventilador cuando se encienden. El avance espiritual es lo que ha convertido a los seres que nos guían en "Ángeles" no su adelanto tecnológico o científico... no trabajan con la sustancia compacta, material. Los Ángeles que supervisan a la humanidad en su desarrollo son de naturaleza espiritual y en esta etapa de su evolución no usan cuerpo material. Ellos continuamente inspiran a seres de nuestro planeta y de otros planetas para que colaboren con ellos haciendo el trabajo que se podría decir de "Ángeles" (mensajeros), porque hay que recordar siempre que "Ángel" es su oficio, no es su naturaleza. Su naturaleza es de santidad perfecta, libre de apegos, sin mácula, de pureza espiritual. Ser Ángel... es: un ser que por la evolución lograda en universos anteriores, ya no requiere experiencias en cuerpo físico y ya trabaja directamente para Dios; jamás cederá ante las tentaciones mundanas. Si los seres humanos de este planeta avanzan en su tecnología y se transportan a otros mundos físicos, eso no los convertirá en Ángeles."

"En realidad, el Altísimo no vive en casas fabricadas por manos de hombres..." Hechos 7:48

EL TRABAJO DEL ÁNGEL DE LA VIDA.

"He sido separado de vosotros, pero ya he vuelto. ¡Bendito sea quien me ha liberado! ... *Gloria a la Vida que es pura; gloria al Ángel de la Vida y a su compañero. Amén."* **Libro de Adán 25**

El Ángel que ayuda al ser próximo a morir, jamás destruye ni extermina, sólo asiste al alma a deshacerse de la envoltura que ya le es obsoleta para el próximo ejercicio que deberá realizar. A este Celestial Mensajero, por desconocimiento se le ha llamado el Ángel de la Muerte, pero en realidad es más bien el Ángel de la Vida porque guía al alma hacia un camino más directo hacia la Eternidad divina, hacia la verdadera Vida, la existencia cerca de Dios. Él trabaja siguiendo las indicaciones de Dios, con el fin de que la Creación sea continua, que no se detenga jamás el desarrollo del hombre. Cuando al Alma le llega el momento de cambiar de "piel", es auxiliada por este gran Ser, y al separar el hilo de la vida* del cuerpo, éste se desintegra. Este proceso es percibido por el hombre como "destrucción", "fatalidad" o "final", pero realmente lo único que sucede es que el Alma, al dejar el cuerpo material comienza a manifestar su nueva envoltura formada de partículas brillantes que vibran en el plano celestial al que asciende. Y en el plano físico, las moléculas del cuerpo material se transforman para posteriormente integrar una nueva envoltura dentro de las muchas que Dios ha dispuesto en Su Creación, porque la muerte de la vida no es tal, no existe, es sólo la percepción del ser humano que concibe como momento trágico y de dolor el hecho de enfocar su conciencia en otro espacio, en un estado mejor.

---

*Ver Hilo de la Vida o Hilo de Plata en Vol. 1 "Morir sí es vivir", cap.1 "Nuestros cuerpos y las diferentes dimensiones".

EL ÁNGEL DE LA VIDA ES UNO DE LOS CUATRO ÁNGELES DEL DESTINO HUMANO

El Ángel que de acuerdo a las indicaciones de Nuestro Padre Divino asiste al ser humano a la hora de la muerte, representa la Vida eterna e inmortal, porque ésta jamás se interrumpe. La muerte es sólo el momento en que la conciencia del individuo se establece en otro nivel una vez que el alma desecha un instrumento que ya no le es útil. Se dice que la energía que maneja el Ángel

En los planos celestiales, los ángeles asesoran a los seres antes de nacer. Con celestial dulzura y profundo amor, van proponiendo al ser la mejor forma para que pueda cumplir con la función que le designa Dios.

de la Vida está relacionada con el Sol Central* y se activa sólo en el momento en que existe una forma obsoleta separándose de la Vida.

Los Cuatro Ángeles trabajan liberando al Espíritu de las formas obsoletas, en tres planos: el físico, el astral y el mental. Es un proceso místico donde son asistidos por otros Seres de Luz conocidos como los Ángeles del Silencio. Trabajan en orden progresivo y en etapas diferentes, de la siguiente manera:

1.- Se rompe el cordón de Plata o Hilo de Vida. Función realizada por el **Ángel de la Vida,** que al hacer esto está ayudando al ser a soltar el cuerpo físico que ya cumplió con la función para que fue destinado, y ahora ya pueda poner su conciencia en un plano más elevado.

2.- Se realiza la recapitulación de hechos concernientes a la vida en el mundo físico del individuo que "muere". Su vida aparece rápidamente sobre una pantalla frente a él. Aquí interviene el **Ángel Registrador o Ángel de la Memoria.**

3.- El individuo que deja el mundo material se enfrenta a la vida que llevó. Es un examen de conciencia. Aquí está la presencia del **Ángel de la Justicia.**

4.- El alma es conducida hacia el lugar que le corresponde de acuerdo a la vida que vivió y que acaba de dejar. En este espacio deberá purificarse, purgar todas las moléculas astrales que sean inferiores al Plano de Luz al que deberá ascender. De acuerdo a la teoría de la Reencarnación, desde este momento comienza el trabajo d**el Ángel del Nuevo Amanecer, o Ángel del Nacimiento** preparando al alma para estancias cada vez de mayor pureza y elevada espiritualidad.

---

*El Sol Central es el verdadero centro espiritual de donde derivan las emanaciones que mantienen con vida a todo lo que se desarrolla en nuestro Sistema Solar. El sol físico que diariamente aparece en el horizonte es sólo una sombra o reflejo del verdadero "dador de las energías de vida." Es por esto que el sol, antiguamente era el emblema de la divinidad: El Padre que da vida. Un reflejo de este símbolo es la Custodia cuya forma es el sol que contiene a Cristo – el Hijo - substanciado en la Hostia. El sol también representa a nuestro verdadero ser, nuestro Yo Superior, nuestro Espíritu.

Los ángeles que asisten al Ángel de la Vida se encargan de cortar el Cordón de Plata cuando ya el Alma ha decidido separarse del cuerpo que usó durante su existencia física. Estos celestiales mensajeros de amor realizan su labor por instrucciones divinas y si el individuo al fallecer no tiene su conciencia en el mundo espiritual es improbable que pueda "verlos" mientras realizan esa función. Siempre es necesario que los deudos oren para que el que se ha ido, sin dificultad pueda encontrar el camino por el que debe continuar su trayectoria posteriormente. Cuando el ser que se va no ha dejado nada sembrado en el mundo físico para merecer la luz de las dulces emanaciones de la oración, su alma puede vagar confundida durante muchísimo "tiempo". Para que el alma perciba la paz, la quietud y las esencias reconfortantes que los ángeles pueden prodigarle, la oración, el recuerdo de amor y pensamientos tiernos de los "deudos" son indispensables.

¿PUEDE EL SER QUE FALLECE PERCIBIR LA PRESENCIA DE LOS ÁNGELES QUE TRABAJAN A LA HORA DE SU "MUERTE"?

"Y aun cuando no les vea, no les oiga, ni les toque, no obstante, estará a cada momento circundado por el poder de los Ángeles de Dios." El Evangelio de los Esenios III

En casos muy raros. Hay que recordar que dejar el cuerpo material, es sólo el comienzo de una trayectoria hacia las moradas angelicales. Hay que recorrer mucho antes de tener la pureza para ascender hasta los planos lumínicos donde por semejanza de vibración podemos percibir a los Ángeles. De la misma manera que ahora no podemos ver a nuestro Ángel Guardián junto a nosotros, o a los ángeles llevando a cabo el trabajo en la construcción y mantenimiento de las formas positivas visibles que aparecen y existen en el Universo y en nuestro mundo objetivo, tampoco podremos percibirlos en el momento de pasar al Más Allá, a menos que mantengamos suficiente pureza para entrar a su frecuencia.

LUCY ASPRA

Pero existen excepciones: a veces, sin explicaciones razonables, por una gracia especial que corresponde a algún mérito anterior, del que podremos estar conscientes o no, los Seres de Luz se manifiestan ante nosotros, como es el caso de las experiencias cercanas a la muerte. Hay personas que después de una experiencia de esta naturaleza, relatan haber visto presencias angelicales que llegan para asistirles o para darles un mensaje. Pero es importante saber que cada uno de nosotros, voluntariamente también podremos entrar a la frecuencia de amor donde ellos pueden descender para proyectarnos su angelical figura. La manera en que se puede lograr esto es por medio de la oración y el fervor; así, los ángeles estarán cerca de nosotros ahora, y podremos percibirlos una vez que dejemos este mundo material.

Los Ángeles trabajan para Dios, llevando a cabo las funciones que Él les ha encomendado, sea que creamos o no en ellos, sea que podamos percibirlos o no. Recordemos que en el Universo, en cuanto a proceso evolutivo, todo, absolutamente todo, se lleva a cabo por medio de los grandes seres de amor que Dios ha designado para servirle perpetuando y manteniendo activa Su Creación. Nada en el Universo se da de manera mecánica o automática; la forma "natural" en que se llevan a cabo las grandes obras dentro del Plan de Dios, es porque Él tiene a Sus divinos servidores realizando cada función, por minuciosa que sea, por absurda que parezca, por incomprensible que nos resulte. Nada es dejado al azar por Nuestro Divino Creador que nos ama profundamente, y todo lo que sucede responde a una ley que Él instituyó.

Traspasar las fronteras del mundo etérico al Astral no es fácil, porque existen innumerables entes de la oscuridad que acechan por doquier, intentando detener al ser que se va. Esta es la razón por la que, desde épocas remotas han existido manuales de oración y libros con instrucciones para guiar al ser querido que emprende este arduo y trascendental viaje. Es también el motivo por el que es de suma importancia llevar una vida espiritual y estar preparados para este solemne y silencioso momento, porque el alma en este trance está a merced sólo del resultado de las obras que realizó mientras tuvo cuerpo material. Las personas que se esfuerzan por ser buenas, que corrigen sus pensamientos, que establecen la nobleza en su corazón, en sus palabras y en sus actos, iluminan el puente de cruce al Más Allá y tienen asegurada la asistencia

El Ángel de la Vida, junto con los ángeles que laboran con él, asiste al Alma mientras deja el cuerpo que usó en la existencia física que concluye. Estos Ángeles están junto a las almas cuando abandonan el cuerpo físico y con dulzura van separando el Hilo de la Vida. Son momentos cruciales para el alma; es cuando más necesita de sus parientes y amigos que aún permanecen en la Tierra. Es necesario la oración y los pensamientos de amor, sentimientos dulces y palabras cariñosas dirigidas hacia el que se va. Los reclamos egoístas y los pensamientos angustiosos atormentan profundamente al alma que requiere de la quietud para despegar bien de las esferas terrenales. Cuando el ser que se va ha llevado una vida buena, emana suficiente luz para ser determinada por los ángeles; y de esta manera ellos, con extraordinaria suavidad asesoran, preparan, guían y conducen el alma a su nuevo destino.

El Ángel de los Archivos Celestiales registra cada instante de la vida de los seres humanos.

de los Ángeles. Aquéllas que nunca se interesan por tender la mano al prójimo, que tienen pensamientos egoístas, que critican, juzgan y condenan, que sus expresiones son burdas y groseras y sus sentimientos son vergonzosos, necesitarán mucha ayuda de los que quedan en la Tierra... ¿Y si no han hecho nada para merecerla?... Es probable que durante muchísimo tiempo, vagarán angustiados, solos, desamparados y sintiéndose lejos de Dios.

"En cambio, las almas de los justos están en las manos de Dios y no les alcanzará tormento alguno." **Sabiduría 3,1**

EL ÁNGEL REGISTRADOR

"... el cual dará a cada cual según sus obras. " Romanos 2,6

Llamado también el Ángel de la Memoria Celestial, es el que se encarga de llevar un registro exacto de todos los pensamientos, los sentimientos, las palabras, omisiones y acciones de la humanidad, que es la forma que, con nuestra vida, manifestamos la energía que Dios nos da. Y son precisamente las vibraciones de esta energía que transformamos las que son recogidas por el Ángel Registrador y grabadas en planos invisibles. Estas vibraciones son cambiantes pues cada momento emitimos frecuencias distintas, pero todas están dentro de la gama de lo que se conoce como: "bueno", "regular" y "malo", que son realmente oscilaciones altas, medianas y bajas. Según la teoría de la Reencarnación, a partir del registro de cada individuo será su futuro, pues tendrá un cuerpo, oportunidades, tareas, misión y final de vida correspondientes a lo que se ha generado en la existencia que concluye. A partir de esta información, se selecciona el país, la familia, el espacio, las ventajas y desventajas, los apoyos y los obstáculos con los que viene al mundo cada ser humano. De la misma manera, existe un registro de las vibraciones emitidas por el planeta en general y por cada nación, ciudad, pueblo, etc., que son la suma que resulta de la forma en que piensa, siente, habla y actúa la población de cada grupo.

LOS ARCHIVOS CELESTIALES
O REGISTROS AKÁSHICOS

La palabra "Akasha" o "Akasa" viene del Sánscrito que significa: espacio, éter, el cielo luminoso, etc., y cuando se habla de Registros o Anales akáshicos, se refiere al espacio donde están archivadas permanentemente las impresiones o recuerdos de cada uno de los pensamientos, sentimientos, palabras y obras de toda la humanidad; todo lo que ha sucedido, sucede y sucederá en el tiempo en el mundo Físico. Es preciso recordar que la forma en que el ser humano manifiesta la vida es con: pensamientos, sentimientos, palabras y acciones y cada uno de estos factores produce una vibración que afecta la materia; es decir, durante la vida se va emitiendo energías (de los pensamientos, sentimientos, palabras y acciones) que forman una impresión en la materia o substancia que se conoce como Akasha, que una vez grabada semeja una especie de cinta cinematográfica, pero mucho más real, precisa e impresionante, lo que explica el hecho de que así es como perciben estos registros las personas que han tenido una Experiencia Cercana a la Muerte. Los seres que supervisan estos archivos son conocidos como los Ángeles Registradores, y al frente de todos está el Ángel Director, conocido como el Ángel de los Registros.

Los Ángeles Registradores son conocidos también como "Lipikas", palabra que deriva asimismo del sánscrito y significa: escribientes divinos. Son los Registradores celestes, "aquéllos que anotan cada palabra proferida y cada acción ejecutada por el hombre mientras vive en esta tierra". Son los Registradores o cronistas que impresionan en las invisibles tablas de la Luz Astral, "la gran galería de pinturas de la eternidad", un registro fiel de cada acción y aun de cada pensamiento del hombre, de todo cuanto fue, es o será en el Universo fenomenal. Registran en un lienzo divino lo que se conoce como el Libro de la Vida del ser. Estos Ángeles pesan los actos de cada personalidad en el momento en que se efectúa la separación definitiva de sus "principios" en el Plano Astral, y de acuerdo a la teoría de la Reencarnación, "suministran al hombre el molde de su cuerpo etéreo futuro, molde ajustado a las condiciones Kármicas que han de formar el campo de su próxima vida. Son los que desde la pasiva Mente Universal proyectan en la objetividad el plan ideal del Universo sobre el cual los "Constructores" reconstruyen el cosmos después de cada Pralaya*.

La majestuosa presencia del Ángel de la Memoria o de los Registros Cósmicos está más allá de nuestra percepción, pero con el fin de tener un pequeño vislumbre de su grandeza podremos imaginarlo como un esplendoroso ser vestido con túnica blanca y un suave manto amarillo que se mezcla con su brillantísima y celestial aura color dorado que se extiende por todo el espacio donde realiza su función. En sus manos lleva un libro que representa la historia de la vida del individuo, donde están anotados todos sus pensamientos, sus sentimientos, palabras y acciones. Nada se escapa a su minuciosa supervisión, pues registra cada idea, cada suspiro, cada deseo, cada anhelo, así como el esfuerzo que se invirtió para desarrollar los talentos con los que hemos nacido, para hacer realidad los sueños de crecimiento positivo que llegaron a partir de corazonadas, percepciones, revelaciones, etc. Escribe sin discriminación, cada logro, cada hecho, cada una de las actividades que llevamos a cabo para desarrollarnos, para renunciar a un apego, a una adicción; para compartir los momentos felices y tristes. Por pequeña que haya sido la ayuda que dimos a otros, la moneda que con indiferencia soltamos en las sucias manos del limosnero, las palabras dichas sin sentimiento pero que produjeron consuelo, las acciones que realizamos porque nos sentimos obligados, en fin, todo aquello que otro percibió como amor de nuestra parte. De la misma manera, con profunda minuciosidad también registra cada pensamiento afectuoso que dirigimos a otros, cada oración que fervorosamente elevamos hacia los cielos pidiendo por los demás, cada sentimiento de compasión, de amor, de solidaridad hacia terceros, cada acción que realizamos para procurar consuelo, paz, apoyo, sustento y protección a los necesitados. Allí tiene guardado todas las veces que ejercitamos la tolerancia, la paciencia, la humildad, la honradez, la justicia, la imparcialidad, la ternura, la nobleza, etc.

_____
*Pralaya es un período de reposo o sueño cósmico que llega al final de un tiempo de actividad cósmica. Podríamos decir que es como el Juicio Final, el cierre de un ciclo con la separación del trigo de la paja (que significa, separar a los que han crecido espiritualmente de los que no.) Al período de actividad se le llama "Manvantara" (palabra en sánscrito que significa: período entre dos "manús" o "guardianes de razas") que es el tiempo de manifestación de una humanidad.

Está anotada nuestra noble entrega a una causa justa, nuestros sacrificios, nuestra búsqueda espiritual, nuestra abnegación a Dios, Nuestro Padre. Sin embargo, con la misma aparente frialdad lleva un control exacto de todas las veces que se alteró el orden de Dios, cada pensamiento turbio, cada sentimiento egoísta, de intolerancia, de crítica, de rencor, de juicio erróneo, de odio, de codicia, de lujuria, de incomprensión, cada acción que contravino la armonía divina, cada ingratitud, cada momento que explotamos sin tratar de controlar nuestro temperamento, nuestras impaciencias, beligerancias, prepotencias, resentimientos, etc. Cada vez que se dejó de ayudar a otros por negligencia, indiferencia o egoísmo; las veces, inclusive, que estando en nuestra manos solucionar situaciones que traerían bienestar a otros y desaprovechamos la oportunidad por descuido, flojera, desinterés o irresponsabilidad.

El registro correspondiente a la vida de cada ser humano que guarda el Ángel de la Memoria, es el mismo que se conserva en el Átomo simiente que llevamos en el corazón, que fielmente va registrando todas nuestras actividades mentales y sentimentales, y cada vez que ejercitamos nuestra voluntad para llevar a cabo una acción. Todo está fielmente retratado en esta cápsula de nuestra vida personal. En condiciones normales – en el mundo físico - no tenemos acceso a esta información de manera tan precisa y detallada, porque recordemos que esta información no está registrada en el cerebro; pero cuando dejemos este mundo y nos enfrentemos al Examen de Conciencia, no existirá ninguna presión porque de antemano nos habremos preparado mediante la asistencia de los seres de Luz y tendremos una visión muy clara de todo aquello que corresponde a la energía que transformamos con nuestra existencia. En el mundo tridimensional, la parte de la memoria que registra el cerebro y a la que tenemos acceso, puede no corresponder a la realidad, pero en ese momento que se conoce como el momento de la Verdad – precisamente porque todo lo que presenciamos es veraz – no nos engañaremos con circunstancias externas y veremos las cosas tal como realmente las llevamos a cabo. En ese momento todo se percibe con una claridad desconocida para el ser humano mientras está experimentando la vida en el mundo físico.

Según la teoría de la Reencarnación, cada ser está conformado de acuerdo a lo que está guardado en estos recuerdos cósmicos. Nadie puede escapar a lo que

Los Ángeles conducen al alma hacia los planos de Luz. Hay que orar por los difuntos a fin de que reciban más asistencia angelical.

allí está registrado; todo aquello que el individuo hoy posee responde a lo que guardó en una vida previa. Estos recuerdos son los que forman su conciencia y en cada vida se le proyectan para que continuamente busque perfeccionarse. Se dice que pasajes de este registro pueden interpretarse astrológicamente a partir de leer la Luna y sus aspectos en el momento del nacimiento del individuo.

A nivel grupal, el Ángel de los Registros lleva con exactitud todo lo que forma la conciencia de una familia, de un pueblo, una ciudad, un país, un continente, un mundo, y a partir del resumen de sus actividades se estructuran las costumbres, las tendencias, la cultura y el "espíritu" de cada grupo en cuestión. Lo que vive un grupo corresponde a la historia de su pasado y si en el presente goza de condiciones propicias, éstas se deben a merecimientos anteriores, pero si por tener un lugar especial en la historia actual se abusa del poder, el futuro de ese grupo corresponderá a lo que violenta en la actualidad.

En los reinos inferiores: Mineral, Vegetal y Animal, también se encuentra la actividad del Ángel de los Registros, ya que la evolución que se realiza en cada uno responde al resultado de las experiencias del mismo ser humano que entre sus funciones está la de compartir amorosamente con los otros reinos, y si una especie dentro de los mismos no tiene ya razón de ser con el crecimiento del ser humano, tendrá que ser transformada y su aspecto actual desaparecerá, de la misma manera como se ha visto con algunos especies en el pasado.

Cuando llega el momento de la muerte de un individuo, las experiencias que corresponden a la existencia que acaba de terminar, las percibe en el instante conocido como Recapitulación de los Hechos - que se explica enseguida - y estas vivencias simbólicamente quedan registradas en un libro* que el Ángel de la Memoria presenta al Ángel de la Justicia. El Ángel de la Justicia pesa su corazón; es decir, el átomo que está guardado allí y da la orden para que el ser sea encaminado hacia el lugar de purificación que le corresponde.

"Os digo que de toda palabra ociosa que hablen los hombres darán cuenta en el día del Juicio." Mateo 12, 36

---

*Tanto el libro como el corazón representan al "Átomo simiente" al que se refirió en el vol. 1 "Morir sí es Vivir".

RECAPITULACIÓN DE LOS HECHOS
VISIÓN PANORÁMICA DE LA VIDA Y EXAMEN DE CONCIENCIA

Cuando el ser abandona el cuerpo físico, entra a la experiencia que se conoce como Recapitulación de los Hechos, que es la historia de su vida que aparece como si corriera una película veloz proyectada sobre una especie de pantalla mental, donde cada uno de sus pensamientos, sentimientos, palabras y actos son presentados con increíble precisión. Todo, hasta lo más pequeño aparece con asombrosa exactitud. Se dice que este es un proceso único donde contamos con el auxilio de nuestro Ángel Guardián, quien desde el Quinto Cielo o Plano Causal asiste al ser para que él mismo perciba lo que hizo con la oportunidad que acaba de concluir.

Cuando concluye esta visión panorámica el Alma se separa del plano material y del etérico y su conciencia se fija en un sub-plano del Plano Astral, donde comienza el proceso conocido como Examen de Conciencia. Es aquí donde se siente juzgado, pero es realmente su propia Alma quien está frente a él, y de su propio Yo parece escuchar las temibles preguntas: ¿Qué has hecho con tu vida? ¿Cómo aprovechaste la oportunidad que se te dio? ¿Hiciste algo por los demás? En este trascendental momento, nadie escapa a lo que realmente es. Este es el momento de la Verdad, donde el individuo se da cuenta que sólo él es responsable de su vida, de sus actos, de sus desórdenes sensoriales, de lo que disfrutó o padeció, porque aquí en este momento llamado "lúcido", por estar lleno de la claridad que aniquila temporalmente la ignorancia, los apegos, los enojos, etc., el ser se da cuenta que no puede buscar pretextos o excusas para esconder en ellos su indolencia o el resultado de sus actos irresponsables. En el Libro Tibetano de la Muerte, esta experiencia es conocida como el amanecer de la Luminosidad o Claridad, o la "Luz Clara". Este momento, contrario a lo que fácilmente se puede pensar, no es la luz definitiva al que posteriormente deberá llegar el alma. Este es sólo un instante donde el cuerpo mental superior muestra su gloriosa belleza, donde no es opacada por nada para que tengamos una percepción infalible; es el resplandor de sabiduría de nuestro Espíritu que majestuoso se manifiesta ante nosotros y nos permite comprender la razón de nuestra existencia. Cuando se percibe todo con esta celestial claridad, se entiende el remordimiento cuando se lleva una existencia inútil, cuando se malgasta una vida, cuando no se ha ayudado al prójimo y al contrario, se ha hecho daño a otros.

Todas las personas al morir, pasan por la experiencia del Resplandor celestial, pero no todas están preparadas para su intensidad y generalmente su reacción es de temor, por lo que de manera instintiva a veces se apartan de su Brillo. Esta es la razón por lo que es tan necesaria la oración por los difuntos; por esto existen novenas, rezos especiales, etc., para asistir al alma que se va para que se acerque a la luz. Para que no tenga miedo, para que se sumerja en esa Excelsa Claridad que está ante ella. En el Libro tibetano de la Muerte y en el Libro egipcio de la Muerte, se dan instrucciones al ser para que no pierda el camino y no desaproveche la oportunidad de entrar en la grandeza celestial que le espera dentro de la luz. De hecho, las vendas con que se envolvían a los muertos en Egipto, simbolizaban el "ropaje de luz" o cuerpo espiritual, que debía manifestar el ser una vez que despertara en el mundo espiritual. Representaban un deseo fervoroso de que el ser estuviera ya listo, con el ropaje adecuado, para sumergirse en la luz.

Una vez que el ser pasa por el instante de la Luz clara y ante el Ángel de la Justicia, es atraído magnéticamente hacia el Plano Astral, llamado también Mundo Emocional, o Mundo de los Deseos o el Purgatorio; debido a que es aquí donde deberá deshacerse de las moléculas astrales que forman su "nuevo" cuerpo donde ahora tiene su conciencia. Su estancia en este lugar es para purgarlo de sus apegos, debilidades, bajos deseos, anhelos egoístas, vicios, adicciones, odios y de todo aquello que produjo dolor en otros. Dependiendo de la vida que llevó será el sub plano del Astral al que llegará, y es donde sufrirá lo que sufrieron los que fueron afectados por sus acciones. Todo este proceso de purificación es un estado que existe para que el ser haga un análisis de lo que realizó para perjudicar a otros, de las injusticias que cometió, y sabrá que por todo esto, él deberá sufrir de manera idéntica. Aquí también comprenderá que aquellos pensamientos, sentimientos y actos que dañaron a otros, pero que en vida logró rectificar a través del perdón y dando servicio por medio de oraciones, acciones caritativas, apoyo emocional, etc., fueron purificados antes de que muriera, razón por la que no tendrá ya que sufrir por ellos.

Aunque en el vol. 1, Cap. 1 "Nuestros cuerpos y las diferentes dimensiones" se hace una relación de cómo reunimos las capas de partículas astrales, como recordatorio, subrayaremos que todos los seres humanos estamos rodeados continuamente de las partículas que cada quien colorea con su forma de ser. Estas partículas tienen nuestra marca por la forma en que expresamos la vida que es sólo a través de nuestros pensamientos, nuestros sentimientos, nuestras palabras y nuestras acciones. Sabemos que si los pensamientos son de angustia, depresión, odio, rencor, crítica, intolerancia, ira, etc., las partículas son de vibración densa; si son pensamientos de amor hacia los demás, de comprensión, tolerancia, generosidad, compasión, etc., las partículas son de vibración alta. Estos elementos permanecen alrededor de cada persona y su cuerpo astral los recoge. Los de vibración densa forman manchas* en el cuerpo astral, pero éstas se purifican cuando se emiten partículas de vibración alta. Cuando se practica el bien continuamente, se producen tantos elementos purificadores que permiten que el cuerpo espiritual brille más; es decir, el cuerpo astral se va purificando en vida cuando el individuo emite luz que aniquila las moléculas densas, pero si muere sin eliminarlas, deberán ser desalojadas en los espacios intangibles que se conocen como Plano Astral o Purgatorio. Después de la Recapitulación y antes de que el ser sea atraído hacia el lugar que le corresponde, la acción del Ángel de la Justicia se manifiesta, porque es él quien determina, de acuerdo a los registros, hacia qué sub-plano gravitará.

La duración en los diferentes sub-planos del purgatorio o astral, es determinada por el Ángel de la Justicia basándose en el resultado de lo que vivió el individuo.** Como vimos anteriormente, deberá pasar por los espacios de los que tiene partículas encima, que son las que debía soltar en la existencia que acaba de dejar; primero dejará la capa molecular del sub-plano más denso, que corresponde a los actos brutales, sentimientos turbios, ansias egoístas, deseos

---

*Oscar Wilde, en su novela "El Retrato de Dorian Gray", refleja lo que sucede con el cuerpo astral cuando se vive una vida irresponsable y depravada. Dorian Gray en el exterior era joven y bello, pero el retrato que representa su interior, su cuerpo astral, a medida que él cometía más inmoralidades era mayor su fealdad. Indica que el alma de Dorian se ennegreció, porque el cuerpo astral que le rodea se fue llenando de "pecas" astrales (pecados).

**Ver el Cap. 2 "Morir sí es vivir" en el vol. 1 de este libro "Los Ángeles del Destino humano", para más información sobre este tema.

pasionales, etc. si es que los tuvo, o en su caso irá al sub-plano que sigue según lo que tenga que purgar; así irá pasando cada vez por uno menos denso que el anterior. Mientras se está dando la purificación en cada sub-plano, el ser sufre lo que sufrieron las víctimas de sus actos y sentimientos egoístas; y mientras vive esto, estará haciendo un examen de conciencia, analizando minuciosamente lo que aprovechó o desaprovechó mientras duró su estadía en el mundo material, los actos que llevó a cabo que causaron efectos negativos en otros, todo aquello que hizo incorrectamente y también lo que omitió por flojera, negligencia o irresponsabilidad, etc. En cada sub-plano deberá permanecer hasta drenar las impurezas, hasta deshacerse de las "películas" o capas astrales que le correspondía purificar y que no hizo en vida; substancias todas que se fueron formando con los apegos, deseos, ansias incorrectas que experimentó durante su existencia física. De esta manera su alma comenzará a manifestar su pureza, al liberarse de la basura astral que nubla su verdadera esencia. Para llegar al mundo celestial o Plano causal ya no podrá tener elementos correspondientes a los planos inferiores. Según la Teoría de la Reencarnación: las almas que lleguen a este Plano, han soltado las partículas inferiores que únicamente corresponden a la vida que acaba de concluir; sin embargo, cuando comience nuevamente su preparación para un nuevo nacimiento se le dará una porción de Karma Negativo acumulado para purgar en la próxima encarnación y otra porción de Karma positivo para servirle de apoyo. Esto en los casos donde se trata de seres muy evolucionados porque supuestamente, los menos desarrollados no llegan al Quinto Cielo y generalmente vuelven a encarnar con el Karma que les corresponde, pero trayendo además muchas moléculas densas de la vida que recién terminó, lo que explica cómo tantos niños y jóvenes manifiestan tendencias criminales en sus primeros años; es decir, traen parte de átomos astrales que debían agotar en los planos de purificación, pero porque el Planeta ya está vibrando de manera más acelerada no hay suficiente tiempo, y se ven impulsados a volver pronto para saldar las cuentas que tienen pendientes en el mundo físico.

"En cuanto a vosotros, ¡oh justos!, os juro que en el cielo los ángeles recuerdan ante el trono del Todopoderoso vuestra justicia, y vuestros nombres están escritos ante el Altísimo." Henoch CIII:1

"Esperad pues y no os dejéis abatir, pues vosotros gozaréis de una dicha igual a la de los ángeles, y en el día del juicio no tendréis que temer ninguna condenación." Henoch CIII:3

Para ilustrar los dramáticos momentos que experimenta el ser cuando abandona su cuerpo físico y los instantes cruciales al realizar el examen de la existencia que deja, recomendamos el libro -ya mencionado en otro capítulo – "La vida más allá de la Sepultura" de Hercilio Maes, sin embargo, para los que no tienen la oportunidad de obtenerlo, aquí transcribimos el relato que hace Atanagildo a la hora de su muerte, que consideramos describe con claridad algunos aspectos relacionados con el tema de este título:

CUANDO LLEGA LA "MUERTE"

Atanagildo se encuentra lleno de angustia cuando oye al doctor decirle a su madre: "ha dejado de existir". Intenta hablar con el médico para aclararle que aún está vivo, pero a pesar de todos los esfuerzos no puede ni mover los ojos ya que los párpados le pesaban como plomo; se siente imposibilitado y con los sentidos aguzados se da cuenta de todo lo que está sucediendo junto a su lecho: la agitación de los presentes, los comentarios, los llantos, los reclamos y hasta el roce más suave lo escucha multiplicado. Cuando su madre se acerca sollozando y diciéndole que él no podía irse porque aún era muy joven, se inquieta sobremanera y trata de hablarle, pero los intentos son en vano: *"Sentí el dolor inmenso y atroz que le corría por el alma, pero yo me encontraba ligado a la materia rígida, sin poder transmitirle la más débil señal para aliviarla con la sedativa comunicación de que aún me encontraba vivo. En seguida llegaron vecinos, amigos y tal vez algún curioso, pues lo presentía y les captaba el diálogo, aunque todo me ocurría bajo extrañas condiciones comunes del cuerpo físico. Me sentía a veces suspendido entre las márgenes limítrofes de dos mundos misteriosamente conocidos, pero terriblemente ausentes. En ocasiones, como si el olfato se me agudizase nuevamente, presentía el vaho del alcohol que se usaba para la jeringa hipodérmica... Todo esto sucedía en el silencio grave de mi alma, porque identificaba los cuadros exteriores, así como no conseguía comprender con exactitud lo que me estaba sucediendo; permanecía oscilando continuamente, como si estuviera padeciendo una mórbida pesadilla. De vez en cuando, por fuerza de esa agudeza psíquica, el fenómeno se invertía. Entonces me veía centuplicado en todas las reflexiones espirituales, y paradójicamente me reconocía mucho más vivo de lo que era antes de la enfermedad de que fuera víctima.*

"Durante mi existencia terrena... había desarrollado bastante mis poderes mentales a través de los ejercicios...por eso en aquella hora... conseguía mantenerme en actitud positiva, sin dejarme esclavizar completamente por el fenómeno de la muerte física... Apostado entre dos mundos tan antagónicos, sintiéndome en el límite de la vida y de la muerte, guardaba un vago recuerdo de todo aquello que me había ocurrido... De pronto, otro sentimiento angustioso se me presentó y logró dominarme con inesperado temor y violencia; fue algo apocalíptico que, a pesar de mi experiencia mental positiva y control emotivo, me hizo estremecer ante su fuerte evidencia. Me reconocía vivo, con la plenitud de mis facultades psíquicas. En consecuencia, no estaba muerto ni vivo o libre del cuerpo material. Sin duda alguna, me hallaba sujeto al organismo carnal, pues esas sensaciones tan nítidas sólo podían ser transmitidas a través de mi sistema nervioso. Mientras que el sistema nervioso estuviera cumpliendo su admirable función de relacionarme con el ambiente exterior, yo me consideraba vivo en el mundo físico, aunque sin poder actuar, por haber sido víctima de algún acontecimiento grave. No tuve más ilusiones; supuse que había sido víctima de un violento ataque cataléptico, y si no me despertaba a tiempo sería enterrado vivo. Ya imaginaba el horror del túmulo helado, los movimientos de las ratas, la filtración de la humedad de la tierra en mi cuerpo y el olor repugnante de los cadáveres en descomposición. Pegado a aquel fardo inerte, que ya no atendía a los llamados aflictivos de mi dirección mental y que amenazaba no despertarse a tiempo, preveía la tétrica posibilidad de asistir impasible a mi propio entierro.

"En seguida, una nueva y extraña impresión comenzó a inundarme el alma; primeramente se manifestaba como un aflojamiento inesperado...; después, un reflujo coordinado hacia adentro de mí mismo, que me dejó más inquieto y me señalaba como culpable de algo. Sí, no exagero, al considerar el fenómeno que me ocurría, tenía la impresión de estar volviendo a la inversa... todos los pasos de mi existencia. Los acontecimientos se desenvolvían en mi mente como una vivísima proyección cinematográfica. Se trataba de un increíble fenómeno, donde eran proyectados todos

los movimientos más intensos de mi vida mental, los cuadro se superponían, retrocediendo, para después esfumarse, como en las películas, cuando determinadas escenas son substituidas por otras más nítidas. Yo decrecía en edad, rejuvenecía, y mis sueños fluían hacia atrás, alcanzando los orígenes y los primeros bullicios de la mente inquieta. Me perdía en aquel ondular de cuadros continuos y gozaba de euforia espiritual cuando veía actitudes y hechos dignos cuando actuaba con ánimo heroico e inspirado por sentimientos altruistas. Sólo entonces pude avalar la grandeza del bien; me espantaba que una sublime sonrisa de agradecimiento... o la minúscula dádiva que había hecho en fraternal descuido, pudiesen despertar en mi espíritu esas alegrías tan infantiles... Identificaba la moneda donada con ternura, la palabra dicha con amor, la preocupación sincera para resolver el problema del prójimo o del esfuerzo realizado para suavizar la maledicencia dirigida hacia el hermano descarriado. Aun pude ver con cierto éxtasis, algunos actos que practicar con renuncia porque sabía humillarme a favor del adversario necesitado de comprensión espiritual. Si en aquel instante me hubiera sido dado retornar el cuerpo físico y llevarlo nuevamente al tráfico del mundo terreno, aquellas emociones y estímulos divinos habrían ejercido tal influencia sobre mi alma, que mis actos futuros justificarían mi canonización después de la muerte física. Pero en contraposición, no faltaron tampoco los actos poco delicados y las estupideces... Sentí de pronto que las escenas se me tornaban acusadoras, refiriéndose a las actitudes egocéntricas... por los bienes materiales... por la figura ridícula de la superioridad humana. También sufrí por mi descuido espiritual... No era una acusación dirigida propiamente... La proyección cinematográfica continuaba fluyendo en mi tela mental... En tan corto espacio de tiempo pude revivir los principales acontecimientos de mi última existencia... Al poco tiempo se reconfortó mi ánimo y me volví algo indiferente con respecto a la situación grave en que me encontraba, pues había comprobado en mí mismo la inmortalidad o la sobrevivencia indiscutible del espíritu, lo que disipó un tanto el temor de sucumbir, aun frente a la horrorosa probabilidad de ser enterrado vivo..."

Cuando nos encontremos ante la sala del juicio o el salón del examen de conciencia, la asistencia que recibiremos siempre será silenciosa, pues son momentos tan importantes que se nos prepara dulcemente para que toda nuestra

LUCY ASPRA

atención esté compenetrada en la experiencia que debemos vivir. Realmente en ese momento no habrá jueces ni nadie que nos condene, pues de una manera misteriosa adquirimos una extraordinaria coherencia y nos responsabilizamos por la forma en que condujimos nuestra vida. Comprendemos cuál debe ser el lugar al que nos acercaremos y no hay forma de oponerse ni quejarse, sino que con un conocimiento pleno somos atraídos al espacio que tiene la vibración de las partículas que nos rodean. En el caso de un individuo que ha manejado de forma irresponsable su vida, esto no significa que no sentirá un gran dolor al ser atraído hacia un espacio de vibración baja, sino que la vorágine es tan fuerte que no podrá oponérsele. Pero hay algo que debemos tomar en cuenta durante toda la vida: no es necesario angustiarse por "el qué pasará", sino llevar una vida correcta y cuidar nuestros pensamientos, sentimientos, palabras y acciones, y sobre todo recordar que existen Ángeles de Dios que están junto a nosotros listos para conducirnos con amor por la vida y enseñarnos a crecer en compasión, tolerancia, paciencia y servicio a los demás. Nunca es tarde, podemos empezar hoy a recibir esta asistencia celestial. Respira profundamente y elevando un pensamiento al mundo espiritual, piensa en tu propio ángel guardián y pídele su asistencia.

"En esos días los ángeles descenderán a los lugares escondidos, y todos los que hayan contribuido a los crímenes serán reunidos en el mismo lugar."
Henoch XCIX:1

"No temáis nada, almas de los justos; antes bien, esperad con calma y seguridad el día de vuestra muerte, como un día de justicia. No lloréis en absoluto por el hecho de que vuestras almas desciendan con tristeza y amargura a la morada de la muerte, ni por el hecho de que en esta vida vuestros cuerpos no hayan recibido la recompensa que merecían vuestras buenas obras, mientras que en cambio, los pecadores triunfaban durante los días de vuestra vida, pues he aquí que se acerca para ellos el día de la execración y de los suplicios." **Henoch CI:6**

EL ÁNGEL DE LA JUSTICIA

"El Ángel de la Justicia es delicado y vergonzoso y manso y tranquilo. Así pues, cuandoquiera que éste entrare en tu corazón, al punto habla contigo sobre la justicia, sobre la castidad, sobre la modestia, sobre la templanza y sobre toda obra justa y sobre toda virtud gloriosa. Cuandoquiera que todas estas cosas vinieren a tu mente, conoce que el ángel de la justicia está contigo. He aquí pues, las obras del ángel de la justicia. Cree, por tanto, a éste y a sus obras." De "El Pastor de Hermas"

Como vimos anteriormente, después del Examen de Conciencia, el ser es conducido ante el Ángel de la Justicia, quien con celestial serenidad, sin ofrecer recompensas ni castigos, permite que cada quien por sí mismo comprenda cuál debe ser su destino siguiente. Este Ángel de inconmensurable belleza, con profundo amor y comprensión permite que en ese momento, cada ser perciba la magnitud de la verdadera ley de justicia y por sí mismo reconozca la calidad vibratoria de las partículas que le rodean (correspondientes a los pensamientos, sentimientos, palabras y acciones que formaron el patrón habitual de su vida) y que deben conducirle "mecánicamente" hacia el lugar que le corresponde, para purificarse.

"El que obre la injusticia, recibirá conforme a esa injusticia: sin excepción de personas." Colosenses 3:25

IMAGEN DEL ÁNGEL DE LA JUSTICIA DIVINA.

"Porque es necesario que todos seamos puestos al descubierto ante el tribunal de Cristo, para que cada cual reciba conforme a lo que hizo durante su vida mortal, el bien o el mal. IICorintios 5,10

Intentando captar su esplendorosa imagen, podremos visualizar al ángel de la Justicia como un Ser de Luz de proporciones celestiales, con una espada en alto que empuña su mano derecha y una balanza en la mano izquierda. Representa la Verdad y la Justicia y su imponente imagen semeja a la de San Miguel Arcángel. Esta celestial figura continuamente nos envía pensamientos de crecimiento espiritual, de la necesidad de cumplir amorosamente con las leyes de Dios para que podamos merecer virtudes, gracias, talentos y situaciones favorables en nuestra vida personal, familiar y grupal. Al prestar atención a estos susurros angelicales adquirimos conocimiento y penetra en nuestro ser la necesidad de ayudar a los demás, sentimos la necesidad de transmitir y compartir la comprensión a la que llegamos: que las Leyes divinas siempre han estado a nuestra disposición y cuando responsablemente tomamos las riendas de nuestra vida, sin buscar culpables por el resultado de nuestras flaquezas, comprendemos que Dios es Amor y sólo amor envía a todos los seres humanos y al planeta en general. Nada nos ha ocultado Nuestro Padre Celestial, nos ama profundamente y ha mantenido a nuestro alcance la oportunidad de conocer las razones supuestamente "misteriosas" de las cosas que suceden en el mundo. Al conocer las leyes comprendemos que no hay absolutamente ninguna situación caótica ni en nuestra vida ni en el mundo debido a acciones indescifrables ejecutadas

---

Para representar al Ángel de la Justicia podremos imaginar a un ser glorioso, como un guerrero con una espada de fuego en la mano derecha y una balanza en la izquierda. Es el Ángel que con dulzura infinita acompaña al ser en el momento crucial de enfrentarse al resultado de los pensamientos, sentimientos, palabras y acciones que realizó en la vida que acaba de concluir y por la que se encuentra ante el Tribunal de su propia conciencia. Este celestial ser no premia ni castiga, sólo conduce al ser a analizar lo que ha derivado de la vida que acaba de experimentar.

---

sólo porque Dios así lo desea, porque no existe tal injusticia divina. La Voluntad de Dios es que conozcamos la Verdad para que podamos estar más cerca de Él; sin pensar que es un Dios incoherente que a unos da a manos llenas y a otros limita en todo. Es un Dios de Amor, pero también es un Dios de Justicia, porque Sus leyes están hechas para que el ser humano, al respetarlas, automáticamente y de manera continua esté recibiendo "gracias", "dones" y "milagros", pero cuando se contravienen, de forma aparentemente mecánica, reaccionan produciendo lo que percibe como: "obstáculos" y "desgracias".

Esta gran Ley de Amor, es de comprensión y justicia celestial, y es conocida como la ley cósmica de Acción y Reacción. No es una ley de castigo ni de odio que se deba aceptar ignorantemente. Es la ley que compensa nuestros actos; y una vez que aprendemos cómo funciona, conoceremos la Verdad: que Dios no castiga, sólo da Amor. Aprenderemos a conocer la importancia de respetar las leyes celestiales y lograremos una vida feliz, sin reclamos, sin sentimientos de impotencia ante la inexistente "injusticia divina". Sabremos que Dios, Nuestro Amantísimo Padre, jamás ha puesto a un Tentador, un espíritu inmundo para probar nuestra fortaleza; sino que Satanás y sus entes diabólicos son seres que alguna vez tuvieron espíritu y por soberbia y desobediencia continua a Dios, perdieron su eternidad, y ahora vagan y se sustentan artificialmente cerca de las esferas terrenales porque el ser humano lo permite*. Aprenderemos a amar total y completamente a Nuestro Padre y sabremos por qué es importante amar al prójimo y desear para él lo mismo que deseemos para nosotros. Entenderemos que no podemos andar por ahí, a capricho cometiendo barbaridades que trasgreden la Ley, porque nada que se hace al ejercer nuestro libre albedrío, es impune. A todo, de manera automática, se aplica la ley. Nada está ajeno a Dios, y por medio de Sus celestiales mensajeros tiene al planeta con la humanidad, desarrollándose de acuerdo a Sus Santos Designios.

---

*Aunque los demonios son reales, se dice que están en nuestra imaginación porque nosotros los sustentamos con lo que sale de nuestra mente, porque todo sentimiento, palabra y acción primero se estructura en nuestra mente, y cuando lo que emitimos no es noble, de manera mecánica es alimento para esas entidades. Por supuesto que también están los elementales artificiales que construimos con nuestra mente, pero estas son entidades diferentes a los verdaderos demonios, que son entes que alguna vez tuvieron espíritu.
Ver los capítulos: "Nuestros cuerpos y las diferentes dimensiones" (vol. 1) y "San Miguel Arcángel nos protege contra las fuerzas del mal" (en este vol.) para más información.

La función del Ángel de la Justicia no se limita sólo al ser humano, sino que sus ángeles laboran en todo el Universo. De ellos depende que cada especie en nuestro planeta sea conformado con las moléculas que vibren en la frecuencia correspondiente. Supervisan que todo en el mundo esté conforme a lo que la persona o grupo ha generado, y vemos su acción desde el instante en que se inicia el proceso de fecundación para formar los cuerpos, las familias, el ambiente y circunstancias, etc. de cada individuo, a nivel personal, y a nivel planetario en los distintos reinos, continentes, naciones, grupos, etc., según la energía que para tal fin procura la humanidad. En todos los casos, las situaciones serán de acuerdo a lo que arroje la calidad de los factores que mencionamos continuamente: pensamientos, sentimientos, palabras y acciones.

> La función del Ángel de la Justicia, está ligada a la forma en que la humanidad utiliza la energía de vida que Dios le da. Con imparcialidad, con aparente inmisericordia: hace que llegue a cada quien lo que le toca.

" *En efecto, todos hemos de comparecer ante el tribunal de Dios.* " Romanos 14,10

"Y Miguel, uno de los arcángeles, me tomó de la mano, me levantó y me condujo al santuario misterioso de la clemencia y de la justicia." Henoch LXX:4

"Porque el Hijo del hombre ha de venir en la gloria de su Padre, con sus ángeles, y entonces pagará a cada uno según su conducta." Mateo 16:27

"En verdad, en verdad te digo: el que no nazca de lo alto no puede ver el Reino de Dios." Juan 3,3

Todo lo que Dios, nuestro Padre nos envía son emanaciones de amor, salud, tolerancia, armonía, etc., etc., y el que camina emanando lo mismo, es decir, el que manifiesta amor, serenidad, armonía, bondad, compasión, tolerancia, etc., etc., de manera "automática" disfrutará una vida con felicidad, amor, armonía, etc., porque las partículas que conforman su campo electromagnético no se contrapondrán con las que nos manda Dios. Dios no nos envía castigos ni sufrimientos, éstos resultan del choque que produce el campo electromagnético de una persona que emite rencor, intolerancia, crueldad, maldad, etc., contra las celestiales emanaciones de Amor que vienen de Dios para bendecirnos. El "pecado" (de "peccarum"= peca en la piel, mancha) significa las partículas densas, negras que se incrustan en el cuerpo Astral de las personas que se oponen a las bendiciones de Dios. Estas manchas del Cuerpo Astral salpican con sus emisiones vibratorias al aura.

Los Ángeles están junto a nosotros siempre, conocen las energías que brotan de nuestra alma, saben lo que continuamente estamos produciendo y aún cuando la oscuridad de nuestros errores estorba la luz que necesitan para acercarse más, cada vez que pensamos en ellos, invocando su celestial asistencia, responden de inmediato. Si alguna vez no percibimos su respuesta inmediata, debemos recordar que a veces se hace necesario que pasemos por cierta pesadumbre para que podamos soportarla con valor y descargar mucha energía condensada negativamente a nuestro alrededor, debido a circunstancias que hemos manejado en el pasado, como: ira, impaciencia, depresión, coraje, envidia, chismes, etc. Los Ángeles siguen las instrucciones divinas, jamás se imponen, jamás nos demandan ni reclaman; nunca tratan de coartar nuestra voluntad, sino con absoluta entrega fraternal y amor a Dios nos inspiran, para que día a día vayamos encontrando el camino hacia Nuestro Hogar. Nos infunden sabiduría para que permitamos que sólo la Voluntad de Dios obre en nosotros, y podamos lograr una evolución más ágil y perfecta. De esa manera comenzaremos a ser verdaderos instrumentos de Dios y podremos dar el apoyo y la fortaleza a los demás cuando en esta etapa cíclica se vuelve tan necesaria.

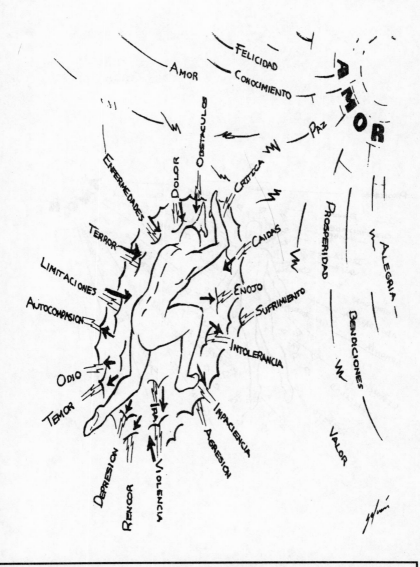

Aquí se ve un individuo que emana odio, rencor, crítica, autocompasión, por lo que su campo electromagnético está oponiéndose a la Esencia de Dios que es: amor, paz, tranquilidad, etc., por lo que recibe descargas que se interpretan como desgracias. Esto sucede porque las vibraciones egoístas no pueden mezclarse con el Amor.

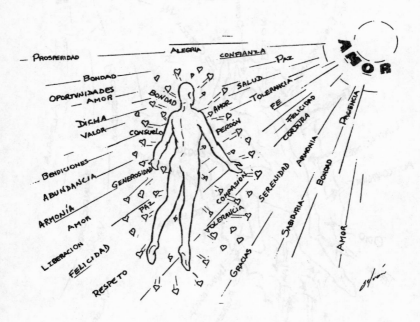

El individuo que camina por la vida sembrando amor, tolerancia, armonía, compasión, etc., que son virtudes que tienen la misma esencia que conforma las bendiciones de Dios, disfrutará armonía, tranquilidad, etc, porque está fluyendo con la energía que nos envía Dios.

© La Casa de los Ángeles
Campeche 261, México, D.F., 06100
(55) 5574-3052 / 5584-2325 / 5564-3392

EL ÁNGEL DE LA VIDA
La muerte no existe

Si es preciso una imagen con forma corpórea para poder expresar tridimensionalmente esta Excelsa figura angelical, debemos recordar que su símbolo responde a la Vida, y podemos imaginar a este Ángel como una visión de fulgores tan brillantes y de belleza tan magnífica que nuestros ojos espirituales deberán estar ejercitados continuamente por medio de la entrega devocional, el fervor y el éxtasis divino de amor a Dios para tener un pequeño vislumbre de su celestial inconmensurabilidad. Podremos visualizarlo con sus manos extendidas hacia adelante ofreciendo la simbólica luz de nuestra esencia espiritual, de la chispa divina, de la llama eterna que pugna por mostrar su esplendidez en el fondo de nuestro corazón

LUCY ASPRA

Los Ángeles de los Registros acompañan al ser para que tenga una visión completa de la existencia que acaba de completar. Cuando se ha llevado una vida noble, éste es un instante de suprema dicha.

El Ángel Registrador es conocido también como el Ángel de la Memoria, de los Archivos Akáshicos, de los Recuerdos, etc. Su divina presencia puede representarse como un celestial Ser de extraordinaria belleza y majestuosidad y desplegando un grandioso aura que abarca todo el espacio donde desarrolla su actividad, que es guardar fielmente todos los sucesos, experiencias y circunstancias que conciernen a cada ser humano. El libro que porta representa la historia de la vida de cada individuo y es allí donde se registra cada pensamiento, anhelo, deseo, emoción, y toda palabra y acción que realiza.

Para representar al Ángel de la Justicia podremos imaginar a un ser glorioso, como un guerrero con una espada de fuego en la mano derecha y una balanza en la izquierda. Es el Ángel que con dulzura infinita acompaña al ser en el momento crucial de enfrentarse al resultado de los pensamientos, sentimientos, palabras y acciones que realizó en la vida que acaba de concluir y por la que se encuentra ante el Tribunal de su propia conciencia. Este celestial ser no premia ni castiga, sólo conduce al ser a analizar lo que ha derivado de la vida que acaba de experimentar.

La imagen del Ángel del Nacimiento puede percibirse como la gloriosa figura del Arcángel San Gabriel, quien con celestial dulzura conduce todo el proceso de la formación del cuerpo del bebé en el vientre materno. Es asistido por los Ángeles que trabajan con él. Nuestra Madre Celetial rige sobre este acontecimiento.

En el momento de la muerte, el individuo que en vida se acercó a Dios y se preparó para el mundo espiritual, recibe la asistencia de los Ángeles que le conducen a presenciar lo que ha generado en la vida que acaba de terminar.

El Ángel de la Justicia da a cada persona lo que merece de acuerdo a la forma en que usa la energía de vida que Dios le dio. Con imparcialidad, con aparente inmisericordia, hace que llegue a cada quien lo que le toca.

LAS OBRAS DEL SER HUMANO SE PESAN A LA HORA DE LA MUERTE.

"Y si llamáis Padre a quien, sin distinción de personas, juzga a cada cual según sus obras, conducíos con temor durante el tiempo de vuestro destierro." 1Pedro 1,17

A partir de la grabación de la vida del individuo, que como relámpago pasa ante su visión etérica en el momento de su muerte, el Ángel de la Justicia, auxiliado por esta información que le aporta el Ángel de la Memoria o Registros, conduce al ser hacia la región que le corresponde; es decir, de inmediato, después del Examen de Conciencia, el ser será atraído hacia el espacio que tiene las partículas iguales a las que él trae encima* Recordemos que mientras vive el individuo, todas sus vivencias son fotografiadas en su totalidad y registradas en el Átomo Permanente que se localiza en el corazón, y es a partir del resultado de este archivo que procede el Ángel de la Justicia. Todo este proceso es percibido por el individuo como si se hallara sumido en una mística y serena estupefacción, en un extraño estado de aceptación, donde lo que está observando le queda clarísimo y comprende que está al descubierto y nada puede ser debatido. Ve su vida sobre una pantalla que más bien semeja los cuadros que forman los rollos de una película; hay quienes, debido a "experiencias cercanas a la muerte" o a revelaciones místicas, describen estos cuadros hasta con ranuras semi continuas arriba y abajo, como si correspondieran al engranaje sobre el que se colocan los negativos en las cámaras fotográficas. Sobre estos espacios van apareciendo las escenas que se refieren a todas las experiencias del individuo, que de manera inversa, retrospectivamente desde el momento de su muerte hasta la infancia, pasan ante él como un relámpago, pero las percibe hasta en el más mínimo detalle.

---

*Esto lo vemos representado en la película "Ghost" cuando fallece el "malo", quien inmediatamente es atrapado por entidades obscuras que lo jalan hacia su espacio sin que él pudiera darse cuenta de lo que le estaba pasando. Esto es un reflejo de la realidad, porque en el momento de la muerte, los que en vida se dedicaron a la maldad, son atrapados dentro de torbellinos energéticos densos, en una vorágine donde están a merced de las entidades que allí habitan, porque todo el proceso del Examen de Conciencia se da de manera vertiginosa, y naturalmente que el que está en la oscuridad no puede percibir a los seres de amor que permiten que se cumplan las leyes establecidas por Dios. En este caso, la ley actúa inmediatamente, haciendo que las partículas oscuras graviten automáticamente hacia el núcleo oscuro (agujero negro).

Todo esto sucede cuando aún el cuerpo etérico está junto al físico, con su conciencia en el Plano etérico, donde generalmente permanece cerca de tres y medio días de nuestro tiempo terrenal, hasta que es roto el Cordón de Plata que une al etérico con el cuerpo Astral. Después, el Ángel recoge el resultado de las vivencias y de acuerdo a la calidad de su vibración, el individuo es atraído hacia la región cuya frecuencia es de igual naturaleza. Esta labor del Ángel de la Justicia es simbolizada con la balanza que sostiene en su mano, donde en uno de sus platillos tiene un ser que vibra claridad y en el otro uno que se cubre el rostro avergonzado ante el panorama de la existencia que acaba de dejar. Ambos representan al mismo ser: el primero indica que el alma no tiene partículas que la opacan, representa las obras buenas que recoge el alma, y el otro representa las capas de partículas astrales que por ser más pesadas hacen que ese platillo de la balanza se caiga.

"Yo, Dios, exploro el corazón... para dar a cada cual según su camino, según el fruto de sus obras." Jeremías 17,10

EL ANGEL DEL NACIMIENTO

A través de la historia, a este celestial emisario de Dios - cuya función es crear "formas nuevas" para cada ciclo de Vida - se le ha representado como un glorioso Ángel venciendo a un dragón. Independientemente de la realidad "histórica" de los ángeles, y de San Miguel Arcángel a quien se le asocia con esta imagen*, en esta simbología el "Ángel" representa al espíritu del hombre, y el "dragón" representa el cuerpo material con todas sus limitaciones que deben ser vencidas y sublimadas, porque sólo así podrá elevar el individuo su conciencia para llenar el Grial del Alma (cuerpo causal). La columna vertebral es representada por la lanza que aparece hundida en las entrañas del dragón, de las que brotan sangre y fuego. La columna vertebral indica la voluntad, la fuerza que se deberá emplear para vencer el apego a la materia. Dominar al dragón significa destruir las limitaciones que la materia impone al alma, para nacer a la verdadera vida.

---

*El dragón o la serpiente siempre ha representado las ataduras materiales o cuerpo físico, los apegos, la naturaleza inferior del humano, y esto es curioso, porque de acuerdo a algunos investigadores modernos, nuestra raza actual corresponde a una manipulación genética que realizaron seres procedentes del espacio. Afirman que estos seres que se erigieron en dioses, pertenecían realmente a una raza de serpientes y dragones de sangre fría y azul, de allí que se dice que sus descendientes directos tienen su configuración genética ("sangre azul") y es por esto que se sienten con derecho de regir sobre el resto de los seres humanos. De acuerdo a esto, el cuerpo material procede de la manipulación por parte de seres no evolucionados espiritualmente pero con tecnología suficientemente adelantada como para trabajar con la materia genética, pero sin tener poder sobre nuestra naturaleza espiritual, que ya estaba incorporada en la célula que extrajeron del incipiente ser que se desarrollaba en la Tierra y mezclaron con la suya. Recordemos que en cada célula física de un ser humano están implícitas las células que corresponden a los diferentes planos y por consiguiente a los diferentes cuerpos sutiles del ser humano (ver vol. 1 "Morir sí es vivir"). De acuerdo a esto, los que construyeron el cuerpo físico vendrían a ser las entidades que conocemos como "demonios" que viven en el fondo de la Tierra, y cobraría sentido las creencias milenarias: que la materia procede de la corrupción, del mal, de Satanás, por lo que, de acuerdo a los gnósticos antiguos, habría que flagelarlo y privarlo de placeres. Según algunos investigadores, cuando Jesús habló a los fariseos se refería a estos descastados: "¡Serpientes, raza de víboras! ¿Cómo lograrán escapar de la condenación del infierno?" Mateo 23:33

Los Ángeles del Nacimiento también trabajan en los distintos Reinos de la Naturaleza, porque son los que supervisan la elaboración de todas las formas en las que se manifiesta vida.

En la actualidad, cuando la conciencia del ser humano se ha elevado y comprende la importancia del cuerpo para realizar las funciones del alma, la imagen del Ángel del Nacimiento corresponde a la del Arcángel San Gabriel, que se presenta con las blancas flores de las virtudes para señalarnos que son las que deberán adornar nuestra alma. San Gabriel anuncia los nacimientos y es el ángel encargado de la estructuración del cuerpo del bebé en el vientre materno.

NACIMIENTO
CÓMO SE FORMA EL CUERPO DEL BEBÉ
EN EL VIENTRE MATERNO

"El Señor me engendró al principio de sus obras, desde el principio, antes que crease cosa alguna. Desde la eternidad tengo yo el principado, desde antes de los siglos, primero que fuese hecha la tierra. Todavía no existían los abismos, y yo había nacido; aún no habían brotado las fuentes de las aguas. No estaba sentada la grandiosa mole de los montes, ni aún había collados, cuando yo había nacido. Antes que hubiera creado la tierra, los ríos, y los ejes del mundo. Cuando extendía él los cielos, estaba yo presente; cuando puso una bóveda sobre la faz del abismo. Cuando establecía allí en lo alto las regiones etéreas y fijaba los manantiales de las aguas..." Proverbios 8:22/28

El Ángel del Nacimiento continuamente inspira a los padres para que tengan los más elevados ideales al desear un hijo, pues para el cumplimiento del Plan de Dios deberán nacer seres cada día más evolucionados, almas más adelantadas que puedan guiar a la humanidad hacia el fin insigne y glorioso que le espera. Los padres hoy, deberán estar conscientes que los hijos que traen al mundo son los que conducirán a la humanidad al cumplimiento de su destino divino: crecer en amor noble y libre de maldad y egoísmo. En la literatura mística hemos encontrado ciertas descripciones sobre lo que trascurre durante la formación del cuerpo del bebé en el vientre materno, aquí hemos recopilado datos de algunos autores, incluyendo la cronología descrita por un gran vidente y un ser de extraordinarios méritos espirituales, quien nos narra ese maravilloso proceso de la gestación, haciendo referencia también a la presencia de los ángeles durante la construcción de los cuerpos del bebé y la manifestación de Ntra. Madre Santísima en los últimos meses antes del alumbramiento. Hay que aclarar que la investigación que se realizó fue de un embarazo, donde los futuros padres se prepararon continuamente, a través de meditaciones, oraciones, visualizaciones, pensamientos y actitudes elevados* para recibir amorosamente a su hijo:

Cuando se está formando el cuerpo del bebé por nacer, durante los primeros tres meses, los Ángeles trabajan en la construcción de las formas, transportando las partículas para que se organicen cada uno de los cuerpos. De acuerdo a la teoría de la Reencarnación, el Ángel que dirige el proceso de la encarnación, conoce perfectamente la totalidad de las vidas pasadas del por nacer, conoce su karma y está relacionado con su Alma. Desde el Plano Causal suministra al Ángel que se encarga del cuerpo mental concreto la información de las energías que le corresponden de acuerdo al karma que debe agotar en la vida a la que pronto deberá encarnar. Este Ángel supervisa que el cuerpo sea construido con la sustancia exacta a la vibración de lo que logró desarrollar mentalmente el ser en encarnaciones anteriores. Lo mismo sucede con el ángel del cuerpo Astral y del físico. Cada Ángel tiene otros Ángeles que le asisten. El Espíritu que encarnará, está al tanto de la elaboración de los cuerpos que se están conformando alrededor suyo, porque desde el primer instante está presente, y en niveles espirituales, aparece como un pequeño anillo de fuego que emite

*Estas meditaciones se refieren a concentrarnos en las virtudes que se desean para el bebé: que sea un ser desarrollado espiritualmente y que tenga gracia intelectual, mental, sentimental, de expresión, y también física. A través de la oración, pedir a Dios, a la Virgen, a San Gabriel, a los ángeles, que le den todo el apoyo que requiere para venir sano y completo al mundo, y que tenga la capacidad para llevar a cabo las funciones que le conducirán hacia el camino espiritual, mientras va sembrando amor altruista a su paso. Se sugiere que la madre y el padre hablen continuamente con sus ángeles guardianes y con el ángel guardián del bebé. También hablar directamente con el bebé desde que esté en el vientre materno. Las visualizaciones son: durante algún momento del día, ver objetivamente un cuadro, una pintura, una estampa, una lámina con figuras bellas y agradables, que representan personajes que se admiran por su bondad, su tolerancia, su amor, etc. Estas visualizaciones pueden ser con la imagen de un ser divino, una figura bonita de un ángel, mientras se está pensando en el bebé y deseando que tenga las cualidades que se admiran en los seres que siembran semillas de amor, compasión, tolerancia, etc.

LOS ANGELES DEL DESTINO HUMANO Vol. 2 65

LUCY ASPRA

rayos y a cuyo alrededor se construyen los cuerpos necesarios para que Él pueda manifestarse en la materia. El Espíritu trino vive en el centro de los cuerpos inferiores y les envía su energía. Vive en su cuerpo dentro del seno materno, y si por circunstancias kármicas no se completa la gestación, o en caso de que se produzca un aborto inducido y es expulsado, deberá esperar una nueva oportunidad para manifestarse.

En el momento de la concepción, un destello de luz proveniente del mundo espiritual desciende hasta el espermatozoide y le provee de la fuerza creadora.* De esta manera, el óvulo es fertilizado, y el cigoto - que es la célula formada por la fusión del espermatozoide y el óvulo – recibe en el área que corresponderá al corazón, una sutil conexión con la energía de Vida que proviene del alma. Este conducto, que durante los primeros meses es de color plata azulada y su diámetro es de aproximadamente 4 cms., a los cinco meses es de 6.50 cms, y se percibe con claridad cómo penetra el cuerpo de la madre por el costado izquierdo, ligeramente hacia atrás, entre las vértebras toráxicos y lumbares, luego toca el chakra esplénico y desde allí se une a la cabeza del feto. A los seis meses y medio, este canal de Vida mide unos 15 cms. de ancho en la zona que une el cuerpo mental con el astral, y diez entre el etérico y el físico. A los ocho meses mide como 35 cms. de diámetro, y el Alma ya puede influir en el cuerpo mental, el astral y sobre el etérico, pero el físico aún no puede ser usado como vehículo separado.

El trabajo que realizan los ángeles es científico pero lo llevan a cabo con gran amor, profunda entrega y devoción, y cuando el Ángel encargado de la construcción del cuerpo Astral inicia su labor, va reuniendo las energías necesarias para formarlo y al mismo tiempo va depositándole sus emanaciones de amor y ternura. Con esmero y protección maternal, vela continuamente por el desarrollo de este cuerpo, cubriéndolo con su propia luz y acunándolo dulcemente dentro de su celestial aura. Cuando la futura madre se entrega

*La función de dar la semilla fértil para inseminar al óvulo, realizada por el padre biológico, es un don divino que Dios concede a cada hombre para traer una nueva luz al mundo, aunque por desgracia, en la actualidad, el momento de la concepción está relacionado únicamente con el acto sexual, que se lleva a cabo sólo para producir satisfacción sensorial. Eventualmente, cuando se eleve la conciencia de la humanidad, se llegará a comprender lo sagrado de este acontecimiento y se respetará profundamente la paternidad y la grandiosa oportunidad que Dios da al que la ejerce.

a meditaciones nobles, o asiste a ceremonias religiosas, o habla amorosamente con su bebé, o pide la asistencia de Ntra. Madre Sma. y la del Arcángel San Gabriel, o realiza acciones bondadosas ofreciéndolas para el bien del bebé, o se comunica mentalmente con su Ángel y con el Ángel del bebé, el espacio se llena de sutiles energías que aparecen como místicas luces que se compactan para que el Ángel constructor pueda definir con más armonía y belleza el cuerpo que está formando dentro del vientre materno. Cuanta más energía proporciona la madre a través de pensamientos, sentimientos, palabras y acciones nobles, más tiempo puede el ángel cubrir con su aura al futuro bebé. De esta manera, éste puede recibir más energías purificadas para fortalecer su cuerpo Astral, de modo que a medida que se va armonizando con el cuerpo físico, será más puro y con menos partículas densas, porque hay que recordar que de la madre depende en gran medida, el cuerpo del bebé.

En planos más elevados, al mismo tiempo, el Ángel del cuerpo mental construye este cuerpo con igual esmero, amor y atención. El cuerpo mental aparece como un ovoide opalescente con una abertura en la coronilla hacia donde desciende energía a través del luminoso conducto de Vida que procede del Cuerpo Causal o Alma. Dentro de este ovoide se ve la silueta del cuerpo humano, al que también desciende la energía de Vida por su coronilla. Este cuerpo mental se halla dentro del cuerpo causal, coincidiendo en la zona de la coronilla por donde se percibe al Alma, que aparece como un conjunto de luminosas emanaciones de belleza indescriptible fluyendo continuamente en el cuerpo mental, que está unido de la misma forma con el Astral, éste con el etérico y finalmente se perciben espiritualmente a todos interconectados con el físico. El ovoide en el que se encuentran los cuerpos no es hueco, es sólido, con partículas correspondientes a su plano, aunque a primera vista se ve como materia transparente con sus átomos moviéndose vertiginosamente. El ángel del cuerpo mental, recibe la energía desde el Plano Causal y en un proceso místico la transforma en átomos mentales con la adecuada vibración para formar el cuerpo mental del bebé que está gestando. Cuando la madre se dedica a la lectura de libros de superación que se refieran a conceptos espirituales, o a la práctica de amor noble, altruista y libre de fanatismo, provee más luminosidad a la contraparte mental que cada vez define más su forma. En los casos en que tanto el padre como la madre oran y hacen meditaciones espirituales, las partículas que reúne el Ángel son de tan extraordinario brillo que de inmediato se ve el cuerpo

LUCY ASPRA

del bebé emanando refulgentes colores que se traducen en más atributos y en virtudes de mayor relevancia. De la misma manera, cada emisión lumínica de conciencia elevada que sale de la madre y del padre son transformadas por el Ángel en grupos de partículas que corresponden a facultades intelectuales específicas que reunirá el ser, y en el cuerpo mental que se está formando esto se percibe también mediante colores más luminosos. Para mantener estas partículas organizadas es esencial el pensamiento de la madre, porque existe una conexión sublime entre el feto y ella y cuanto más fulgores mentales provienen de ella, más estabilidad y brillo se percibe en el aura mental del bebé, quien a la vez parece enviar un resplandor particular hacia el aura de la madre, que es seguramente esa luz especial que emanan las futuras madres que están conscientes, felices y agradecidas por el ser que crece en su vientre.

El Ángel encargado de la construcción del cuerpo físico, tiene el molde que responde a cada una de las características resultantes de las actividades que realizó el ser en vidas anteriores, mismas que se acoplan a las que deberá manifestar en su próxima experiencia. Algunas partículas que reúne el ángel tiene la vibración semejante a los átomos que conforman los cuerpos de los padres y antecesores biológicos, por lo que en el cuerpo del bebé aparecerán rasgos que reflejan este parentesco físico, aunque a veces predominan más características de uno de los dos, debido a las funciones que debe realizar el individuo, mismas que responden a su propio Karma. Por ejemplo: un ser que en vidas anteriores llevó a cabo tareas físicas o practicó algún deporte o ejercicio, en esta vida tendrá un cuerpo que reflejará esas condiciones, y tendrá la capacidad de dedicarse a las tareas propias de un cuerpo que con esos atributos se desarrolla. Lo mismo se percibe en una persona que lleva a cabo trabajos relacionados con la mente, con el arte, etc. Apoyándose en su estructura física se deduce la capacidad del individuo; de allí la lectura del rostro y cuerpo para definir al individuo (estudio conocido como "frenología" o "morfología"). Estas mismas tendencias, y muchas otras del individuo quedan marcadas en las distintas partes de su cuerpo, por lo que, para un experto, se vuelve relativamente fácil percibirlas a través de las líneas de la palma de la mano, en la oreja, el iris del ojo, etc. Influye en la construcción de los cuerpos del bebé, también el ciclo en que el Alma decide llegar al mundo, por lo que también tendrá las características predominantes de los astros que rigen en el instante de su concepción, pero especialmente en el momento en que recibe el primer aliento en el mundo físico, ya que en ese preciso instante se imprimen los aspectos planetarios en el átomo correspondiente y el ser recibirá esas influencias durante toda su vida. Naturalmente que de acuerdo a su estado de conciencia será cómo las procesará. Esto explica también por qué cada individuo refleja básicamente las características morfológicas del signo que asciende (conocido como "Ascendente"*) en el momento de su nacimiento. Todo el proceso de la formación de los cuerpos del bebé se lleva a cabo por los Ángeles constructores y arriba de ellos se percibe una celestial figura que supervisa amorosamente el trabajo que desarrollan. A este divino ser se le relaciona con San Gabriel Arcángel, quien a la vez es dirigido por Nuestra Madre Celestial.

A medida que se desarrolla el cuerpo del bebé en el vientre materno, el alma va abarcando más espacio y va aumentando en tamaño el vientre de la madre, pero también en los niveles intangibles van creciendo los cuerpos sutiles, y éstos reciben una cantidad mayor de energía. Aunque la manera en que están unidos los cuerpos no se puede explicar tridimensionalmente, porque parece como si existe cierta superposición del más elevado en relación con el que sigue para abajo, pero con el fin de poder transmitir una idea de su composición, podría resumirse que son como cuerpos encimados, y el mental, a los ocho meses ya mide alrededor de un metro cuarenta centímetros, apareciéndose cada mes con más fulgor y luminosidad. En esta fase, los átomos del cuerpo mental y los del astral vibran más velozmente, y sobresale el cuerpo astral del bebé desde los hombros de la madre hasta la mitad de sus piernas. También el ángel encargado del cuerpo astral del bebé se ve detrás de la madre, procurando cuidado y amor al bebé, mientras se concentra en la formación de su cuerpo. Durante este proceso, también se observa al ángel cubriendo a la madre con sus dulces emanaciones. En este ciclo, se percibe una celestial presencia que tiene las características de una bella doncella que emite suaves fulgores de color blanco, azul, rosado, amarillo y verde. Es una amorosa Virgen, Ntra. Madre celestial, que vela por la madre y el niño, y a medida que se acerca más el momento del parto, atrae a más ángeles que le sirven y acompañan en esta

---

*Ver "Manual de Ángeles", vol. 2, **Las emanaciones siderales de los Ángeles de la Astrología**", de esta misma autora.

etapa. Ella está pendiente de los cambios emocionales y mentales de la madre y procura mitigar sus temores y dudas; constantemente la cubre con sus bendiciones y cuando la madre emite pensamientos de amor, ella las incrementa con su propia emanación.

Cuando falta aproximadamente una hora y media para el nacimiento del bebé, los ángeles constructores ya no son percibidos, ahora son los ángeles encargados del proceso del parto los que se manifiestan, y la gloriosa presencia de Ntra. Madre se distingue con mayor claridad de lado izquierdo como inclinada sobre la madre en actitud de profunda ternura y protección. De esta manera se percibe toda la habitación cubierta con una esfera protectora dentro de un ambiente de paz y amor, mientras la madre y el niño reciben las bendiciones y asistencia del cielo. En el momento del alumbramiento la presencia de la Virgen es más manifiesta y una vez que nace el bebé, su imagen va volviéndose traslúcida a medida que pasa el tiempo y ella se retira.

Recordemos que el Espíritu está presente desde el momento de la concepción, cuando se une al área que será el corazón en el cigoto; y a los tres meses, mediante el Hilo de vida ya está completamente unido al cerebro, irrigándolo sólo con la energía necesaria para mantener organizado su cuerpo mental*. A los cuatro meses se percibe cómo proyecta una emanación que semeja una especie de raíz muy sutil, que al quinto mes llega a la garganta desde donde se ramifica y luego a medida que su luz es recogida por el ángel, éste la compacta en moléculas físicas que despliega sobre el cuerpo físico. En esta etapa, el cuerpo Astral está ya relacionado con el físico y el etérico. Parte de la sustancia que va conformando al embrión sigue fluyéndole a través del plexo solar de la madre, pero también recibe la energía pránica con la adecuada vibración - de acuerdo al molde que ya ha sido delineado con precisión – por medio de los espíritus de la naturaleza y un elemental para cada cuerpo**, que asisten a los ángeles, quienes colocan esta energía en la zona correspondiente

_____

*La energía que recibe en el cerebro es semejante a cuando estamos dormidos, seguimos unidos al Hilo de Vida, pero no recibimos la energía en la misma proporción como cuando estamos despiertos, y por supuesto que seguimos teniendo espíritu.

_____

**Ver en el vol. 1 de este título "Los ángeles del destino humano, Morir sí es vivir", el Cap. Nuestros cuerpos y las diferentes dimensiones, cómo están organizados los cuerpos y mantenidos por medio de un elemental.

para ir definiendo el cuerpecito, aunque todo este trabajo se realiza desde niveles invisibles, porque tanto los espíritus de la naturaleza y el elemental, como las partículas que manejan, vibran a una frecuencia que no puede percibir el ojo humano; sólo se ve su efecto a medida que va creciendo el embrión, que va pareciéndose cada vez más al molde que se encuentra situado en la matriz de la madre. Hay una constante actividad en todos los niveles: físico, etérico y astral, pues existen centenares de estos asistentes de los Ángeles, y mientras transportan la energía se ven como rayitos de luz fosforescente, como luminosas partículas que se van acomodando en su lugar, a veces en el interior y a veces en la parte externa del cuerpecito que parece un bebé traslúcido visto sobre luz blanca. Hacia esta forma fetal son atraídas las corrientes de fuerza que se accionan por ciertos sonidos vibratorios. Mientras se conforma el cuerpecito del bebé, la mayor parte de su energía se observa en la zona correspondiente al plexo solar del etérico de donde se distribuye para el desarrollo del cuerpo físico. A medida que se va completando el cuerpo del bebé, se distinguen diferentes series de vibraciones que se unen a las anteriores, así como distintos espíritus de la naturaleza que se acercan para ir conformando los variados órganos y apéndices en el cuerpo. En el sexto y el séptimo mes hay mayor actividad en todos los planos, pues en el cuerpo del bebé ya se percibe la actividad de los chakras, y el cuerpo astral puede recibir, de forma más objetiva, los impactos externos, lo que explica la desarrollada conciencia que manifiestan algunos seres cuando en vida son conducidos hacia esos momentos para referir sus sentimientos, en terapias que se conocen como "regresiones" o "renacimiento" o "rebirthing". Todo este proceso mágico se lleva a cabo mientras se escucha espiritualmente una suave nota tonal, que como delicado murmullo procede del átomo permanente, y este sonido se une a la vibración que produce el constante movimiento de los espíritus de la naturaleza que vibran al unísono, porque es ésta la frecuencia, que de acuerdo a las indicaciones del Ángel de la Justicia, deberá aplicarse para construir los cuerpos. Esta vibración va conformando una especie de esfera de protección para que la formación del bebé llegue a buen término. Esta maravillosa sincronización puede ser interrumpida por situaciones relacionadas con el Karma o por factores externos como los que señalamos en el párrafo siguiente.

Mientras están en construcción, todos los cuerpos del bebé pueden ser alterados, y esto dependerá de la influencia que ejerce la madre, si lleva una vida conflictiva, la energía que emite influirá en alguno o en todos los cuerpos. Sin embargo, si se esmera por mantener moderación en todos los aspectos, se alimenta sanamente, no ingiere alcohol ni fármacos perniciosos, se aparta de los vicios y adicciones, busca asistencia celestial y procura rodearse de armonía, esto repercutirá favorablemente en el bebé. En los lugares densamente contaminados, especialmente si existen energías que provienen de la brujería, rituales negros, o cualquier cosa que produzca mala "vibra", como música de heavy metal, rock pesado, o canciones donde de forma subliminal o abiertamente se invoca a las fuerzas del mal, todo esto afectará de modo negativo al bebé, ya que los Ángeles que construyen sus cuerpos no pueden envolverlos con su luz de protección y quedan durante mucho tiempo a merced de las influencias de entidades nefastas, mismas que después podrán afectar su vida, conduciendo al niño hacia situaciones que alterarán la armonía en su entorno y en su existencia. En caso de vivir en un ambiente medio, sin mayor contaminación y sin espiritualidad, el resultado son niños con indiferencia al mundo espiritual y con tendencias materiales, etc., porque los que construyen sus cuerpecitos son seres que vibran en la frecuencia del material que se emple, tanto a nivel mental, como sentimental y físico. Naturalmente que todo esto es parte de su Karma, ya que en el momento en que se selecciona a los padres, ellos tendrán una conciencia elevada o no, de acuerdo a merecimientos por el esfuerzo que realizó en vidas anteriores el ser que nacerá. Y cada oportunidad de vida es un reto que debemos superar, sin importar si hemos sido asistidos armoniosamente por nuestros padres biológicos o no. Hay ocasiones en que el Alma elige padres que no le apoyarán, o lo harán de manera limitada, precisamente porque su Karma le señala que existe la necesidad de que se independice de la influencia externa para desenvolverse; por eso a veces se ven personas que después de un nacimiento no deseado y de una infancia terrible, con limitaciones y sin muestras de cariño, han logrado, sin quejarse ni regodearse en el sufrimiento, llegar a realizarse como seres dedicados a sembrar amor y semillas de superación para los demás. Aquí es necesario agregar que si el Karma es propicio, muchas emociones y sobresaltos de la madre serán amortiguados por el ángel constructor para que no influyan en el cuerpo del bebé. De acuerdo a lo anterior, podemos resumir que en la formación de los cuerpos del bebé, influyen: las emanaciones provenientes de la madre y las partículas pránicas con frecuencia vibratoria apropiada, que cuando son reunidas por los ángeles constructores de los cuerpos, reciben la luz de amor y eternidad del alma, lo que permite que cada célula física lleve implícita la chispa eterna.

IMPORTANCIA DE LOS PENSAMIENTOS, SENTIMIENTOS Y ACCIONES DE LA MADRE DEL BEBÉ POR NACER.

Todo lo que pensamos, todo lo que sentimos y todo lo que nos sucede afecta el código genético de nuestro ADN que nosotros a la vez transmitimos a nuestros hijos en su cuerpo físico. Todas las emociones traumáticas o accidentes físicos que afectaron a nuestros ancestros pueden repercutir en nuestro cuerpo. Lo ideal sería que llegaran al mundo sólo seres cuyos padres tuvieran pensamientos, sentimientos y acciones nobles, pero como vivimos en una era de materialidad, conflictos, separación del conocimiento esencial y alejamiento de la espiritualidad, es bastante improbable que esto pudiera suceder pero hay que esforzarse para lograr la superación espiritual, y compartir con otros la importancia de la preparación previa al encargar el bebé. Es muy importante que los padres purifiquen sus pensamientos antes de procrear, pero especialmente la madre, porque el bebé está unido a ella mediante el cordón umbilical, y a medida que va creciendo en su vientre está percibiendo y alimentándose de sus pensamientos y emociones. Como vimos anteriormente, los ángeles que amalgaman las partículas que formarán el cuerpo del bebé, toman el material etérico del cuerpo de la madre, y si tiene condensado elementos correspondientes a pensamientos depresivos, de angustia, temor, rencor, etc., el resultado se verá en el cuerpo que se está construyendo dentro del vientre materno. Es precisamente por esto que es tan necesario que la futura madre esté en buenas condiciones de salud y que sus pensamientos sean puros y elevados, y por lo que debe permanecer lejos de cualquier tipo de turbulencias que pudieran alterarla. Se comprende también la necesidad de que se rodee de colores y formas armoniosas y que todo aquello con que se relacione sea agradable. Cuando hay discusiones, conflictos, pleitos, etc., donde participa la madre, la energía que procede de estas circunstancias, invariablemente afecta al pequeño.

En la antigua Grecia, cuando el culto era a la belleza física, existían lugares especiales para que la madre en espera pudiera contemplar las maravillosas esculturas con el fin de que el hijo tuviera las mismas características físicas. Hoy, cuando se ha llegado a la comprensión de la importancia del mundo espiritual, la petición debe ser – aparte de que el bebé tenga un cuerpo sano, agradable y completo – que sus dotes espirituales sean tan elevadas que su presencia en el mundo material será para engrandecer la obra de Dios ayudando al prójimo.

LUCY ASPRA

¿NO ES ENTONCES, CASUALIDAD EL CUERPO FÍSICO DE CADA PERSONA?

"Ya de niño era yo de buen ingenio, y me cupo por suerte una buena alma. O mejor, siendo bueno, tuve también un cuerpo sin mancha." Sabiduría 8:19-20

Según la teoría de la Reencarnación, antes de que llegue el momento en que el Espíritu tome un cuerpo para manifestarse en el mundo material, los Cuatro Ángeles del Destino, de acuerdo a las acciones de vidas previas, una vez que el individuo termina su paso por el Astral donde habría llegado para soltar las partículas kármicas que no desalojó en la vida que recientemente dejó, se le presenta el molde del cuerpo etérico que le corresponde según el Karma nuevo para su próxima vida terrestre. Los Cuatro Grandes Seres, de acuerdo a los merecimientos del individuo, disponen la proporción de los elementos que se requieren para la función que debe cumplir en una próxima vida. Este molde es únicamente del individuo, no puede ser ocupado por ninguna otra alma; pues cada alma tendrá la cantidad y calidad de cada uno de los elementos en el cuerpo, conforme a lo que ha generado la personalidad en las vidas anteriores. No existen casualidades, aquí no cabe la idea de que si se hubiera nacido antes o después se tendría un cuerpo mejor o peor. La manera en que se seleccionan las condiciones en que el ser deberá nacer a una nueva experiencia son cuidadosamente cronometradas como sigue: El Ángel de los Registros, quien vigila la evolución de cada alma, presenta al Ángel de la Justicia el Libro del Alma, que contiene la recopilación de las vidas previas. El Ángel de la Justicia, determina la forma, condiciones y características para un nuevo nacimiento, según la información que contienen las tres simientes que el Ángel ya previamente extrajo del corazón del ser a la hora de terminar su existencia previa. Para decirlo de alguna manera: cuando el ser falleció, se pesó su corazón (de esta manera es simbolizado este acto en los misterios de Osiris), y a partir de esta información que queda grabada en los Archivos Akáshicos, procede el Ángel del Nacimiento, quien desde esta etapa preside el ciclo que comprende: desde la concepción hasta el alumbramiento del bebé.

La concepción es un proceso místico tan extraordinario que, de acuerdo a los anales antiguos, es necesario que sea del conocimiento de toda la humanidad para que comprenda que nada se deja al azar, sino que absolutamente todo se lleva a cabo siguiendo directrices espirituales determinados por Nuestro Padre

Celestial, por lo que se comprende que cada ser humano llega en el momento preciso y nada tiene que ver con la "casualidad". Antes de la concepción, existen cinco pasos que se llevan a cabo:

1.-Se le muestran al ser las condiciones que corresponden a las experiencias que le tocarán vivir. Aquí recibe la asistencia también de su Ángel Guardián.

2.-El Alma, en preparación para su próxima encarnación, recibe los tres sonidos o vibraciones que, una vez pronunciadas, harán que las partículas apropiadas comiencen a reunirse para formar los cuerpos mental, astral y físico. En el momento en que el Alma emita estos sonidos, se harán presentes tres Ángeles, que de acuerdo a las tradiciones místicas, trabajan directamente para Ntra. Madre Santísima y con el Arcángel San Gabriel. Estos Ángeles son los que dirigirán el proceso de reunir las moléculas que conformarán cada uno de los cuerpos, según los datos proporcionados por el Ángel de la Justicia.

3.-El Ángel del Nacimiento emite una nota vibratoria que llega al Cuerpo Causal o el Alma, indicándole que el momento de encarnar está próximo. Este instante es cuando se lleva a cabo la inseminación, cuando el espermatozoide del hombre se une al óvulo de la mujer.

4.-Cuando el Alma escucha esta nota, acepta el mandato divino y pronuncia otro sonido celestial cuya vibración produce, al unísono, el movimiento de tres corrientes etéricas (ver rubro No. 2) de frecuencias semejantes a cada uno de los tres átomos simientes, los que de inmediato se convierten en el centro alrededor del que se arremolinan las substancias para conformar cada cuerpo temporal. Desde este instante, el Alma está unida al cuerpo que se está procreando, pero está sumergida en un silencio misterioso mientras permite que los tres Ángeles con sus colaboradores se encarguen de organizar las moléculas de sus cuerpos. En el instante en que el Alma emite los sonidos místicos, el Ángel que conforma el cuerpo físico del bebé, entra directamente al vientre de la mujer que será la madre física del Alma que va encarnar, y comienza a atraer alrededor del átomo simiente que corresponde al cuerpo físico, las partículas adecuadas al molde que por merecimientos anteriores, le ha presentado el Ángel de la Justicia. El Ángel que construye el cuerpo Astral, utiliza la substancia a que se hizo acreedor el ser según

LUCY ASPRA

sus deseos y emociones que aparecen en el Libro de su vida. Este cuerpo no se fabrica completamente sino que con el transcurso de la vida, el individuo lo va completando. Aquí es donde cobra importancia la educación que recibe el niño, el énfasis que sus padres o quienes representan la imagen materna o paterna le ponen a la necesidad de desarrollar virtudes, talentos, etc. y de controlar las pasiones bajas y las emociones desmedidas. De esta manera, si trae gérmenes de amor puede aprender a desarrollarlas más y a anular los que pudiera traer negativos. El cuerpo físico es el más importante para descargar Karma, por lo que se comprende la importancia de seleccionar adecuadamente los padres para que puedan transmitir las características físicas que requiere el individuo para cumplir con la función que le toca en la vida a la que llega.

5.-Instantes antes del minuto exacto del alumbramiento, el Ángel Guardián, al servicio del Alma que pronto llegará al mundo físico, pronuncia otro sonido divino para establecer su unión en el momento en que la madre da a luz, y aunque en ese instante no se percibe la magnitud de este acontecimiento, porque el alma se reviste de materia densa y su belleza queda obscurecida, el momento del parto es glorioso, porque llega al mundo una chispa divina con una función específica: traer luz a la humanidad.

> LA MADRE EN ESE INSTANTE SE CONVIERTE EN LA DEIDAD QUE HA TRAÍDO AL MUNDO A UN HIJO DE DIOS, A UN NUEVO SER QUE LLEVA LA CHISPA DIVINA, LA ESENCIA DE LA DIVINIDAD QUE DEBERÁ DESARROLLARSE BAJO SUS MATERNALES CUIDADOS. LA FECUNDACIÓN, LA GESTACIÓN, LA SUBSTANCIACIÓN Y EL PARTO, CONVIERTEN A LA MUJER EN COCREADORA DIRECTA CON NUESTRO PADRE CELESTIAL, PORQUE A SEMEJANZA DEL MACROCOSMO QUE CONTINUAMENTE CREA DIOS, ELLA DA A LUZ A UN UNIVERSO MICROCÓSMICO: A UN SER QUE DEBERÁ CUMPLIR CON SU MISIÓN DIVINA: CRECER EN AMOR, TRAER ESPERANZAS AL MUNDO MIENTRAS SIRVE CON NOBLEZA Y DESINTERÉS A SUS SEMEJANTES.
>
> "DIOS DIJO: HAYA LA LUZ. Y HUBO LUZ." Génesis 1:3
> Y ESTE MILAGRO DE LA CREACIÓN, LA REPITE CADA MADRE CUANDO DA A LUZ.

¿EN QUÉ MOMENTO ENTRA EL ESPÍRITU EN EL CUERPO DEL EMBRIÓN?

"Antes que yo te formara en el seno materno te conocí; y antes que tú nacieras te santifiqué, y te destiné para profeta entre las naciones." Jeremías 1:4

El Espíritu entra en el embrión desde el momento que se vivifica; esto es, desde el instante en que queda embarazada la madre. Él es quien le da la vida al embrión, Él es quien le da su calor y se mantiene unido al cuerpo del bebé mientras éste crece en el vientre materno. En el primer momento se conecta a la zona que corresponderá al corazón, y a medida que se estructura más la porción que corresponde al cerebro, allí se ancla el extremo del Hilo de Vida asociado con la mente. El Espíritu a través de la corriente dual está totalmente incorporado al feto desde el momento que tiene forma, aunque antes está conectado a las contrapartes sutiles. Según la Sabiduría Antigua, mientras está un Ángel o Elemental formando el cuerpo en el vientre materno, el Espíritu está siempre con el embrión; esto es, desde el momento del embarazo, durante la substanciación del feto, en el nacimiento, y durante la existencia física en la Tierra, el Espíritu permanece con el cuerpo, por eso es que el cuerpo tiene vida, porque la vida es el Fuego interno y eterno que le habita. Cuando el Espíritu, Fuego Eterno o Chispa Divina se retira, se enfría el cuerpo, es lo que llamamos "muerte" y el cuerpo se convierte en "cadáver".

Esta Chispa Divina o Llama vive en el centro de cada ser humano, por lo que se dice que el cuerpo es el altar del Espíritu. Sin embargo, aunque vive en el centro y usa la sangre como su vehículo, está con su conciencia en el inconmensurable Plano de Nuestro Padre Celestial. Cuando el feto muere en el vientre materno, es cuando el Alma se ha separado, pero mientras tiene vida, está habitado por el Espíritu. Cuando se piensa que el feto no tiene Espíritu, es porque se mantiene la idea errónea de que el Espíritu sólo ocupa una porción del cuerpo, pero realmente cuando tratamos de conocer la composición de las partículas animadas de los cuerpos del hombre, se comprende que el Espíritu de cada ser humano está en cada una de sus células, y si se extrae una célula de un feto, ya tiene incorporado cada una de las 7 contrapartes, incluyendo, por supuesto el Espíritu. El Espíritu de cada ser se incorpora a sus células de una

LUCY ASPRA

manera mística y oculta desde el instante de la concepción. Comprender la forma en que se lleva a cabo este proceso está más allá de nuestros sentidos físicos. Vivimos momentos muy críticos donde se vuelve fácil convencerse que lo incorrecto es correcto si se adapta a nuestras expectativas, pero con todo, algo se ha logrado si consideramos que en el año 1545 todavía se cuestionaba si la mujer tenía alma o no.

EL ALMA EN LOS CUERPOS DEL HOMBRE

- El Espíritu con el Alma se conectan con el futuro bebé desde el momento de la fecundación, de otra manera no tendría vida el producto que se va conformando. Así como nos queda muy claro que un niño pequeño tiene alma, de la misma manera la tiene el bebé en el vientre de la madre desde el instante de la concepción, aunque no puede manifestarse completamente en su cuerpo físico, sino hasta que el niño tenga entre cuatro y siete años. Es entonces a partir de esa edad que el Alma está totalmente interconectada con el cuerpo denso. Sin embargo, repetimos: sólo cuando el feto deja de tener vida, es cuando no está allí su alma. Cuando nace el bebé, las partículas de sus cuerpos no están perfectamente armonizadas entre sí, por eso vemos que no coordina sus movimientos cuando es muy pequeño.* Cuando recién ha nacido, la cortina etérica que separa la visión de los planos intangibles, aún no está completamente conformada, por esto vemos que los bebés parecen reírse con figuras invisibles, y efectivamente eso es lo que sucede cuando enfocan su vista espiritual y distinguen figuras celestiales ya conocidas y amadas. En algunas ocasiones también podrán percibir seres desagradables, por eso también a veces parecen querer llorar por algo que los que le rodean físicamente no pueden distinguir. La estructuración del velo etérico, aunque se completa alrededor del año y medio, hasta aproximadamente los siete años puede considerarse completamente tejido, por lo que todavía hasta esa edad más o menos, muchos niños perciben planos superiores con compañeros de juego invisibles, que cuando hablan a los adultos de ellos, son juzgados como fantasiosos y se les prohibe referirse a tales temas, por lo que poco a poco van perdiendo los dones de clarividencia que comenzaban a manifestar; además, se ven obligados a guardar sus experiencias y con el tiempo, ellos mismos creen que todo se lo imaginaron, cuando realmente lo que sucede es que efectivamente, algunos niños tienen la capacidad de percibir

---

*Ver "Funciones del cuerpo etérico", en el vol. 1 "Morir sí es vivir" de Los Ángeles del Destino Humano, de esta misma autora.

otros planos que están bloqueados para casi todos los adultos. Estos espacios son visibles para casi todos los niños, aunque son los primogénitos quienes hablan más de ellos, porque como generalmente no conviven con compañeros de su edad prestan más atención que sus hermanitos, al mundo sutil donde se manifiestan los amigos invisibles.

- Alrededor de los 14 años, el Alma atrae la atención del cuerpo Astral, y se dice que es cuando toma posesión, aunque realmente está allí desde que se estructuró el cuerpo astral. Esta manifestación produce una conmoción en el individuo que es percibida por los que lo rodean y traducida como rebeldía o dificultad para ajustarse bien a las normas de la sociedad. Los psicólogos pueden detectar los efectos que se esperan cuando el individuo llegue a esta edad pero no relacionan la causa con esta manifestación del Alma en el cuerpo Astral.

-Entre los 21 y 25 años, el Alma envía más emanaciones de conciencia al Cuerpo Mental. A esta edad el individuo ya debe saber responder a los requerimientos del alma; debe saber la diferencia entre lo correcto y lo incorrecto, y optar por lo primero. Por lo general al llegar a esta edad, el individuo evolucionado espiritualmente sabe responder a la voz de su Alma, y esto lo manifiesta con interés por las cosas espirituales.

-Existe otra conmoción entre los 35 y los 42 años, cuando la conciencia se comunica con la Personalidad (formada por la unión de los cuerpos inferiores) y ésta ya puede responder a los impulsos del Alma.

-Durante los años siguientes debe existir una gran relación entre el Alma y la Personalidad, misma que debe continuar en armonía hasta alrededor de los 56 o 63 años cuando sobreviene otra conmoción o crisis. Al llegar a esta edad se conocerá si el Alma decide continuar usando el vehículo de expresión hasta la vejez o si comenzará a sustraerse. Los signos de vejez o achaques que se presentan en todos los cuerpos son indicativos del proceso de retirada que inicia el Alma.

EL ABORTO

"Aléjate de causas mentirosas, no quites la vida al inocente..." Éxodo 23:7

Cuando se practica un aborto voluntario, independientemente del dolor físico que produce, lo que se está haciendo es arrojar al alma de la envoltura que había dispuesto para su uso en una vida. Y este acto, en las conciencias más desarrolladas, invariablemente producirá angustia, cargo de conciencia y depresión, porque las madres que abortan siempre intuyen la gravedad del acto, aunque hayan actuado por impulso, presión externa o "necesidad".

La práctica del aborto ha sido condenada desde el principio de la historia de la humanidad, ya que es considerado asesinato y éste no es permitido bajo ninguna forma. Cuando por decisión humana se considera que es "conveniente" privar de la vida a un ser humano porque así lo deciden los que pueden ejercer ese poder, esto no los exime de las consecuencias del uso indebido de su libre albedrío.

Naturalmente que si se analizan algunos casos detenidamente, se comprende el deseo de interrumpir una vida; sin embargo, aún en las situaciones donde aparentemente se podría considerar válido arrebatarle su vehículo a un alma, de todas maneras, en menor o mayor grado, según las circunstancias involucradas, habrá que responder por ello. Los seres humanos estamos aquí para crecer en armonía y si algo interrumpe ese equilibrio en nuestra vida, es cosa de analizar por qué ha sucedido. Lo que sí es importante tomar en cuenta, es que ningún ser humano es dueño de nada; todo es de Dios, tanto lo material como lo espiritual. Nadie es dueño de su cuerpo, éste es sólo un instrumento del alma, y si se priva de su vehículo material a un alma que tiene la oportunidad de llegar a la Tierra para desarrollarse, es una responsabilidad a la que nadie querrá enfrentarse cuando llegue el momento de pasar el umbral de la muerte.

En la actualidad se arguye que la mujer es dueña de su cuerpo y puede acudir al aborto si cree que el ser que en su vientre se desarrolla podrá estorbarle en su vida. Esta forma de pensar no corresponde a la realidad porque sólo Dios es dueño de todo lo que se anima en el Universo; tan obvio es que no tenemos poder sobre la vida que cuando llega el momento de la muerte aunque insistamos en permanecer con nuestro cuerpo material, cuando el Alma ha decidido partir, no hay poder humano que pueda retenerla; de la misma manera, el cuerpo que crece dentro de la madre, tampoco es de ella, es un don que Dios le da al alma para que pueda encontrar la oportunidad de desarrollarse en la Tierra ya que esto es requisito para dominar los planos inferiores, y la mujer ha sido bendecida por Nuestro Padre con la gracia de portar los cuerpos nuevos que se forman. Cuando se aborta, se está rechazando este encargo de Dios, además se priva al alma de la oportunidad de venir al mundo a crecer y pasar por las pruebas que necesita.

Desde antes de la concepción, el Alma que debe llegar al mundo sabe que el cuerpo que usará comenzará a formarse en el vientre de la mujer que junto con los Seres que nos guían ha seleccionado para ser su madre. Como expresamos en el vol. 1 "Morir sí es vivir", Capítulo 1 "Nuestros cuerpos y las diferentes dimensiones", la simiente raíz es colocada en la cabeza triangular del espermatozoide del que será el padre biológico del ser por nacer, y cuando se une al óvulo de la madre se produce la fertilización y desde este momento el alma entra al feto que se estructura. A partir de este momento el ser depende de la madre para que se conforme el cuerpo con las características necesarias para cumplir con la función que le tocará de acuerdo a los designios de Dios. Desde antes de los tres meses de formado el infante, el Alma ya está completamente arraigada en el vehículo donde se expresará en el mundo material. Si por decisión del Alma, no se concluye la formación del infante en el vientre materno y es interrumpido por causas "naturales" o espontáneas, esto responde a situaciones particulares que varían en cada caso - las que se pueden encontrar respuestas dentro de la Teoría de la Reencarnación – y cuando se da este tipo de aborto se ve claramente que la madre no tiene ningún poder sobre el ser que se forma en su vientre, pues si así fuera podría prolongarle la vida si ésa fuera su voluntad. Esto nos indica también que es un ser totalmente separado de la madre el que se desarrolla en su seno, por lo que atentar contra su vida es asesinato, y aunque lo puede hacer la madre, no debe hacerlo porque interrumpe una vida y falta al orden divino. "Asesinato", en todos los casos, es privar a alguien de un cuerpo, y esto lo hace cualquiera que asesina, pero la Vida sólo es de Dios, por lo que cuando se asesina un cuerpo mediante el aborto, la vida continúa, lo único que sucede es que ya aparece en los registros eternos, con nombre y señas particulares: otro asesino.

Aún cuando las causas del embarazo pudieran ser terribles y el aborto provocado aparentemente es necesario, como en el caso de una violación, es difícil encontrar una autoridad espiritual que apruebe el aborto porque se sabe que es un asesinato y cualquier ser humano que está dispuesto a invertirle unos minutos de pensamiento también llegará a la misma comprensión. Existen testimonios de madres donde reconocen que gracias a no haber abortado cuando fueron violadas salvajemente, ahora gozan de un hijo (o hija) que les llena sus expectativas y tienen a su lado a un ser completamente agradecido porque no se atentó contra su vida. De acuerdo a la Teoría de la Reencarnación: Cuando el resultado de una violación sexual es un embarazo, el alma que se alberga en el cuerpo que se forma en el vientre materno tiene lazos particulares con la madre aunque en algunos casos, muy débiles con el padre; naturalmente que sí existen situaciones kármicas con ambos y deberán saldarse en esa vida que inicia. Parte del karma negativo del infante será arrastrar toda su existencia el hecho de que su cuerpo es producto de una agresión de su padre hacia su madre. El ser que se está formando no es responsable del acto del padre, éste sólo fue seleccionado para portar la simiente porque existían ciertas cadenas kármicas y poseía determinadas características físicas que se necesitaban para el cuerpo que debía usar en el mundo. La afinidad o antipatía que existe entre algunos padres e hijos responde a circunstancias que se vivieron en vidas anteriores y aún cuando no se trata del resultado de una violación sexual, existen casos en que el infante es repudiado brutalmente por la madre o por el padre; en algunos casos por ambos, y esto según la misma teoría, responde también a situaciones de vidas anteriores. La madre que elige el nacimiento de su hijo triunfa sobre la agresión de la violación, y es la prueba que vino a superar. Naturalmente que aquí triunfa el bien sobre el mal; se trata en estos casos, de almas evolucionadas que deciden manifestar amor en vez de violencia.

Cuando una mujer se encuentra en la posición de cargar con un infante que viene enfermo o con ciertas deficiencias* es necesario que comprenda que aún en esos casos se trata de un ser vivo y eliminarlo a él es igual a eliminar a cualquier individuo enfermo o con deficiencias porque le molesta, no quiere cargar con él o porque le estorba. No es permisible andar por allí eliminando a los que nos incomodan en la vida. Aquí sólo señalamos los hechos para que al proceder cada persona comprenda que nada justifica atentar contra una vida.

Además, un gran porcentaje de mujeres que recurrieron al aborto han manifestado después los mismos sentimientos recrudecidos que se tienen con la sola violación; el aborto acentúa la sensación de impotencia que se tiene con la violación y duplica el sentimiento de culpa por proceder en venganza contra la vida de un hijo. El aborto en la víctima de la violación la conduce a un estado depresivo pues la madre nunca podrá reponerse del hecho de haber cometido filicidio, el recuerdo de este acto la atormentará siempre y aunque conscientemente crea que se siente bien porque el antecedente lo justificaba, las consecuencias de tan ominoso acto se manifestarán de muchas maneras que pueden ser tanto psicológicas como físicas.

Todos los seres humanos cometemos y seguimos cometiendo actos que alteran la emisión divina de las bendiciones de Dios, pero en el momento en que nuestra conciencia se eleva, es decir, cuando se nos dificulta vivir cargando algo negativo cometido en el pasado, en ese momento podemos mentalmente hablar con Dios y pedirle apoyo para lograr el perdón y también perdonar. En caso de haber participado directa o indirectamente en un aborto, se sugiere orar continuamente por el ser al que se le obstaculizó su oportunidad de venir al mundo físico, y también, buscar la ocasión de ayudar a niños discapacitados, a bebés abandonados, etc., así como participar en grupos que lleven este conocimiento a mujeres que confundidas buscan deshacerse del ser que crece en su vientre, etc. Cuando nos acercamos a los Ángeles y mentalmente hablamos con nuestro Guardián celestial, nos conducirá a encontrar la paz y tranquilidad que sólo Dios puede darnos, pues no somos nada sin Dios. Nunca es tarde para comenzar, pues nuestro Ángel nos espera con los brazos abiertos, para recibirnos en el momento que nosotros lo decidamos.

---

*De acuerdo a la teoría de la Reencarnación, la consecuencia de cada aborto depende del motivo que condujo a la acción, pero en todos los casos se trata de eliminar una vida, esto es, de quitarle una oportunidad al alma.

"La mujer no ha sido creada estéril, sin embargo se ha privado de hijos con sus propias manos... Todas estas malas obras serán manifiestas y ninguna de ellas podrá sustraerse a la luz del día. No penséis ni digáis: Mi crimen está escondido... pues en el cielo se anota exactamente ante el Altísimo todo lo que se hace en la tierra y todos los pensamientos de los hombres." Henoc 96:13/16

"Maldito aquel que acepta soborno para quitar la vida a un inocente. Y todo el pueblo dirá: Amén. "Deuteronomio 27,25

ARCÁNGEL SAN GABRIEL, PATRONO DE LOS BEBÉS POR NACER Y LOS RECIÉN NACIDOS

Hoy, cuando de acuerdo a los designios de Nuestro Padre Celestial, toda vida deberá ascender a un nivel más elevado, el Arcángel Gabriel, junto con todos los ángeles de su Hueste celestial, están laborando más activamente para traer seres de elevada conciencia que deberán ayudar en estos momentos de transición.

El Arcángel San Gabriel es el Ángel de la Anunciación, de la Resurrección, de la Misericordia, de la Promesa, de la revelación, es el Heraldo de las Buenas Nuevas. Rige sobre los nacimientos. Sus ángeles son atraídos hacia el ser desde el momento de su concepción y guiados por él, ellos estructuran el cuerpo del bebé en el seno materno. Él instruye al ser por nacer durante los nueve meses mientras se forma el fruto en el vientre de la madre; y durante el parto, su labor se acrecienta dando más apoyo al espíritu del por nacer. Las mujeres, que con pureza de móvil desean un hijo, deberán acercarse al Arcángel San Gabriel y pedir su asistencia, y durante todo el tiempo que dure el embarazo deberán visualizar a los Ángeles de la pureza Celestial, iluminados en dorado, estructurando el cuerpo en su vientre. Deberán unirse mentalmente con el Arcángel Gabriel y pedirle que se aun espíritu evolucionado el que albergará en el cuerpo que él estructurará con los pensamientos de amor, sentimientos de ternura y actos de bondad que la madre del bebé por nacer proporcionará para tal fin.

Oración:

Arcángel San Gabriel:

Tú que anunciaste a Nuestra Madre el nacimiento de Jesucristo, y la llenaste con la Bendición divina, te ruego de acuerdo a la voluntad de Dios y en nombre de Nuestro Señor Jesucristo, la bendición para todas las mujeres que con pureza de alma desean un hijo para que llegue a hacer el bien al mundo: Te pido una bendición especial para: .... (decir el nombre) y para el ser que crece (o crecerá) en su seno. Te ruego tu asistencia directa y el apoyo de tus ángeles mientras forman su cuerpo, para que sea sano y lleno de todas las cualidades requeridas para sembrar el amor y evitar el dolor con una vida activa en este mundo físico. Llénanos con tu Luz de Pureza sin igual para que con tu iluminación divina se eleve nuestra conciencia y manifestemos sólo amor hacia toda la humanidad para que tus Ángeles puedan estructurar un mundo armonioso y lleno de felicidad. Gracias por interceder por estas peticiones. Amén.

ORACIÓN DE LA MUJER QUE ESPERA A UN BEBÉ:

Señor mío, por medio de la fecundidad me concedes la gracia de colaborar contigo en el misterio sagrado de esta nueva vida que se forma en mi seno. Aquí estoy para agradecerte y para implorar. Un día quisiste que Tu Hijo, Jesús, se hiciera hombre en la carne y en la sangre de María, Virgen Purísima. Por este acontecimiento santo, yo te ruego: Protégeme en este embarazo, para que mi hijo nazca perfecto y sano, que sea también tu hijo por las aguas del bautismo y crezca bendito y feliz. ¡Yo lo consagro desde ahora a Ti a la Virgen María! Yo acepto generosamente las incomodidades y sufrimientos de esta espera y del momento en que mi hijo venga a luz. Te pido apenas que me reconfortes y me des fuerzas para soportar todo y que yo tenga vida y salud para cuidar a esta criatura en todo lo que ella vaya a necesitar de mí. Santa Madre de Dios, alcanza de Jesús, tu Hijo, lo que pido ahora por la vida que traigo en mi seno. Así sea.

LUCY ASPRA

ORACIÓN PARA PEDIR PERDÓN POR HABER ABORTADO Y PARA QUE SEA BAUTIZADO EL BEBÉ ABORTADO:

Señor Jesucristo, yo .... (decir el nombre), te pido perdón por provocar la pérdida de este bebé, te ruego que me sanes de toda herida que me indujo a llevar a cabo este acto. Te entrego la culpa, la soledad, el dolor, la rabia, el enojo que siento en mi interior por haberle quitado la oportunidad a mi hijo (a) que no nació. Asimismo, te ruego que quites todos estos sentimientos también de él (ella).

(Ahora deberás escoger un nombre para el bebé que se abortó.) Proseguir:

Señor Jesucristo, deseo bautizar a mi bebé, te pido que esté presente también Nuestra Madre, la Virgen María.

En el nombre del Padre, del Hijo y del Espíritu Santo, yo te bautizo a ti, hijo mío (o hija mía), con el nombre de ....(decir el nombre que escogiste para el bebé, y hacer la señal de la cruz con la mano derecha.)

Ahora deberás dirigirte a tu hijo y decir:

"Gracias por ser mi hijo (a), te pido que aceptes el amor de Dios y el que hoy yo quiero darte. Te bendigo y te deposito en los brazos de Jesús y de la Virgen María."

Ahora dirás:

Te ruego Padre mío, que concedas a mi bebé la resurrección en el cielo. Gracias Señor. Amén, Amén, Amén.

EL SER HUMANO, NO TIENE NINGÚN PODER SOBRE LOS ÁNGELES.

"¿Qué es el hombre...? le has hecho inferior a los ángeles..." Hebreos 2:6/7

Los hombres no tienen poder sobre los Ángeles. Ellos no son servidores nuestros, sólo lo son de Dios, y cuando se les invoca, responderán sólo de acuerdo a los designios de Él. En toda la información que se ha recopilado y que está contenida en los libros anteriores*, se pone énfasis en esto. Las ceremonias y rituales se refieren a mover energías para un fin determinado, y cuando la intención es egoísta o se trata de atraer a una entidad para que realice funciones incorrectas, no importa que se invoque a un ángel de Dios, éste NO responderá, porque no existe un solo ser humano que sea capaz de atraer a los ángeles por medios diferentes a: la oración, el sacrificio, la penitencia, los actos de caridad y la práctica religiosa. Cuando se celebran ritos, ceremonias o evocaciones egoístas, seguramente se atraerá a un ente pero será uno que corresponde a la vibración del deseo egoísta. Es probable que engañosamente, como es su naturaleza, se presente con algún disfraz que confunda al invocador, y puede que afirme ser un ángel, pero lo será de la oscuridad. Los Ángeles de Luz no pueden ser impulsados hacia la negatividad que proviene de un pensamiento que emite prepotencia, soberbia, maldad, venganza, deseos de placeres materiales y sensoriales.

Aunque los ángeles no son nuestros servidores, la humanidad se beneficia con el servicio que le prestan a Nuestro Creador, porque ellos llevan a cabo todas las labores que permiten que las formas se mantengan estructuradas. Desempeñan funciones de Ministros, Mensajeros, Guardianes, Conductores de los Astros, Ejecutores de las leyes, Protectores, etc. Ellos son los Constructores del Universo, y hay Ingenieros Siderales que planean las órbitas y analizan todas las atracciones y repulsiones y son los que estudian las influencias astronómicas y astrológicas. Están también los Colaboradores Siderales que trabajan asimismo en mundos pertenecientes a otros Sistemas Solares; mundos mucho más adelantados que el nuestro. Forman el Ejército de Dios, Su corte; transmiten órdenes y velan sobre todo el planeta; son los guardianes de la

* Libros de esta autora

humanidad; y cada ser humano tiene uno de estos divinos seres que lo acompaña desde el momento que sale como alma del seno de Dios, Nuestro Padre. Cada ser humano tiene un Ángel Guardián que está junto a él, guiándole, inspirándole y tratando de llegar a su corazón. No se necesita hacer cosas extrañas para atraerlos, porque entre sus funciones está: atender automáticamente al ser humano que ilumina su espacio con el pensamiento recto, los sentimientos, palabras y acciones que producen el bien en la humanidad. Para comunicarnos con nuestro Ángel, sólo es necesario elevar nuestro pensamiento hacia él, y con palabras sencillas platicarle nuestras cosas cotidianas y las que nos tienen intranquilos; si requerimos una ayuda especial, la resolución de una situación conflictiva en nuestra vida, o que se encuentre una salida para la urgencia material que nos inquieta, con nuestras propias palabras debemos expresarlo, porque él sabrá comprendernos y cuando esto lo hacemos con nobleza, de manera sorpresiva hallaremos respuesta a todo.

¿PUEDE EL SER HUMANO HACER UN TRABAJO COMO EL DE LOS ÁNGELES?

Como se expresó en el Manual 1, "Di ¡Sí! a los Ángeles y sé completamente feliz", es preciso recordar que la palabra "ángel" denota un oficio, que es ser "mensajero" de Nuestro Padre Celestial, porque la naturaleza de los Seres de Luz es puramente espiritual ya que han trascendido la etapa evolutiva en que necesitan un cuerpo material. El oficio de "Ángel" es una labor que deberá desempeñar todos los seres que han salido del seno de Dios. A medida que el humano manifiesta más su lado espiritual se va acercando al camino que Nuestro Padre tiene para él y poco a poco se convierte en un ser que expresa la Voluntad de Dios y sin dejar su cuerpo físico desempeña el trabajo de "mensajero" celestial. Sin embargo, cuando el ser humano ha alcanzado el grado de perfección en que no requiere ya un cuerpo de materia para su evolución, con su espíritu y desde los planos invisibles trabaja cumpliendo con la Voluntad de Nuestro Padre. Al llegar a esta etapa de santidad, para continuar su proceso evolutivo, puede elegir cualquiera de los Siete Senderos.

¿CUÁLES SON LOS SIETE SENDEROS ENTRE LOS QUE PODRÁ DECIDIR UN SER PARA AYUDAR EN EL PLAN DIVINO, UNA VEZ QUE HAYA DEJADO SU CUERPO MATERIAL?

"Al que venciere, yo le haré columna en el templo de mi Dios, de donde no saldrá jamás fuera; y escribiré sobre él el nombre de mi Dios, y el nombre de la ciudad de mi Dios la nueva Jerusalén, que desciende del cielo y viene de mi Dios, y el nombre mío nuevo." Apocalipsis 3:12

Según la información milenaria, cuando el individuo ha llegado al estado de gracia en que su Alma, revestida de blancas virtudes ya manifieste su cuerpo inmaculado tal como cuando salió de su Creador - pero ahora con las experiencias del mundo material - y su esencia es Purísima; es decir, cuando ya su Alma es un reflejo fiel de su Espíritu, Su gemelo Divino, estado celestial al que ha llegado a fuerza de renunciación, devoción y entrega de Amor a Dios, ya no necesitará más experiencias en un cuerpo material, por lo que ya no será necesario que regrese al mundo físico con un instrumento de dolor. Sin embargo, al llegar a este grado de evolución, no se contentará con retirarse a gozar de las delicias celestiales, sino que probablemente escogerá asistir a la humanidad a la que ha llegado a amar más que a sí mismo, y permanecerá en esferas cercanas al mundo material. Para las almas que han logrado este grado de espiritualidad en la Tierra, de acuerdo a la sabiduría antigua, existen 7 senderos a través de los cuales continuarán su camino evolutivo:

1. Podrán permanecer determinado "tiempo" en el glorioso estado de plenitud celestial, revistiéndose de una vestidura más luminosa, a fin de realizar posteriormente trabajos más elevados dentro del Plan de Dios. Su evolución lo continuarán en planos invisibles con su cuerpo glorioso o de bienaventuranza. En sánscrito, este sendero se conoce como "Dharmakaya" y significa "cuerpo espiritual glorificado".

2 Desde los planos espirituales podrán trabajar inspirando a la humanidad. Se refiere a la ayuda de los grandes santos que emiten su sabiduría desde las esferas celestiales. Su estado es de conocimiento pleno respecto a las cosas de la Tierra. Su luminosidad es esplendente y su sacrificio igual, pues aún cuando pudieran

permanecer en el Paraíso Divino, deciden apoyar espiritualmente a sus hermanos en el mundo material. A este sendero, en sánscrito se le conoce como el de "Sambhogakaya", que indica: uno de los tres gloriosos ropajes celestiales.

3   Renuncian a las dichas de las Moradas Celestiales y continúan cerca de la humanidad. Se trata de seres de extraordinaria santidad que al fallecer, permanecen próximo a las esferas terrenales con el fin de proteger y guiar a la humanidad desde los planos invisibles. Se les conoce en sánscrito como: "Nirmanakaya", que significa: los que protegen a la humanidad, o protectores invisibles.

4   Con un cuerpo luminoso, pueden dedicarse a realizar funciones en otros lugares del sistema solar, aunque no necesariamente con la misma humanidad que evoluciona en la Tierra y que acaban de dejar.

5   Realizan funciones relacionadas a las formas (cuerpos) que se estructuran a niveles sutiles y que corresponderán a la próxima cadena de evolución.

6   A niveles etéricos pueden trabajar con los seres humanos que buscan el camino espiritual. Son seres que no vibran en la perfección que las que escogen los senderos anteriores; sin embargo, siempre están inspirando y transmitiendo enseñanzas; son los maestros que trabajan a nivel astral.

7   Pueden continuar su evolución en planos invisibles con el fin de entrar a los coros de los Ángeles. Este sendero es muy largo y se comenzará haciendo tareas menores dentro del Reino Angélico.

Los 7 senderos corresponden a seres que se han elevado sobre las cosas terrenales y todos son santos, por lo que ninguno es mejor que el otro; existen así, porque cada ser desarrolla características particulares y tiene opciones para servir y seguir creciendo. De igual forma, cada uno de nosotros, seres humanos, una vez que logremos dejar todos los apegos que nos encadenan al mundo material, tendremos oportunidad de hacer nuestra selección, porque la vida es eterna, y cada ser que haya trascendido hacia la Inmortalidad, no estará ocioso sentado en el vacío existencial, sino que continuará perfeccionándose en otros espacios a medida que va ascendiendo en el camino hacia Nuestro Padre Celestial.

CAPITULO DOS
EL ARCÁNGEL MIGUEL, NUESTRO PROTECTOR CONTRA LAS FUERZAS DEL MAL

"Yo Soy el Ángel de la Protección:

... Mi resplandor de magia divina...de un azul intenso y un oro celestial... baña el Universo... y hoy se conjunta para llegar a tu vida y fabricarte un escudo protector... Ven... quiero estrecharte con ternura... ven a mis brazos y permite que te arrulle dulcemente... Cierra tus ojos y aspira suave y profundamente... aspira mi esencia... y visualiza un cielo cobalto profundo. Observa bien... de entre las nubes surge una figura celestial... majestuosa... ¡un ángel!... bellísimo... se acerca... te sonríe... te trae un presente... es un manto azul... con reflejos dorados... Lo extiende... y te cubre con él... percibe su calor... siente la cálida protección de esta envoltura de amor... Ahora inhala nuevamente... y agradece este presente celestial... Visualízate siempre cubierto con este manto de protección y revestido del poder de lo alto... Primero deberás purificar tu mente, deshacerte de cargas pesadas, de apegos, de lo que estorbe... para que tu manto se deslice suavemente protegiéndote con amor... Ahora inspira nuevamente... aspira luz azul y destellos dorados... y espera el día lleno de seguridad... porque te aguarda hoy un día que los ángeles inventaron con amor sólo para ti..."
De la Agenda Angelical de Lucy Aspra

Oración a San Miguel Arcángel

San Miguel Arcángel, defiéndenos en la lucha; sé nuestro amparo contra la perversidad y las acechanzas del demonio. Que Dios manifieste sobre él su poder, es nuestra humilde súplica. Y tú, Príncipe de la Milicia Celestial, con la fuerza que Dios te ha conferido, arroja al infierno a Satanás y a los demás espíritus , malignos que vagan por el mundo para la perdición de las almas. Amén.

¿ES REAL LA BATALLA QUE LIBRA SAN MIGUEL ARCÁNGEL CONTRA LAS FUERZAS SATÁNICAS?

"Entonces se desató una batalla en el cielo: Miguel y sus ángeles combatieron contra el dragón. Lucharon el dragón y sus ángeles, pero no pudieron vencer, y ya no hubo lugar para ellos en el cielo. El dragón grande, la antigua serpiente, conocida como el Demonio o Satanás fue expulsado; el seductor del mundo entero fue arrojado a la tierra y sus ángeles con él." **Apocalipsis 12:7**

El combate que realiza San Miguel Arcángel y su hueste celestial contra las entidades de las tinieblas, es un hecho real que se está llevando a cabo en esferas imperceptibles que rodean nuestro planeta. Esta lucha ha existido desde el origen de nuestra humanidad, pero hoy en día se acrecienta porque falta poco tiempo para que nuestro planeta entre a otro estado vibratorio, a una zona más purificada donde las substancias que corresponden al ínfimo del astral o infierno, junto con los que habitan esos planos deberán desaparecer. Los entes infernales (de infierno=inferior), conocen esto y están desesperados porque saben que no podrán seguir "viviendo artificialmente" por medio de las energías que sustraen continuamente de los seres humanos que habitamos el mundo físico. Ellos viven una existencia artificial perecedera, no tienen espíritu inmortal, pero aprendieron a prolongar su conciencia por medio de absorber la fuerza de vida de los seres humanos. Cuando nuestra humanidad no les dé más energía, algunos quizá podrán trasladarse a espacios donde exista otra humanidad evolucionando y cuya conciencia sea como la que hoy tenemos en nuestro planeta. Los entes infernales saben que ahora es el momento de almacenar cuanta energía puedan para prolongar su nefasta existencia, y es por esto que están más activos que ninguna otra vez en toda la historia de la humanidad. San Miguel Arcángel, con el fin de protegernos para que podamos seguir el camino que Dios ha dispuesto para nosotros, está librando una lucha terrible contra estas abominables escorias infernales y ahora más que nunca necesita de la colaboración de la humanidad. Por este motivo es que se están dando tantas apariciones de Nuestra Madre Santísima, de Nuestro Señor Jesucristo y de los Santos Ángeles y Arcángeles, con mensajes que advierten de esta lucha y la premura de que decidamos a quién deseamos servir. Ahora vivimos momentos críticos donde debemos definirnos, donde no debemos correr el riesgo de quedar entre la paja a la hora de la selección. Y definirnos es muy sencillo, sólo es usar nuestro pensamiento para ofrecernos a Dios para colaborar con los ángeles en su ardua labor. Para responder más acertadamente al cuestionamiento sobre la batalla de San Miguel Arcángel, debemos recordar que nuestro cuerpo físico es temporal así como el mundo material, y nuestro espíritu es eterno y corresponde a la eternidad, pero existen también otros planos intemporales que en este momento son muy objetivos, pero no podemos "verlos" porque sus partículas vibran en una frecuencia diferente a la del mundo físico, y es en uno de esos espacios transitorios no visibles, donde se está llevando a cabo la batalla que realiza San Miguel Arcángel, porque hasta allí ha debido descender para protegernos. La lucha, aun cuando no podemos verla con nuestros ojos físicos, si prestamos un poco de atención a lo que sucede a nuestro alrededor físico, forzosamente la deduciremos.

A medida que la ciencia avanza y nos remite pruebas de la realidad de los planos no físicos, los seres humanos vamos teniendo más demostraciones de la presencia tanto de los ángeles que nos guían y protegen como de las fuerzas obscuras que atormentan a la humanidad. En su libro "Alien Agenda", Jim Marrs, narra las experiencias de algunos visualizadores a distancia respecto a la realidad de los entes que asolan a la humanidad, describiéndolos como entidades invisibles en el mundo físico pero que en esos espacios intangibles tienen la facilidad de usar un camuflaje, apareciendo primero como seres agradables que cuando se les descubre se transforman en horrendas formas corpóreas semejantes a los demonios de nuestras tradiciones. Los visualizadores en cuestión, agregan que estos entes parecen ser escoria desechada de diferentes planetas que han evolucionado; que son entidades ávidas por sustraer nuestra fuerza vital y se alimentan de la energía que proviene del miedo y del terror, por eso hostigan a los seres humanos para que mantengan el temor como su estado de conciencia. Estas terribles criaturas están desesperadas por volver al mundo físico, pero no lo pueden hacer porque hay una fuerza benigna – que los visualizadores no saben de dónde proviene – que aparentemente, para que no crezca el poder que tienen sobre nosotros, los mantiene atados en los terribles espacios donde pululan. Una de estas siniestras entidades, en una experiencia de visualización remota, comunicó al visualizador que tienen la capacidad de llegar a la mente de los seres humanos y de influir en sus decisiones, que pueden interpenetrar nuestro espacio físico pero no pueden realizar actos porque no tienen cuerpo material; necesitan que los seres humanos hagan las cosas para que se produzca la energía contaminada que requieren. Agregan que ellos ejercen dominio sobre la mente de los que lo permiten y que existen algunos portales por donde pueden entrar fácilmente pero sólo cuando los seres humanos los llaman. No pueden acechar y menos acceder si se les rehúsa su entrada. Ellos pueden llegar a nuestra mente, pero depende de nosotros si les hacemos caso o no. Marrs, en el mismo libro refiere conclusiones de otros investigadores, entre ellos el Dr. Fred Hoyle - uno de los astrofísicos más renombrados en la actualidad- quien afirma que *"los seres humanos son simples peones en los juegos de la mente de los alienígenas que controlan cada uno de nuestros movimientos. Están en todas partes, en el cielo, en el mar y en la Tierra... No es una inteligencia alienígena de otro planeta. Realmente es de otro universo que entró al nuestro desde el principio y desde entonces ha estado controlando todo lo que aquí sucede."* Marrs agrega que el Dr. Hoyle afirma que muchos de sus colegas piensan de la misma manera sólo que no lo declaran públicamente por temor a ser ridiculizados. Marrs también hace un recuento de declaraciones de otros investigadores, como Charles H. Fort, inspirador del Fortean Society, quien después de muchas investigaciones de hechos extraños y bizarros, declaraba: *"Yo creo que somos propiedad de algo. Yo diría que pertenecemos a algo: que alguna vez esta Tierra fue Tierra de Nadie que otros mundos exploraron y colonizaron, y pelearon entre sí por tener la posesión, pero que ahora es propiedad de algo. Que existe algo (malévolo) que es dueño de esta Tierra, y que todos los otros mundos están sobre aviso y no pueden acercarse."* Marrs también hace referencia al libro "The Gods of Eden" (Dioses del Edén) – que mencionamos en otra parte de este libro - de William Bramley quien después de muchas investigaciones, concluye que la humanidad permanece bajo el control oculto de una raza de "Custodios" que utilizan la guerra como forma de mantenernos sometidos, que alguna vez la raza humana como tal fue utilizada para trabajos forzados, y estas entidades aún se sienten nuestros dueños manteniéndonos aprisionados dentro de un campo electromagnético de frecuencias extremadamente bajas, y nos manipulan a través de instigar guerras, promoviendo la decadencia espiritual y conduciendo a la Tierra a desesperantes condiciones físicas. Según Bramley "los seres humanos parecen pertenecer a una raza esclava que languidece en un planeta aislado dentro de una pequeña galaxia".

Con lo anterior se nos facilita comprender, de manera más objetiva, algunos versículos en la Biblia que implican que este planeta está bajo el dominio de Satanás, como en Juan 14:30 *"Ya no hablaré mucho con vosotros, porque viene el príncipe de este mundo, aunque no hay en mí cosa que le pertenezca."*

También se puede deducir que la humanidad entera está pasando por una especie de prueba porque quizá participó en la rebelión de Lucifer, aunque no instigando sino por no definirse con precisión. Es probable que sea este el famoso "pecado original" que tanto nos intriga y que muchos no encuentran la respuesta completa ni en la teoría de la Reencarnación. Esto suena lógico y aclara por qué Nuestro Señor Jesucristo se ofreció para venir a redimirnos, porque estando aún unidos a Dios por medio del Hilo divino, éramos rescatables y Él en su gran misericordia nos dio esta segunda oportunidad, mientras que las entidades infernales están desconectadas sin ninguna posibilidad de volver a Dios. Esto es lo que se comprende al leer los siguientes versículos del Nuevo Testamento: *"Ustedes estaban muertos a causa de sus faltas y sus pecados... seguían al soberano que reina entre el cielo y la tierra, el espíritu que ahora está actuando en los corazones rebeldes. De ellos éramos también nosotros, y nos dejamos llevar... e íbamos directamente al castigo, lo mismo que los demás. Pero Dios es rico en misericordia ¡con qué amor tan inmenso nos amó! Estábamos muertos por nuestras faltas y nos hizo revivir con Cristo: ¡Por pura gracia ustedes han sido salvados! Nos resucitó en Cristo Jesús y con él, para sentarnos con él en el mundo de arriba"* Efesios 2:1-6

Hemos aprendido que estas fuerzas malignas fueron arrojadas al abismo infernal y que al final de los tiempos o cierre de ciclo, serían soltadas nuevamente, como vemos en los siguientes versículos: *"Vi después a un ángel que bajaba del cielo llevando en la mano la llave del Abismo y una cadena enorme. Sujetó al monstruo, la serpiente antigua, que es Satanás o el diablo, y lo encadenó por mil años. Lo arrojó al Abismo, cerró con llave y además puso sellos para que no pueda seducir más a las naciones hasta que pasen los mil años. Después tendrá que ser soltado por poco tiempo."* Apocalipsis 20:1-3. En el libro **"Apariciones"** de esta misma autora se encuentra una referencia al actual hostigamiento del Maligno, como sigue: *"La labor de San Miguel y su hueste celestial es más intensa en estos momentos que vive la humanidad debido a que el planeta está en manos de las fuerzas satánicas, de acuerdo a diferentes mensajes que en sus apariciones ha dejado la Virgen: En 1846, en La Salette, Francia, se le aparece a Melanie y Maximin, y la información recibida según relata Melanie, habla del control de las fuerzas del mal en este tiempo: "Lucifer y un gran número de demonios serían soltados del infierno".* Según los mensajes de la Virgen de la Paz en Medjugorje, Yugoslavia: "este siglo está bajo el poder del diablo"; "fue permitido que Satanás tuviera poder temporal en este Siglo XX". También el Papa León XIII, el 13 de octubre de 1884 escuchó una voz tenebrosa que decía que podía destruir la labor de Dios si tuviera "más tiempo y más poder". Luego una voz suave preguntó: "¿Cuánto tiempo y cuánto poder?" La horrible voz respondió: "De setenta y cinco a cien años y más poder sobre los que se entreguen a mi servicio." Y de acuerdo a las leyes cósmicas, ese tiempo fue concedido a las fuerzas obscuras como prueba para la humanidad, como un examen para ver qué tanto se había arraigado el amor a Dios en su corazón. El Papa presentó una oración especial para San Miguel, pidiendo su intercesión en estos momentos de conflicto. Desde entonces hasta el 26 de Septiembre de 1964, esta oración se rezó al final de cada misa hasta que la Constitución de la Sagrada Liturgia decidió que ya no se rezaría más..."* Debido a esta experiencia, el Papa León XIII escribió un exorcismo especial que aparece en el Ritual Romano, y la oración simplificada para alejar al Mal, es como sigue:*

"San Miguel Arcángel, defiéndenos en la lucha; sé nuestro amparo contra la perversidad y las acechanzas del demonio. Que Dios manifieste su poder sobre él, es nuestra humilde súplica. Y tú, Príncipe de la milicia celestial, con la fuerza que Dios te ha conferido, arroja al infierno a Satanás y a los demás espíritus malignos que vagan por el mundo para la perdición de las almas. Amén."

Aunque nuestro espíritu es eterno e inmortal, nuestra conciencia no lo es y la razón por la que estamos aquí en la Tierra, es para poder elevarla hacia nuestra Alma quien deberá reunirse nuevamente con el Espíritu cuando se cumpla el ciclo establecido por Dios. Con esto nos queda muy claro que la inmortalidad deberemos merecerla. En cuanto a la perdición eterna de los rebeldes que conocemos como demonios, encontramos mucha referencia en la Biblia:

"Pues si Dios no perdonó a los Ángeles que pecaron, sino que precipitándolos en los abismos tenebrosos del Tártaro, los entregó para ser custodiados hasta el Juicio..." II Pedro 2:4 *"Dirá después a los que estén a la izquierda: ¡Malditos, aléjense de mí y vayan al fuego eterno, que ha sido preparado para el diablo y para sus ángeles!"* Mateo 25:41

"Lo mismo hizo con los ángeles que no mantuvieron su dignidad y abandonaron su propia morada: Dios los encerró en cárceles eternas, en profundas tinieblas, hasta que llegue el gran día del Juicio." Judas 6

"Lleven con ustedes todas las armas de Dios para que puedan resistir las maniobras del diablo. Pues no nos estamos enfrentando a fuerzas humanas, sino a los poderes y autoridades que dirigen este mundo y sus fuerzas oscuras, los espíritus y fuerzas malas..." Efesios 6:11-12

Hay que recordar que cuando se habla de la "verdadera muerte"* se refiere a la separación permanente del Cordón de Vida** de la conciencia del individuo, no al momento en que nuestro Espíritu abandona el cuerpo físico, ya que esto último sólo es un paso dentro de nuestro crecimiento. Y cuando se dice que Jesucristo ha triunfado sobre la muerte, nos referimos a que todos los seres humanos, gracias a la oportunidad que Él nos dio, no seremos desconectados de la Fuente de Vida como lo están los entes satánicos; ahora podemos gozar de la

---

*Lo que se llama "verdadera muerte" es muy difícil que suceda pues cualquier átomo de bondad que tenga registrada el Alma es suficiente para que el individuo goce de nuevas oportunidades para lograr la perfección, sea en este planeta o en otros espacios. Sin embargo, la única "verdadera muerte" es cuando el Alma recoge el Hilo de Vida sin la conciencia del individuo. Todas las demás muertes son transiciones a otros espacios.

**Ver "Cordón de Plata o Hilo de Vida" en el Cap. "Nuestros cuerpos y las diferentes dimensiones" del vol. 1 "Morir sí es vivir", de esta misma autora.

gloria eterna junto a Dios, pero es indispensable que merezcamos esa inmortalidad: *"La envidia del diablo introdujo la muerte en el mundo, y la experimentan los que toman su partido."* Sabiduría 3:24 *"Para esto apareció el Hijo de Dios, para deshacer las obras del diablo".* 1 Juan 3:8 *"Quien nos ha arrebatado del poder de las tinieblas y trasladado al reino de su amado Hijo."* Colosenses 1:13 *"Si el Hijo os da libertad, seréis verdaderamente libres".* Juan 8:36

Ahora podemos gozar del premio que habíamos perdido y que gracias a Jesús hemos recuperado. Además Jesús nos dejó al Espíritu Santo para que podamos discernir cuando las fuerzas de la oscuridad intenten usar sus poderes en nosotros. *"Y yo rogaré al Padre, y os dará otro Consolador, para que esté con vosotros eternamente. El Espíritu de Verdad, a quien el mundo no puede recibir, porque no le ve, ni le conoce; pero vosotros le conoceréis porque mora con vosotros y dentro de vosotros estará. No os dejaré huérfanos; yo volveré a vosotros. Aún resta un poco de tiempo; después del cual el mundo ya no me verá. Pero vosotros me veréis, porque yo vivo, y vosotros viviréis."* Juan 14:16/18 26 *"¿Y sabéis que Él se manifestó para quitar los pecados."* 1 Juan 3:5; y *"que se entregó como rescate por todos"* 1 Timoteo 2:6; *"Porque nos amó Dios de tal modo, que dio al mundo a su Hijo único."* Gálatas 4:5

"Les he hablado de estas cosas para que tengan paz en mí. Ustedes encontrarán la persecución en el mundo. Pero, ánimo, yo he vencido al mundo." Juan 16:33

"Mira que estoy a la puerta y llamo: si uno escucha mi voz y me abre, entraré en su casa y comeré con él y él conmigo. Al vencedor lo sentaré junto a mí en mi trono, del mismo modo que yo, después de vencer, me senté junto a mi Padre en su trono." Apoc. 3:20,21

LOS ENTES SATÁNICOS NO SON PERVERSOS PORQUE NO TIENEN NADA QUE HACER. LO SON POR UNA RAZÓN.

Nada puede vivir sin la esencia de Vida que envía el Espíritu Santo hacia los mundos en crecimiento. Es indispensable esa energía Divina, y si el suministro no es directo porque el conducto ya no existe, como es el caso de los "muertos para la eternidad" como los demonios, ellos buscarán la energía de donde puedan. Lo mismo sucede con las personas que tienen sus centros energéticos o receptores de energía obstruidos por padecimientos, enfermedades, corajes, odios, depresión, etc., también sustraerán la energía de terceros, mediante lo que se conoce como "vampirear".

Como se explica en otra parte de este capítulo, los entes que junto con Satanás forman las legiones infernales, en un remotísimo pasado también fueron células de Dios y mientras evolucionaban recibían la Esencia de Vida del Espíritu Santo, pero llegó el cierre de ciclo que correspondía a la entonces humanidad en desarrollo. Una gran parte de estos seres ya eran intolerablemente soberbios y se habían erigido en dioses apartándose de la Bondad de Dios. En reiteradas ocasiones fueron advertidos de la urgencia de acercarse a Dios, porque de otra manera podrían quedar separados eternamente de la Fuente Divina. Naturalmente que en esa oportunidad habían algunos seres entregados a Dios, otros que originalmente se dejaron confundir con mentiras pero reaccionaron a los mensajes celestiales, pero otros, los más engreídos, malignos, prepotentes y soberbios jamás aceptaron los ruegos de los Ángeles Celestiales gobernados por San Miguel Arcángel, por lo que insistieron en su independencia y su autonomía. El resultado final fue que voluntariamente rompieron el Hilo de Amor que los unía con Dios y cayeron hasta lo más profundo de las cavernas. Estos seres, que alguna vez fueron vistos por Nuestro Padre Celestial como sus hijos, tuvieron que ser cortados de la Gracia Divina y desde entonces vagan en desesperación, odio, resentimiento y maldad, por las esferas del inframundo Astral. El Espíritu o Chispa que tenían instalado en su corazón fue sustraída y debió regresar a la Fuente Eterna, pero la conciencia de estas entidades, es decir: el recuerdo de quiénes fueron con su altanería grotesca, su horrenda y desfigurada soberbia, su maquiavélica inteligencia y su odio a Dios, aún existe dentro de una horrible forma cada vez más atroz a medida que se alimentan con la escoria, la carroña, la energía contaminada con la maldad y perversión que logran de la humanidad actual.

LUCY ASPRA

La razón por la que la humanidad es atormentada por las entidades infernales, se debe a que éstas ya no gozan de la inmortalidad. Saben que algún día se desintegrarán las partículas que forman el cuerpo perecedero donde se alberga la "conciencia" que desarrollaron cuando tuvieron oportunidad de crecer en amor a Dios, y que desaprovecharon por permitir que la Soberbia se apoderara de ellos. Durante su estadía en planos de crecimiento, practicaron continuamente la magia negra, es decir, usurpaban las energías de otros, manipulaban las esencias elementales para logros materiales, placeres sensoriales, etc., etc., aprendieron a absorber la energía de vida de los seres más débiles, quienes por su corta edad espiritual, ignoraban en qué forma podían protegerse. Todo este arte mágico oscuro les dio el conocimiento para continuar con "conciencia personal" pero temporal en las cavernas obscuras del Bajo Astral o Infierno donde fueron atrapadas por su negra vibración. Para subsistir, necesitan los vapores pervertidos de la humanidad. Para ellos es indispensable la energía que brota de las luchas, las guerras, las riñas, los abortos, los conflictos, la perversidad en general, especialmente todo lo que involucra sangre. Se comprende con esto que la esencia lumínica que brota de una vida recta, con entrega devocional y amor a Dios, no le sirve a estas fuerzas del Mal, por este motivo, tratan de apartar al hombre del verdadero camino evolutivo. Esta es la razón por la que continuamente rondan las esferas terrenales, vigilando al ser humano para atraparlo en sus redes y luego encaminarlo hacia la ejecución de situaciones desdichadas que produzcan la energía que les mantiene con vida artificial. Son ellos los que instigan las guerras, los pensamientos separatistas, etc.

Las fuerzas del mal: Satanás y toda su horrenda corte, **no** pueden existir si la humanidad no les suministra la energía que los mantiene con vida artificial; por esto se dice que el Mal (Satanás) será una realidad hasta que el ser humano lo permita; porque en sus manos está acabar con él.

SI DIOS, NUESTRO PADRE NOS AMA ¿CÓMO SIGUEN CON "VIDA" LOS ENTES INFERNALES QUE ATORMENTAN A LA HUMANIDAD?

Vimos en el título anterior cómo se sustentan las entidades que habitan los espacios infernales, por lo que, por lógica, se deduce que Dios, Nuestro Padre Celestial, no los mantiene con vida. Éstos no están conectados a la Fuente de Vida que proviene de Dios, sino que subsisten con "vida" temporal a través de la energía que descompone la humanidad con sus pensamientos, sentimientos, palabras y acciones perversas. El hombre tiene la libertad de usar como quiere la Energía Divina que el Espíritu Santo le da para crecer. Esto es lo que se llama Libre Albedrío; es decir: el hombre puede pensar, sentir, hablar y hacer lo que se le antoje. Sin embargo, y esto es muy importante, cada individuo debe responder por la forma en que usa la Energía Divina. Si la usa para producir maldad, está alimentando a los entes de la oscuridad; si la usa para hacer el bien, está destruyendo a las fuerzas del mal.

Nada puede mantenerse con vida sin la Esencia del Espíritu Santo. Todos los Reinos: Mineral, Vegetal, Animal y Humano están conectados de una u otra manera a la esencia de Vida. El hombre, el ser humano, es el único sobre este planeta que tiene la conexión directa por medio del Hilo de Vida; los otros Reinos reciben esta energía a través de los Ángeles Directores de cada uno. Los entes del mal son objetivos y "reales" en la fase actual de nuestra evolución pero NO pueden recibir la Esencia de Vida de Dios porque ya no tienen conectado el Cordón de Vida al Espíritu Santo, están separados eternamente de Dios. Se sustentan con la energía que el ser humano les proporciona.

LUCY ASPRA

¿DÓNDE HABITAN ESTOS ENTES INFERNALES?

"Sabemos que somos de Dios, mientras el mundo entero está bajo el poder del Maligno". 1Juan 5:19

Los entes que conforman las legiones infernales tienen cuerpos organizados con partículas que vibran en la frecuencia del ínfimo sub–plano del Astral, pero las personas que han sentido su tormento, los han percibido con un cuerpo con forma tridimensional y con un repulsivo aspecto corpóreo. Estos horrendos entes ocupan un espacio o sub-plano conformado con partículas diferentes en cuanto a vibración a las del plano tridimensional donde tenemos nuestra conciencia los seres humanos. Algunos autores contemporáneos llaman al lugar donde habitan estas entidades perversas: un subplano o interespacio entre la Tercera y Cuarta dimensión. Este interespacio no tiene energía propia por lo que los entes que allí pululan tienen que crear su propia fuente. Ellos hacen esto a través de los seres humanos que habitamos la Tercera Dimensión o mundo tridimensional. Lo hacen produciendo "temor" en los seres humanos, porque el miedo genera un campo de energía con frecuencias muy bajas, mismas que a la vez conducen al individuo a sentir odio, agresividad, codicia, perversión, angustia, depresión, etc., vibraciones todas que desembocan en el interespacio de estas entidades del mal, permitiéndoseles así mantener su conciencia pervertida. Cuanto más manejamos las emociones bajas, más poder o energía le damos a estas entidades. Esto explica por qué estas fuerzas no se detienen en incitar a situaciones que producen miedos irracionales en la humanidad; porque es el temor lo que impulsa a realizar las cosas más grotescas entre los humanos, como son las guerras, las masacres, los abortos, etc. Los miedos pueden ser de cualquier naturaleza: a la muerte, a la edad, a la enfermedad, a la pobreza, a ser atacado por otra persona, a ser denigrado, ofendido, etc. También saben cómo influir en los humanos para que lleven a cabo todo tipo de rituales y ceremonias, especialmente aquéllas donde hay derramamiento de sangre, porque de esta manera pueden recoger más energía pervertida. Desde el sub-plano infernal estos seres manipulan a los seres humanos en el mundo material.

El inter-espacio donde habitan estos seres infernales no puede ser detectado a simple vista por el ser humano pues su frecuencia está más allá de nuestros cinco sentidos, pero personas que continuamente consumen drogas, fármacos, alcohol, etc., pueden accidentalmente entrar en esa frecuencia y percibirlos.

También ocurre que en ocasiones estos entes cambian su vibración (a veces accidentalmente) y pueden ser "vistos" o "escuchados" momentáneamente por personas que tienen desarrollado un sexto sentido o tienen el don de clarividencia. Algunas personas que han participado en sacrificios de sangre han relatado cómo estas entidades se manifiestan objetivamente y absorben la energía que produce el ritual. Lo que llamamos "pesadillas", es cuando estando el cuerpo físico dormido, el cuerpo astral entra a un sub-plano donde habitan estas entidades. Hasta en esos sub-planos hay diferentes grados de perversión y dependiendo de esto será el sufrimiento que produzca la pesadilla.

Este sub-plano es uno de los espacios que los científicos llaman una realidad paralela o universo paralelo; son los mundos ocultos a los sentidos humanos a los que hacen referencia las tradiciones milenarias. Existen muchos universos paralelos y todos varían según la frecuencia a la que vibran sus partículas. Las partículas de uno puede trasladarse a otro al cambiar su frecuencia; es lo que sucede cuando una entidad invisible de un mundo invisible (porque sus partículas vibran en una frecuencia distinta a donde vibran nuestros cinco sentidos físicos) momentáneamente es vista en nuestro mundo. La razón por la que las partículas aparecen y desaparecen* es porque están cambiando de frecuencia. Algunas partículas hasta pueden estar manifestándose en dos lugares al mismo tiempo. Lo que hoy están descubriendo los científicos: la existencia de otros planos vibratorios con habitantes que vibran en su frecuencia, es lo mismo que han manifestado los místicos a través de la historia: la presencia de entes malignos, fantasmas perversos, íncubos, súcubos de horribles mundos ínfimos, y en los planos elevados: ángeles y seres de luz en espacios celestialmente iluminados. Y son estos, los seres de luz, nuestros queridos guardianes, los que están prestos a auxiliarnos y protegernos contra las fuerzas inmundas que están intentando socavar nuestra energía continuamente. Sólo debemos confiar en la bondad de Dios y pedir asistencia a nuestros ángeles divinos. Recordemos que una forma de orar es sólo poner nuestra atención en el Amor de Dios, Nuestro Padre Celestial y mentalmente entregarnos a Él.

*Las frecuencias tienen que ser compatibles para que una entidad pueda moverse de una a otra. Por ejemplo, un ente maligno puede dejarse ver en un rito satánico, pero no podría hacer lo mismo en una ceremonia de adoración a Dios.

Respecto a estos horrendos seres que viven a expensas de la humanidad y que ya sin espíritu eterno acechan continuamente, algunos autores contemporáneos afirman que habitan esferas cercanas a nuestro espacio tridimensional y en este tiempo cuando nuestro planeta se acerca a la zona donde se verá impulsado a vibrar más velozmente, el velo etérico que lo protege del bajo astral será rasgado y las entidades del mal llegarán a ser visibles por los seres humanos. Ellos necesitan seguir alimentándose de la energía de vida que exhala el humano, y ante el peligro de que su terrible visión nos aterre y reaccionemos intentando separarnos completamente de ellos, se han adelantado tratando de acostumbrarnos a su desagradable aspecto. Su imagen se usa ampliamente en los medios publicitarios, y se introduce a los hogares en posters, portadas de revistas, de discos, videos, etc. Los juguetes y muñecos con rostros y aspectos macabros cada vez inundan más el mercado y parece que a los niños no les atrae ya las figuras tiernas y angelicales que reflejan la inocencia y el candor que ellos mismos deben irradiar. Las representaciones de monstruos, zombies, hombres lobo, vampiros, genios del mal, diablos, gárgolas, calaveras, etc., etc., se han vuelto tan "inofensivas" que son los mismos padres quienes se las compran a los pequeños, y esto precisamente es el gran logro de estas entidades, que se les perciba como criaturas inocentes e innocuas, para que cuando llegue el momento de manifestarse en toda su repulsiva "realidad" no sean rechazadas y puedan trabajar abiertamente sin que nos afecte su presencia.

Sin embargo, para toda esta terrible amenaza hay solución, ya que con sólo poner nuestra atención en Nuestro Padre Celestial empezaremos a sentir la llegada de poderosas y benignas fuerzas celestiales que nos apoyarán en estos momentos tan cruciales que vive la humanidad. Son estos celestiales seres de amor los que nos guiarán y nos harán comprender que Dios Nuestro Padre tiene para nosotros todo aquello que necesitamos, y que nos lo dará cuando con humildad, entrega y respeto se lo pedimos. Nos harán comprender que aun cuando en el Universo existe mucho, no todo nos toca; cada quien tiene una cuota y si la rebasa, tendrá que responder por ello. Nuestros celestiales guardianes se encargarán de susurrarnos la grandeza del amor de Dios, y comprenderemos que aunque en nuestro corazón vive la Chispa Eterna, la Perenne Llama de Amor que corresponde al soplo divino que en nosotros emitió Nuestro Padre, la personalidad deberá desarrollarse cultivando la humildad, porque de lo contrario, cuando llegue el tiempo de la cosecha, el Alma podrá reunirse nuevamente con el Espíritu sin la conciencia del individuo, porque no hubo nada qué recoger, por lo que retornará sin un átomo de emanación de amor y sencillez, vacía, repitiéndose la historia del Maligno y su diabólica hueste. Sabremos que la luz atrae la luz, y que la oración es el resplandor que ilumina el acceso para que las gracias celestiales broten en nuestro espacio y en nuestro mundo.

EL INFIERNO, CONOCIDO ANTIGUAMENTE COMO LA "OCTAVA ESFERA"

Nuestra tradición cristiana nos habla del "lugar" conocido como el Infierno, donde los seres que por vivir continuamente en el pecado son arrojados una vez que fallecen. La creencia en su existencia es uno de los principios fundamentales de la Iglesia, y recientemente fue reafirmada por el Vaticano, a través de la Congregación de la Doctrina de la Fe, en una carta dirigida a los obispos del mundo el 14 de julio de 1979.

Tanto en las sociedades primitivas como en todas las grandes religiones del mundo se encuentran referencias a este lugar donde los seres que reiteradamente han persistido en la maldad encuentran castigo una vez que dejan el mundo material. Los babilonios, los egipcios, los hindúes, los budistas, los zoroastrianos y los musulmanes, todos hablan de este terrible espacio. También en la Biblia encontramos varios pasajes que se refieren a este mismo lugar de castigo, como en Eclesiástico 7:17: *"No te creas más de lo que eres: el que vive sin Dios será castigado por fuego y los gusanos"*, *"Ya tiene la pala en sus manos para separar el trigo de la paja. Guardará el trigo en sus bodegas, mientras que la paja la quemará en el fuego que no se apaga."* Mateo 3:12, *"El Hijo del Hombre enviará a sus ángeles; éstos recogerán de su Reino todos los escándalos y también los que obraban el mal, y los arrojarán en el horno ardiente. Allí no habrá más que llanto y rechinar de dientes."* Mateo 13:41-42, *"... es mejor para ti entrar tuerto en la vida que ser arrojado con los dos ojos al fuego del infierno."* Mateo 18:9, *"...Átenlo de pies y manos y échenlo a las tinieblas de fuera. Allí será el llorar y el rechinar de dientes."* Mateo 22:13,

LUCY ASPRA

"... lo mandará donde los hipócritas. Allí será el llorar y el rechinar de dientes." Mateo 25:51 *"...mientras que los que debían entrar al reino serán echados a las tinieblas de afuera: allí será el llorar y rechinar de dientes."* Mateo 8:12 II, *"Serán condenados a la perdición eterna, lejos del rostro del Señor y de su Gloria irresistible."* Tesalonicenses 1:9, *"Son como... olas embravecidas del mar que arrojan la espuma de sus vicios; estrellas errantes a las que esperan las tinieblas eternas."* Judas 13; *"...fueron arrojados al lago de fuego: este lago de fuego es la segunda muerte. Y todo el que no se halló inscrito en el libro de la vida fue arrojado al lago de fuego."* Apocalipsis 20:14; *"Será atormentado con fuego y azufre ante los santos ángeles y ante el Cordero."* Apocalipsis 14:10; *"Entonces el diablo, el seductor, fue arrojado al lago de fuego y azufre, donde ya se encontraban la bestia y el falso profeta. Allí serán atormentados día y noche por los siglos de los siglos."* Apocalipsis 20:10; *"Pero para los cobardes, los renegados, los corrompidos, los asesinos, los impuros, los hechiceros, los idólatras, en una palabra, para todos los falsos, su lugar y su parte es el lago que arde con fuego de azufre, que es la segunda muerte."* Apocalipsis 21:8, etc., etc.

Alfred Percy Sinnet, en su libro "El Budismo Esotérico", apoyándose en tradiciones milenarias, habla de la "Octava Esfera" donde supuestamente van a dar los seres que han sido separados de su Alma. Dice que la personalidad que nunca desarrolla la espiritualidad, que no tiene ningún rastro de afinidad espiritual con el Plano del Alma, que no tiene nada que ésta pueda asimilar, cuando llega la muerte este tipo de personalidad "es pronto arrastrada por la corriente de sus futuros destinos, y éstos nada tienen que ver con la atmósfera de la Tierra ni con el Paraíso, pero sí con la "Octava Esfera", acerca de la cual se puede encontrar alguna mención incidental en escritos ocultos muy antiguos... Las esferas pertenecientes al proceso cíclico de la evolución son en número de siete, pero existe una octava en conexión con nuestra tierra que es el punto de giro en la cadena cíclica, y esta Octava esfera está situada fuera del circuito; es la región de la cual puede en verdad decirse que ningún viajero vuelve."

La "Octava Esfera" supuestamente está "localizada" en la parte obscura de la luna, donde las personalidades desechadas esperan angustiosamente que sus elementos cósmicos se desintegren. Se supone que estos cascarones astrales ya no sirven ni a las fuerzas del Mal que ya los exprimieron hasta la poca sustancia energética que les quedaba, pero aun conservarán su conciencia personal durante "milenios" y estarán sumidos dentro del más espantoso dolor y desolación al saberse separados de la eternidad celestial y ya sin oportunidad de lograr energía para mantener aunque sea temporalmente su depravada y corrupta conciencia. Este es el lugar de llantos y crujir de dientes, la zona de horrenda desesperanza donde la personalidad "vive" un sufrimiento interminable.

La conciencia del ser humano no es inmortal sólo por el hecho de tener espíritu eterno. H.P.Blavatsky, en "La Clave de la Teosofía" aclara *que "la inmortalidad sólo es la propia conciencia no interrumpida"*, y a la pregunta *"¿Cómo aquello...de idéntica sustancia que lo divino, puede dejar de ser inmortal?* Responde: *"Cada átomo y parte de materia, así como de sustancia, es imperecedero en su esencia, mas no en su conciencia individual"*, y prosigue *"el hombre... ha de conquistar su inmortalidad por medio de la ascensión hacia la unidad... Sólo en el caso de tratarse de magos negros o de criminales cuya redención no es posible, criminales que así lo han sido durante una larga serie de vidas, el hilo brillante que une el espíritu al alma personal... es violentamente roto... y será aniquilada* (la personalidad, su conciencia*) sin dejar la más leve impresión o rastro de sí misma"*, lo que implica que el Espíritu es eterno pero la inmortalidad sólo se logra cuando la conciencia se une a él. Hemos visto ya en el Cap. El Alma Gemela (vol 1 "Morir sí es vivir"), que la conciencia del individuo se une al plano Causal o del Alma cuando emite emanaciones cuyas partículas tienen la frecuencia vibratoria de ese plano; es decir, sus pensamientos son nobles, sus sentimientos puros, sus palabras apoyan y consuelan y sus actos son constructivos o de caridad.

La "segunda muerte" es cuando la conciencia del individuo no pudo ascender hasta el Alma y llegado el momento en que se cumple el ciclo de prueba decidido por Dios, el Alma vacía de experiencias individuales debe reunirse con el Espíritu. Esta es verdaderamente la única muerte que existe, porque la separación del Alma del cuerpo físico, en lo que llamamos "muerte" es sólo un paso para continuar con un proceso evolutivo. Sabemos que nuestra conciencia individual debe ser recogida por nuestra Alma; esto es lo que se llama la Ascensión de nuestra conciencia, y esto sólo se obtiene con nuestros esfuerzos y logros positivos. Es incongruente pensar que la inmortalidad se logra sin esfuerzos.

Los malos "... irán al castigo eterno y los justos a la vida eterna". Mateo 25:46

LOS DEMONIOS, ENTONCES ¿NO ESTÁN SÓLO EN NUESTRA IMAGINACIÓN?

"...así como la serpiente engañó a Eva con su astucia, así también se pervierten los pensamientos de ustedes..." II Corintios 11:3

Se dice que las entidades del mal llevan una enorme ventaja sobre la humanidad porque al convencernos que su existencia está sólo en nuestra imaginación, han podido ir avanzando impunemente sin que reparemos en ello; también lograron que a los que pudieran percibir su presencia objetiva fueran tachados de locos, enfermos, morbosos, o irresponsables. En la actualidad sin embargo, la mayor parte de la gente se cuestiona sobre si esto que se manejó en el pasado puede ser válido hoy en día cuando se ve cómo estas fuerzas han proliferado tanto que si no existen resulta incoherente pensar que se invierta tanto tiempo y dinero en ellos, como comprobamos a través de los muñecos y juegos que predominan en la industria del juguete, los videos y programas de computación, las páginas de internet donde con sólo apretar "enter" después de llenar un formulario se establece automáticamente un pacto con Satanás, en la letra de la música moderna, las portadas de los discos, casetes, DVDs, las caricaturas, las películas, los programas de la televisión, etc. Llama poderosamente la atención cómo hasta los supuestos "héroes" de antes como: batman, el hombre araña y otros, poco a poco se han ido transformando en vampiros y figuras con aspecto demoníaco que envían mensajes tendenciosos.

El demonio existe objetivamente en el "espacio" o en la ínfima frecuencia que le toca por su horrenda naturaleza infernal. Vimos anteriormente que ese "plano de acción" o el "lugar" donde se desenvuelve Satanás y sus legiones de demonios, está conformado con la energía que resulta de la suma de todo lo horrendo que esta entidad ha sido capaz de hacer producir a la humanidad; esto es, del conjunto de las energías que provienen de los pensamientos terribles de los seres humanos, de sus sentimientos de odio, rencor, venganza, lujuria, perversión, calumnia, mentira, engaño, soberbia y todo lo grotesco que es capaz de elucubrar el hombre que se aparta de Dios. También de las energías de las palabras grotescas, calumniadoras, profanas, groseras, sacrílegas, etc.; así como las de todas las acciones malignas que ofenden a Dios: los crímenes de toda naturaleza: asesinatos, pedofilia, abortos, secuestros, raptos, violaciones sexuales, guerras, conflictos, perversidades, etc., y todo lo que siembra discordia, pero especialmente: todos los ritos satánicos y adoración a Satanás y a su legión de demonios por medio de misas negras, ofrendas de sangre, evocaciones*, sacrificios y consagración de niños, etc., etc.

Naturalmente que una vez que el ser humano permita que su mente esté siempre en un mundo inferior, también conforma sus propios elementales artificiales que manifiestan un aspecto grotesco igual que los demonios, y esto es lógico porque se construyen con partículas que derivan del plano donde habitan los demonios. Sin embargo, esto, en ningún momento debe conducirnos a pensar que las fuerzas demoníacas son imaginarias, pues en este momento son muy objetivas en su frecuencia, aunque sabemos que todos los planos inferiores son perecederos y algún día desaparecerán junto con todas las formas corpóreas, pero por lo pronto, en el momento actual de nuestra evolución en el planeta Tierra, sí debemos estar alertas contra estas fuerzas malévolas porque sí viven objetivamente en planos muy cercanos al nuestro y su intención es separarnos del camino a Dios. Según las declaraciones del Papa Juan Pablo II, el 15 de Noviembre de 1978: "el diablo existe y para vencerle es necesario recurrir a Cristo…"

---

*Cualquier evocación que se realiza para fines perversos, bajos y egoístas puede recibir respuesta, pero sólo viene de Dios la solución cuando la petición es noble y es dirigida a Él, a Jesús, a la Virgen y a sus mensajeros. Cuando irresponsablemente se hace una petición que puede dañar a otro o intervenir con su energía de vida, no es Jesucristo, ni la Sma. Virgen, ni son los Ángeles los que responden, sino el mismo Impostor.

LUCY ASPRA

La creencia en los demonios es universal y existe desde los tiempos más remotos; de hecho, hay autores que sugieren que la función de las religiones es básicamente enseñar el sistema para saber cómo controlar a los demonios. En los descubrimientos arqueológicos de Sumeria y Babilonia existen múltiples referencias a hechizos, encantamientos, exorcismos y muchos otros fenómenos demonológicos. De igual manera hay referencias en las tradiciones de Egipto, Asiria, Caldea, Grecia y Roma donde inclusive muchas deidades supuestamente buenas, realmente eran demonios. Las religiones de la India, de la China y del Japón evidencian la creencia en ellos. En Australia, África, las islas del Caribe, Norte, Centro y Sud América se encuentran innumerables tradiciones que dan fe de la creencia en estos atroces entes que aunque aparentemente conceden favores también exigen sacrificios y rituales de sangre. En la época moderna se ha impuesto tanto su culto que el resultado es una decadente sociedad donde continuamente se incrementa la cantidad de crímenes, sacrificios de animales y humanos - de niños especialmente - así como indescriptibles atrocidades, degeneraciones, bestialismo, canibalismo, etc., supuestamente para honrar a las fuerzas del mal. Tanto el Antiguo como el Nuevo Testamento dan testimonio de su realidad y Jesús encontró gran oposición de ellos, ya que sabían que su misión sería el inicio de su ruina: Mateo 4:1-10, y vino para imponer el juicio: "Ahora va a ser juzgado el mundo; ahora el príncipe de este mundo va a ser lanzado fuera" Juan 12:31 y "Y tocante al juicio, porque el príncipe de este mundo ha sido ya juzgado." Juan 16:1. Mateo 4:1-10; Marcos 5:1-10 y Él los echó fuera: Mateo 15:22,28; y enseñó a sus discípulos cómo echarlos fuera: "Jesús llamó a sus doce discípulos y les dio poder sobre los malos espíritus para expulsarlos y para curar toda clase de enfermedades y dolencias." Mateo 10:1. "Señor, hasta los demonios nos obedecen al invocar tu nombre." Lucas 10:17   Triunfó sobre Satanás: "...Para esto se ha manifestado el Hijo de Dios: para deshacer las obras del Diablo. "1Juan 3:8; "Él nos arrancó del poder de las tinieblas y nos trasladó al Reino de su Hijo Amado." Colosenses 1:13; —- Lucas 10:17,18   Pero suponiendo que se dudara de la validez de las afirmaciones de la Biblia sobre la realidad de los demonios, podemos encontrar, como vimos anteriormente, corroboraciones en las tradiciones de muchos pueblos que guardan información sobre estos entes inmundos que los sometían exigiéndoles todo tipo de sacrificios y holocaustos, y aún hoy en día se encuentran rastros de su poder en las ceremonias con sangre de humanos y de animales y toda clase de prácticas licenciosas que se realizan con el fin de agradarles o de solicitarles favores.

Los demonios, aunque se les llame "espíritus" porque son invisibles, realmente sus infernales conciencias habitan "cascarones", pero aún así conservan su individualidad, con todos los elementos de la personalidad; es decir, tienen voluntad, sentimientos e intelecto, todo esto depravado, por supuesto. Al igual que todas las criaturas de Dios, salieron como espíritus puros con libre albedrío, pero se rebelaron contra Dios, oponiéndose continuamente a Su celestial emanación de amor, y con pleno conocimiento y decisión deliberada se apartaron de su Creador, por lo que ya están consumados en su depravación y no existe ninguna posibilidad ni esperanza de arrepentimiento de su parte, y como ya no están conectados a la Fuente de Amor, han perdido la eternidad. Ya no están unidos a Dios, por lo tanto jamás podrán gozar de Él nuevamente.

Los demonios pueden pensar, sentir, hablar y actuar, y todo esto lo pueden manifestar en el mundo físico por medio de personas que se ofrecen a ellos o que ellos han podido controlar, según lo atestiguan varios versículos en la Biblia, como en Hechos 19:15/17: "...*pero el espíritu malo les contestó: "Conozco a Jesús y sé quién es Pablo, pero ustedes ¿quiénes son? Y el hombre que tenía el espíritu malo se lanzó sobre ellos, los sujetó a ambos y los maltrató de tal manera que huyeron de la casa desnudos y malheridos. La noticia llegó a todos los habitantes de Éfeso...Todos quedaron muy atemorizados, y el Nombre del Señor Jesús fue tenido en gran consideración.*" Estas entidades del mal pueden influir en la mente del ser humano, y en el mundo actual han encontrado muchas formas para llevar a cabo esto con suma facilidad, como por ejemplo a través de la música, que como se explica en otra parte de este libro, han sido ellos mismos quienes han inspirado determinadas notas atonales con el fin de que se vaya desgastando la protección de las neuronas de la persona que continuamente esté sometida a su ritmo, abriendo así una "puerta dimensional" a través de la cual pueden enviar sus voces y mandatos.

LOS ENTES SIN ESPÍRITU ETERNO E INMORTAL SON DEMONIOS.
NO ESTÁN UNIDOS A DIOS.

"Porque Dios creó al hombre incorruptible, le hizo imagen de su misma naturaleza, mas por envidia del diablo entró la muerte en el mundo, y la experimentan los que le pertenecen." Sabiduría 2:23-24

Todos los seres al salir del seno de Dios, salen como espíritus eternos e inmortales y al descender a la materia, la mente concreta olvida esta realidad y los cuerpos inferiores, sobrepuestos al espíritu, actúan como si la materia fuera el objetivo de la existencia y de esta manera algunos individuos van labrando su conciencia. Es importante recordar que el ser humano es su Espíritu, es el motor que le permite expresar vida con pensamientos, sentimientos, palabras y acciones, y en esta etapa, a través del alma, está recogiendo experiencias, estas experiencias son las que van conformando su conciencia. La individualidad que nos interesa salvar es nuestra conciencia: lo que percibimos al pensar "yo soy", con nuestros esfuerzos por lograr nuestro crecimiento, con los amores y cariños que hemos cultivado, con los talentos que desarrollamos a base de trabajo, etc. En el pasado, según la sabiduría milenaria, procedentes de sistemas anteriores y con el fin de continuar su evolución en la materia, seres de mayor evolución tecnológica, pero que debían desarrollar la humildad, fueron puestos para despojarse de la soberbia mientras compartían con la naciente humanidad de nuestro planeta; una gran parte de estos seres, llenos de soberbia se sintieron dueños del planeta y de la humanidad. Conocían cómo combinar las energías para obtener beneficios y se fueron sintiendo cada vez más prepotentes y poderosos llegando al grado de no responder a ninguna de las emanaciones de amor de Dios, Nuestro Padre. Rebeldemente, oportunidad tras oportunidad, persistían en prácticas contrarias a las naturales contraponiéndose a todas las leyes celestiales, por este motivo llegó el momento en que debieron ser separados de la Fuente divina de donde recibían la energía de Vida; sin embargo, debido a su enorme sabiduría sabían cómo actuar para sustraer la energía de la humanidad que permaneció unida a Dios, y de esta manera desde entonces hasta nuestros días subsisten usando el mismo sistema para proveerse de su fuente de vida. La manera en que realizan esto es accediendo a la mente

114   LOS ANGELES DEL DESTINO HUMANO Vol. 2

del humano e incitándole a tener pensamientos negativos que produzcan la clase de energía contaminada que requieren para seguir subsistiendo artificialmente.

"¡Serpientes, raza de víboras! ¿Cómo será posible que evitéis el ser condenado al fuego del infierno?" **Mateo 23:33**

En las tablas conocidas como "Las Tablas Esmeralda de Tresmegisto, por Toth el Atlante" que se afirma fueron encontradas bajo un templo maya en Yucatán* y supuestamente escritas hace miles de años en la Atlántida, se hace,referencia a las entidades infernales pertenecientes a una raza de serpientes que, según estos escritos, hoy manipulan a la humanidad. De acuerdo a las Tablas, estos entes estaban encadenados en espacios inferiores de nuestro planeta, pero en el pasado, debido a la acción perversa de magos negros que entonces formaban parte de la humanidad, se llegaron a abrir las puertas dimensionales por donde hoy entran libremente a atormentar a los seres humanos: "De las grandes profundidades vinieron estos seres llamados por la sabiduría de hombres egoístas de la tierra, con el propósito de obtener el maléfico poder de ellos. Lejos en el pasado, antes de que la Atlántida existiera, los hombres de ahí, vivían en las tinieblas, usando la magia negra, invocando a los seres negativos. Así fue cómo vinieron dentro de este ciclo, no tenían forma, eran de otra vibración y existían sin ser vistos por los hijos de los hombres de la tierra. Sólo a través de la sangre podían ellos tener forma de seres, sólo a través del hombre podían ellos vivir en el mundo. Anteriormente ellos habían sido dominados por los Sagrados Maestros y llevados más abajo del lugar de donde vinieron. Pero algunos permanecieron ocultos en los espacios y planos desconocidos para el hombre. Vivieron en la Atlántida como sombras, pero en ciertas ocasiones se aparecieron entre los hombres.Siempre que se les ofrecía sangre, ellos venían a morar entre los hombres para servirlos haciendo el mal. Tabla VIII

---

*Según **Zecharia Sitchin**, en "Stairway to Heaven", Enki trajo las Tablas Esmeralda a la Tierra, como talismanes para que algunos sacerdotes pudieran tener poder sobre otros de menor categoría. Parecen ser un sistema donde se almacenaba información altamente desarrollada. Estas tablas se relacionan también con la piedra que emitía luz verde asociada con Adán, quien supuestamente la extrajo del Edén y se ha ido pasando de generación en generación. Según la tradición oral de los hebreos, tanto el Arca de Noé como la ruta que debía recorrer, estaba iluminada por una luz que provenía de una piedra similar. Muchos autores modernos hacen referencia a estas Tablas porque suponen contiene la sabiduría secreta de Dios acerca de la inmortalidad, también el Plan Divino de armonía y un método para conocer el camino hacia las estrellas o de unión con Dios.

LUCY ASPRA

"Con la forma humana ellos se mueven entre nosotros, pero solamente en apariencia física se parecen a los hombres. La raza Serpiente es la de ellos. Se mezclan ente los Consejos, toman las formas que son semejantes a las de los hombres. Asesinan por medio de sus artes a los jefes de los reinos, toman su forma y gobiernan al hombre. Sólo por medio de la magia pueden ellos ser descubiertos, sólo por medio de cierto sonido pueden sus caras ser vistas. Ellos buscan a través del reino de las sombras cómo destruir al hombre y gobernar en su lugar. Tabla VIII

"… Sin embargo, cuídate hermano, pues el hombre serpiente aún vive, en un lugar que se abre en ciertas épocas aquí en el mundo. Sin ser vistos, ellos caminan entre ustedes, saben de los lugares donde se ejecutan los ritos mágicos, una vez más a medida que el tiempo pasa, ellos vuelven a tomar la apariencia de los hombres. "… No te metas en el reino de las sombras, pues seguramente ahí aparecerá el mal…" Tabla VIII

En "The Lost Books of the Bible and the forgotten books of Eden" ("Los Libros perdidos de la Biblia y los Libros olvidados del Edén"apócrifos supuestamente traducidos del egipcio en el siglo diecinueve) se habla más extensamente sobre la historia de Adán y Eva, describiendo la molestia que produjo en Satanás que llegaran estos extraños a su territorio, pues cuando Adán y Eva aparecieron en el planeta, éste ya estaba ocupado por los ángeles caídos, y Satanás quien se sentía el señor de este mundo, los vio como intrusos por lo que no reparó en seducirlos para que fueran arrojados del Paraíso y así tener acceso directo a ellos. Los libros mencionados refieren cómo, aún después de ser sacados del Paraíso, Adán y Eva seguían siendo agredidos por Satanás: en ocasiones intentó aturdirlos con luces extrañas, otras veces él y su hueste infernal se aparecía ante ellos como ángeles de luz para seguirlos engañando, trató de lanzarlos por un precipicio, etc., etc. Y hoy en día, igual que con nuestros antepasados, sigue atormentando a la humanidad con el fin de separarla de la oportunidad del gozo eterno, pero no sólo por envidia sino que para apoderarse de su energía de vida.

De acuerdo a las leyes de Polaridad y Género, lo semejante y lo que antagoniza son lo mismo, sólo que en diferentes grados de vibración que pueden llegar a conciliarse, o que toda energía positiva necesita su equilibrio negativo, y cuando ambas están armonizadas se logra la energía de amor conocida como "Luz". Este es el eterno balance de femenino-masculino, pasivo-activo, Ying Yang, etc., sin embargo, cuando hablamos de las fuerzas de la oscuridad, éstas en ningún momento están aquí para balancear sino que desde el momento que Lucifer se apartó de la Fuente Divina oponiéndose a las ondas luminosas de Amor - indispensables para amalgamar las moléculas en formas armoniosas – empezó a sembrar el caos y produjo un retraso mayúsculo en la evolución de la humanidad. Por esto, aunque su nombre se traduce como "portador de luz", es porque la usurpa de los seres humanos. Es aberrante pensar que esta fuerza malévola conocida como Lucifer o Satanás pueda representar el opuesto complementario de la Magnificencia de Dios. Parte del éxito de las entidades del Mal ha sido que se crea que son parte de la energía que Dios ha puesto para ayudar a la humanidad para crecer. Aquí queremos recalcar insistentemente que cuando hablamos del ente nefasto que gobierna a las legiones demoníacas nos referimos al que salió del seno de Dios con las mismas oportunidades que Dios da a todos sus hijos, pero esta entidad del Mal decidió oponerse a las leyes de armonía, a la ley del Amor. De acuerdo al conocimiento milenario, Lucifer ya había manifestado reiteradamente su prepotencia, pero se le dio la oportunidad de reinvidicarse en el espacio que corresponde a nuestra Galaxia y con la naciente humanidad de la que hoy formamos parte, sin embargo, lejos de corregir lo que comenzó, siguió produciendo más caos y fue entonces – ante la amenaza de interferir en el Plan para nuestra humanidad – que fue separado de Dios y los Ángeles Celestiales lucharon contra él y sus seguidores y fue lanzado al infierno y encadenado para que la humanidad, sin su acecho directo pudiera decidir qué camino quería seguir: armonía o desarmonía. El proceso de desintegración de las partículas que conforman el cascarón astral y la nefasta conciencia del ente del Mal tiene un tiempo de duración, por lo que eventualmente dejará de ser*, pero hoy en día está más consciente que nunca y atrayendo más energía de la humanidad para poder subsistir por un tiempo más prolongado. Las partículas que hoy conforman su horrendo organismo eventualmente se desintegrarán e irán al espacio que les corresponde para ser "recicladas", y dentro de "millones de trillones de cuatrillones, etc.," de años podrán adaptarse en otras formas dentro de los reinos inferiores – desde el elemental - para recoger experiencias nuevamente y perfeccionarse hasta formar el cuerpo de un santo, quizás, porque realmente nada se

---

*Por la desesperación de las entidades del Mal, se puede adivinar que el tiempo de su desintegración es el del "juicio final", que significa la etapa en que el planeta deberá desechar todas las partículas de vibraciones densas.

LUCY ASPRA

acaba sólo se transforma. Pero lo que sí es importante recalcar es: la conciencia del ente inteligente, que piensa, que maquina, que intenta conducir a la humanidad a perder también su conciencia, que se conoce con varios nombres: Lucifer, el ángel del mal, el demonio, etc., esa conciencia nunca será más, porque una vez que se rompe el Hilo de Vida que del Espíritu Santo está unido a la conciencia del individuo, nunca más se puede volver a unir*.

"Y cuando se terminen los mil años, Satanás será soltado de su prisión, saldrá a engañar... a las naciones de los cuatro extremos de la tierra, una multitud tan numerosa como las arenas del mar." Apocalipsis 20:7

"Luego, el demonio se acercó y se paró delante de los bueyes e impidió a Adán cultivar el suelo, y le dijo: "Mías son las cosas de la tierra, las cosas del Cielo son de Dios..." Vida de Adán y Eva fuera del Paraíso 33 (Versión eslava)

---

*Esto se insinúa en la tonadilla de Alicia en el País de las Maravillas, de Lewis Carroll: "Humpty Dumpty sat on a wall, Humpty Dumpty had a great fall. All the king's horses, and all the king's men, couldn't put Humpty together again." "Humpty Dumpty sentado en un muro, Humpty Dumpty tuvo una gran caída. Ni con todos los caballos del rey, ni con todos los hombres del rey, se pudo unir nuevamente a Humpty Dumpty". Humpty Dumpty es un huevo que al romperse simboliza esto mismo: una vez roto el Hilo de Vida, ya no hay quien pueda volverlo a unir.

CÓMO PROTEGERNOS DE LAS FUERZAS DEL MAL

Con el afán de logros materiales, el hombre está dispuesto a ofrecer su misma alma a las fuerzas del mal, aunque ingenuamente intenta disculpar su acción aduciendo que la ignorancia es culpable de su inconsciencia. El tiempo que vivimos corresponde a uno que está contemplado dentro del Plan de Dios como el fin de una etapa, y por este motivo los demonios usan todas las artimañas para atrapar al hombre y conducirle al mismo abismo donde habitan ellos. Aunque existen libros, grimorios, instructivos, etc., supuestamente "inocentes" o inocuos para que el individuo, por medio de las recetas allí especificadas, logre bienes materiales sin pactar oficialmente con el Maligno, es preciso que se comprenda que en algunos de los rituales que se llevan a cabo para contactar con estos entes de la perversidad, implícitamente queda sellado el Pacto tal como se expuso en el Manual de Ángeles, vol. 1 "Di ¡Sí! a los Ángeles y sé completamente feliz" y que reproducimos textualmente: "Los Ángeles nunca responden a evocaciones, rituales y conjuros mágicos... pues no existe nada que puede obligarlos a hacer algo que es menor que su vibración. Si alguien, después de pronunciar palabras de poder o practicar rituales de los llamados "angélicos" recibe respuesta a su petición, puede estar seguro que los responsables son los seres de baja vibración que responden a las energías mágicas activadas artificialmente con estas ceremonias. No son Ángeles aunque se presenten como tales. Los Ángeles sólo responden a la energía de Luz y Amor; a todas aquellas peticiones que no lleven el plasma del interés egoísta. Los Ángeles de Luz, responden al resplandor que produce la Oración. Si existen dudas en cuanto a esto, sólo es necesario leer qué dicen los Ángeles en las apariciones a través de la historia. En todas, su única petición es Oración, Ayuno, Servicio y la práctica de los Sacramentos instituidos por Jesús. Los rituales y conjuros mágicos para logros materiales han sido elaborados por personajes de turbia reputación que han existido a través de la historia de la humanidad*; por seres humanos que, movilizando energías han logrado comunicarse con los entes de la oscuridad y de los que han aprendido que existen maneras de obtener beneficios físicos a cambio de deudas espirituales; aunque esto último viene implícito dentro del ritual y no se menciona a la hora de transmitir los "secretos arcanos".

"Todo lo que desea el ser humano lo puede lograr cuando desea el bien para los demás y ore para ello; pues cuando se emite luz al Cosmos se activa la Ley de Acción y Reacción y devuelve luz al que la ha producido. Esta es la razón por la que se dice que la Oración es Magia Blanca, pues devuelve Luz Blanca. Sin embargo, cuando se mueven energías con "recetas abrakadábricas", hay entes que responden porque son impulsados artificialmente, pero la emisión es turbia y después la Ley actúa forzosamente, enviando eso mismo al responsable de la petición egoísta. Con la Oración se logra todo aquello que anhelamos, pero sin consecuencias negativas. Es por esto que la única "receta" que se sugiere siempre es la Oración. Cuando se practica la Oración, no es necesario trazar círculos de protección ni visualizar pentagramas mágicos; con la sola señal de la Cruz se presentan los Seres de Luz que rodean con su halo de protección al emisor de tan sublime Señal."

Lo más importante es saber que no existe ninguna fuerza que sea más poderosa que Dios, por lo que debemos mantener a Dios con amor en nuestro pensamiento; además también debemos tomar en cuenta que las fuerzas

---

*Por ejemplo, John Dee, inglés que vivió de 1527 a 1608, junto con Edward Kelley usando una bola de cristal se comunicó con espíritus que le mostraron unas letras para contactar con planos invisibles. Dee y Kelley recogieron estos símbolos y formaron lo que se conoce como el Alfabeto "Angélico" o Enochiano que hoy en día es usado por ocultistas para llamar a las fuerzas del Más Allá. John Dee refiere que se comunicó con un hombrecito que parecía moverse en una nube suspendida en el aire. A través de esta entidad lograron alguna información y la promesa de que se les facilitaría una copia del Libro de Enoch, que obtuvieron y que resultó ser diferente al verdadero Libro de Enoch, pero con datos pertinentes. John Dee fue acusado de practicar magia negra y brujería. Fue el astrólogo de la Reina Isabel I y en 1582 conoció al farmacéutico Edward Kelley. "Ambos practicaron la necromancia y de Kelly se dice que era un hombre perverso y sin escrúpulos. Aleister Crowley aseguraba ser su encarnación

---

malignas no pueden acceder a nuestro espacio cuando mentalmente les damos la orden de alejarse. Si por determinadas circunstancias, en el presente o en el pasado, consciente o inconscientemente, alguien ha tenido algún trato con estas fuerzas a través de rituales, invocaciones, "juegos", dinámicas, etc., o de manera tácita ha contribuido en la apertura de un portal dimensional que permite la entrada libre a los engendros, es preciso que tome la decisión de apartarse de esas "puertas de acceso" para que estas entidades tengan más dificultad para llegar a su vida. En primer lugar debe dejar totalmente las evocaciones, rituales y demás prácticas. Después habrá que trabajar durante algún tiempo en sacar los entes de su espacio porque una vez que se involucra con estas fuerzas, automáticamente se establece un compromiso con ellas. Generalmente, con el fin de lograr beneficios en el mundo material, algunas personas se enredan con estos engendros infernales, y quedan atrapadas y atadas a ellos con repulsivas cadenas energéticas. Cuando la persona decide romper este pacto tácito es preciso trabajar mucho, especialmente si se llevaron a cabo rituales de sangre.

Se sugiere buscar la ayuda de un sacerdote para recibir la orientación adecuada, especialmente si la persona ya percibe de manera física las agresiones de alguna entidad. En el libro "Apariciones" de esta misma autora, en el Cap. "Exorcismos" hay otras formas sencillas de protección, pero cualquier ritual de expulsión o liberación debe llevarse a cabo con la asesoría de una persona competente. También se le puede proponer al interesado, que se acostumbre a pronunciar continuamente el nombre de Jesús con frases parecidas a éstas: "Jesús, ayúdame", "Jesús, por favor libérame", etc. En el Nuevo Testamento, encontramos muchos versículos donde se nos aconseja empuñar el arma más poderosa del ser humano: la oración: *"Además, esta casta de demonios no se lanza sino mediante la oración y el ayuno."* Mateo 17:21 *"Revestíos de toda la armadura de Dios, para poder contrarrestar las asechanzas del diablo. Porque no es nuestra pelea contra carne y sangre, sino contra los príncipes y potestades, contra los adalides de estas tinieblas del mundo, contra los espíritus malignos de las regiones de los aires. Por tanto, tomad las armaduras de Dios para poder resistir en el día aciago y sosteneros apercibidos en todo. Estad, pues, a pie firme, ceñidos vuestros lomos con el cíngulo de la verdad y armados de la coraza de la justicia. Y calzados los pies en preparación del evangelio de la paz. Embrazando en toda circunstancia el broquel de la fe, con que podáis apagar todos los dardos encendidos del maligno. Tomad también el yelmo de la salud; y empuñad la espada del espíritu (que es la palabra de Dios). Haciendo en todo tiempo, con espíritu, continuas oraciones y plegarias, y velando para ello con todo empeño, y orando por todos los santos."* Efesios 6:11/18 *"Someteos, pues, a Dios; resistid al Diablo y él huirá de vosotros."* Santiago 4:7

"...Viajan a través de toda la tierra y el espacio, se meten en la mente humana a través de los sueños de los hombres. Ellos tienen el poder dentro de las tinieblas que les rodean, para llamar a otros infames moradores fuera de su plano. Ellos tienen poder para dirigir y enviarlos por los caminos que son negros e invisibles para el infeliz hombre... penetran dentro del espacio-mente del hombre, y alrededor ellos pueden cerrar sobre él el velo de su noche... Poderosos son ellos en su conocimiento diabólico, prohibido, prohibido porque esclaviza, atormenta, es uno con la peor negación. Escucha, y fíjate en mi advertencia, procura vivir libre de la esclavitud de la noche. No le entregues tu alma a los hermanos de las Tinieblas yendo contra las leyes Divinas, procura que tu cara siempre mire hacia la Luz... Escúchame. Todo aquél que venga hacia ti, estúdialo, pesa sus acciones, haz un balance, ve si sus palabras son de Luz; pues muchos son los que caminan en la oscuridad con apariencia de Santos y sin embargo no lo son..." Tabla VI

CUANDO SE DICE QUE SE PUEDE "PERDER EL ALMA" ¿QUÉ SIGNIFICA? ¿QUÉ ES LO QUE SE PIERDE?

Nada se pierde en el Universo, y el Espíritu es Eterno e Inmortal por lo que jamás podrá perderse porque nunca ha tenido principio y nunca tendrá fin porque es parte de Dios, Nuestro Padre que es Eterno e Inmortal. Sin embargo, el conjunto de las experiencias físicas del individuo en la Tierra; es decir: su conciencia personal, de acuerdo a la Sabiduría Antigua, puede ser separada del Espíritu, y el lugar de donde se desprende ese recuerdo o personalidad es del Alma. Nuestro Espíritu, conformado por los tres cuerpos Superiores que forman el YO Eterno o YO Superior está unido - por medio de una porción del Espíritu que llamamos Alma - al Cuerpo Mental Concreto que produce nuestros

---

"pensamientos"; éste los envía al Cuerpo Astral quien los registra como "sentimientos", y este cuerpo a la vez, con esta información impulsa al cuerpo físico a producir palabras y acciones. Cuando el uso de estos atributos (pensamientos, sentimientos, palabras y acciones) produce luz, ésta es depositada en la porción que el Espíritu destina para recogerla y que es precisamente: el Alma. Cuando llega el momento en que el Alma debe separarse del cuerpo Mental Concreto o Mental Inferior y no recibió ninguna información luminosa (porque no se produjeron) de las vivencias de la Personalidad, es cuando se dice que se pierde el Alma. Cuando toca el tiempo en que el Alma ya debe estar engalanada, pero el Cuerpo Mental Inferior no le transmite nada, éste es separado abruptamente, y el recuerdo de las experiencias vividas no se registran para la Eternidad; por lo tanto, la Personalidad que es el conjunto de las vivencias del individuo se queda dentro de un cuerpo perecedero (cascarón) que eventualmente será desintegrado y olvidado. Se dice que una vez que el Espíritu atrae al Alma sin los recuerdos ni las experiencias del individuo, retornará a comenzar una nueva ronda desde el Reino Elemental; es decir, será "reciclado". Una vez que el Espíritu con el Alma se ha separado de la conciencia* - o sea los recuerdos de las experiencias vividas que permanecen en los cuerpos inferiores llamados "personalidad" -

---

*Se comprende aquí que las vivencias de esta conciencia que se separa del alma, son de baja vibración: rencores, odios, crueldad, crímenes de toda naturaleza, etc. que por ser energía de partículas grotescas, debido a la ley de "Atracción" no puede ascender hasta el espacio del Alma quien no puede recibirla porque la ley actúa automáticamente, no es Dios quien castiga. (Ver, vol. 1 "Morir sí es Vivir", Cap. 1 Los cuerpos y las diferentes dimensiones.)

pueden durar muchísimo tiempo dentro del cascarón astral* de la personalidad. Si se trata de alguien que se dedicó a la magia negra y sabe cómo mantenerse con vida artificial, podrá prolongar esa vida de manera indefinida; sin embargo, para esto requiere vitalizarse continuamente con la energía de los seres humanos. Los entes de la oscuridad son seres de esta naturaleza que un tiempo tuvieron espíritu, y que aún se mantienen con la "conciencia" degradada que desarrollaron, porque se nutren con las plasmas energéticas de baja vibración que provienen de la humanidad. Este es el motivo por el que las fuerzas diabólicas (antaño espíritus) emboscan a la humanidad y tratan de que mantenga su pensamiento en el mal, porque así les produce la energía que necesitan para seguir con su existencia maligna y temporal. Cuando Jesús y la Virgen en sus apariciones nos hablan de lo apremiante de la situación, se están refiriendo al peligro que existe de que los seres humanos caigan en tanta maldad que los entes malignos absorban su conciencia personal, el recuerdo de sus vivencias físicas, para ellos poder continuar con su vida artificial. Los "pactos satánicos" donde se ofrece el alma a cambio de favores materiales, se refieren a lo mismo, que los demonios se queden con la conciencia del individuo, y éste pierde su alma, es decir: la eternidad.

"Perder el Alma" es cuando la conciencia del individuo se separa del Espíritu eterno e inmortal. Cuando el Alma, que es eterna por formar parte del Espíritu Santo, se aparta de las contrapartes perecederas y no puede llevarse la conciencia del individuo porque esta conciencia es de negrura total, es cuando se dice que se pierde el alma, pero se refiere a la conciencia del individuo que pierde el Alma cuando ésta se separa para reunirse con la fuente Divina, porque el Alma no se pierde, sigue eterna e inmortal; es la conciencia del individuo quien puede dejar de gozar de la eternidad cuando no lleva a cabo nada que corresponde al plano de amor del alma.

---

*Se le llama "cascarón" porque ya no está habitado por el ser. Aunque el Espíritu con el Alma siempre se separa del cuerpo astral y éste se convierte en un cascarón, en casos normales el Alma se separa llevándose la conciencia del individuo. Cuando se trata de un individuo que reiteradamente ha desperdiciado la oportunidad de acercarse a Dios y ha llegado el momento en que el Alma debe reunirse con el Espíritu y no existe nada en la conciencia del individuo que puede ser recogido por el Alma, entonces la separación se da sin llevarse la conciencia. Esta es la verdadera muerte: cuando el Alma se regresa al Espíritu y no conserva la conciencia del individuo.

De acuerdo a lo expresado anteriormente, cuando se dice: "perder el alma" se refiere a que se puede perder la "conciencia personal" del individuo que reiteradamente se dedica a la perversidad. El Alma se encuentra en un Plano de Luz, en una morada celestial de amor pleno, y es hasta allí que deben elevarse las vibraciones que la recubrirán con su áurea vestimenta. Cuando la persona no envía nada que puede ascender hasta la morada del Alma, ésta no recoge nada. Hasta allí sólo llegan los pensamientos de amor sin egoísmo, adoración a Dios, sentimientos honorables, aspiraciones espirituales, anhelos de asistir y llevar consuelo a otros, y obras que favorecen a los demás. Es importante que se comprenda que no ascienden hacia los planos de luz ninguna vibración incorrecta; no puede depositarse en el Alma la energía que proviene de pensamientos, sentimientos, palabras y acciones egoístas o que ofenden o alteran el Plan de Dios. De acuerdo a los místicos, la forma de acercarse a Nuestro Padre es con profunda humildad y con el deseo noble de vivir dentro de las esencias que él diariamente vierte sobre la humanidad: sus bendiciones de amor, armonía, paz y anhelo supremo de ayudar a los demás. Cuando tenemos entrega devocional y confianza plena en Dios, por añadidura nos llega todo lo que requerimos en el mundo material. Nuestras intenciones puras y la oración permiten que se desplacen hacia nuestro espacio la "cuota" de situaciones positivas que nos pertenece porque la hemos merecido.

Y cuando llegue el momento que por merecimientos propios hemos logrado una vida plena, entregada a Dios y haciendo el bien en beneficio del prójimo, tendremos derecho a una gran parte de los Tesoros del Universo que a nuestro paso caerán. ¡Pero ya no desearemos tenerlos! Caminaremos sobre cofres repletos de oro y joyas de piedras preciosas y no nos molestaremos en desviar nuestra atención hacia abajo. No inclinaremos nuestra cabeza al oro material ni a tesoros terrenales, porque sólo la Luz de Dios brillará para nosotros; nuestros ojos sólo a Él determinarán. Sólo ocuparemos una migaja de nuestra "cuota" y radiantes, millonarios de un celestial tesoro de áurea belleza, estaremos vestidos con nuestro ropaje de gloria para entregarnos a Nuestro Amado Creador, que cual ansioso Esposo nos espera con los Brazos abiertos para que nos refugiemos en ellos y descansemos nuestra cabeza en su pecho adorado.

Según lo anterior, el Espíritu jamás se pierde, tampoco la porción de sí que prestó el Espíritu Santo, lo que llamamos Alma; pero la conciencia personal, el recuerdo, la memoria de lo que ha sido la persona con todas sus vivencias, es decir: la personalidad, sí se puede perder; y es a la personalidad a quien se le habla cuando se le dice: "puedes perder tu Alma". Es pues, en el Alma donde están almacenados todos los recuerdos bellos, con las cosas positivas, con las experiencias que componen la individualidad del ser. Es decir, lo que es, los talentos que cultiva y logra desarrollar o los que tiene latentes porque intenta manifestarlos. Sus aficiones, sus intereses, los cariños o lazos de afección que logra con sus padres, hermanos, hijos y demás seres amados; sus vivencias diarias, sus sacrificios, limitaciones que le han permitido crecer; sus alegrías y situaciones gratas que están firmes en su conciencia. El interés por los dolores humanos, sus deseos de remediarlos, sus logros al intentarlo. Su evolución física, emocional, intelectual y su acercamiento al mundo espiritual; el esfuerzo que todo lo anterior implica. Nada de lo que ha hecho bueno es en balde; el resultado del pensamiento noble, el sentimiento de amor, las palabras de consuelo y las buenas acciones, todo queda grabado en la simiente correspondiente que está depositado en su Cuerpo Causal o Alma.

Las cosas negativas: pensamientos turbios, angustias, temores, rencores, venganzas, odios, depresiones, terquedad, soberbia, codicia, lujuria, etc., quedan grabados en el átomo del cuerpo emocional, astral o de los deseos. Los deseos de venganza, de hacer o intentar situaciones que dañan a los demás, se quedan fijados en la simiente del cuerpo emocional. Las cosas negativas no llegan al alma. Allí sólo son depositadas las cosas buenas. Cuando se dice que alguien tiene el Alma negra es porque está rodeada de la oscuridad del cuerpo Astral, porque el Alma en sí, no puede recoger negrura. Para que exista algo plasmado en el átomo del cuerpo Causal o Alma se debe producir con pensamientos, sentimientos, palabras y acciones de amor noble y honesto. Por esto es tan importante, sobre todo en este tiempo, hacer cosas para que se perpetúen en el Registro del cuerpo Causal o Mental Superior, que es lo mismo que el Alma. Sólo el amor noble engalana al Alma.

La imagen de San Miguel Arcángel, con la balanza pesando las acciones malas y las buenas, se refiere a que está haciendo un recuento de lo que está grabado en cada una de las simientes que componen los cuerpos del hombre.

Jesús dice en Juan 14:6 "Yo Soy el Camino, la Verdad y la Vida. Solamente por Mí se puede llegar al Padre"; es decir, el Hilo de Vida une a los cuatro cuerpos inferiores con el Espíritu Santo, el Hijo y el Padre (la Santísima Trinidad) y forzosamente, para que nuestra experiencia de vida sea eterna, deberá ser recogida por el Cuerpo Causal, el Alma (que es parte del Espíritu Santo), y trascender hasta el Plano Inmortal a través del Hijo.

¿CÓMO SE PUEDE PERDER REALMENTE LA CONCIENCIA Y POR QUÉ LOS ENTES INMUNDOS QUE YA NO GOZAN DE LA INMORTALIDAD SIGUEN ATORMENTANDO AL HUMANO?

"Miguel y sus ángeles combatieron contra el dragón... el dragón y sus ángeles no pudieron vencer, y ya no hubo lugar para ellos en el cielo." Apocalipsis 12:7,8

Es muy difícil que un ser pueda perder la individualidad, o dicho de otra manera: que el alma se separe sin llevar la conciencia del individuo, porque por más perverso que haya sido debe existir algo que pueda aportar un poco de esencia de amor hacia el espacio de su alma. Se dice que hasta Hitler manifestaba luz cuando se trataba de niños, ya que supuestamente fue muy bondadoso con algunos. Sin embargo, de acuerdo a muchas tradiciones, en el pasado cuando se cumplió el ciclo establecido por Dios para la humanidad que evolucionaba entonces, se dieron casos de esta separación radical de la conciencia del alma (Lucifer y sus ángeles caídos), y podrá volver a suceder, cuando por maldad continua, oportunidad tras oportunidad, la personalidad se aparta del camino de la evolución y no desarrolla ni una molécula espiritual para el momento del cierre de ciclo o Juicio Final; es decir, suponiendo que al llegar ese momento, el ser no tenga ni un solo átomo que pueda ser atraída por el Alma, entonces la conciencia con sus experiencias individuales podría verse apartada del Origen y caer en la corriente de atracción que la arrastraría a una

LUCY ASPRA

zona que se conoce como la Octava Esfera o Infierno, donde eventualmente se desintegraría la forma y los componentes, para purificarse, serían impulsados hacia el plano que les corresponde por igualdad de vibración.

Lo anterior sería sólo en el caso de maldad total, como los magos negros o personas completamente depravadas. Podría suceder que sus conciencias no alcancen a formar parte de la evolución por oponerse a ella continuamente, y llegaría entonces el momento en que violentamente se rompería el hilo que une su personalidad al alma. La teoría de la Reencarnación considera que esto se refiere a que durante una larga cadena de vidas en vez de crecer espiritualmente se han hundido cada vez más dentro de la perversión. Sin embargo, ellos podrían prolongar su conciencia individual, igual que los demonios hoy, mediante la práctica de la magia negra, sustrayendo energía de los seres humanos, durante todo el tiempo que perdure la maldad en el planeta, pues sólo con la energía que proviene de la perversión pueden ellos continuar con la corrupta e infernal conciencia que poseen. Cuanta más maldad practicó la entidad mientras gozaba de vida de Dios, más fue adentrándose en el conocimiento de las artes de la oscuridad, por lo que se dice que según lo siniestro que fue en vida es la capacidad que tiene para prolongar su inmunda y repulsiva conciencia individual. Pero esto es temporal pues ya ha perdido la inmortalidad, que sólo se tiene cuando se conserva el Hilo de Vida unido a Dios.

La energía viciada que emite la perversidad que practican algunos seres humanos, es la que mantiene con vida adulterada a los desalmados; por esto trabajan incansablemente porque quieren conservar su degenerada conciencia con vida artificial. Continuamente provocan miedos, incitan a guerras, conflictos, masacres, crímenes, asesinatos, depravaciones de todo tipo, porque todo lo corrupto les alimenta; pero es la energía emanada de la sangre la que más les sustancia. Y cuando logran que algún ser humano se les entregue totalmente a cambio de goces terrenales, prolongan muchísimo más su existencia. El ser humano dejará de dar alimento a las fuerzas del mal hasta el momento que comprenda la importancia de disciplinar su mente, porque sólo de esta manera comenzará a producir energía constructiva.

¿QUÉ SIGNIFICA: "ESTAR SEPARADO DE DIOS"?

"El hijo del hombre ha de venir revestido de la gloria de su Padre acompañado de sus ángeles, y entonces dará el pago a cada uno conforme a sus obras." Mateo 16:17

Para las personas que están sumergidas dentro del mundo de la apariencia con su atención puesta sólo en las cosas materiales, deseando continuamente objetos, anhelando placeres interminables, etc., y usando tácticas sin escrúpulos para lograr poder y posesiones, sin ocuparse de ayudar desinteresadamente ni a establecer una comunicación interna con el mundo espiritual, se puede decir que estos individuos están lejos de Dios, alejados del mundo espiritual; sin embargo, cuando se habla de estar "separado de Dios", se refiere a la angustia que siente el alma que no percibe la presencia de su Creador. Pero esto no sucede mientras estamos vivos sobre el planeta, porque cuando se vive en el mundo físico, con un cuerpo físico, con sólo desearlo sentimos la presencia de Dios, con sólo poner la atención en el mundo espiritual, pensar en Dios, en la Virgen, en los Ángeles y los Santos, podemos sentir Su presencia y percibir que nos escuchan. Cuando con fervor oramos pidiéndoles que nos ayuden en una situación, inmediatamente notamos que nos prestan atención. Comunicarnos con el mundo celestial y percibirlo, es fácil mientras tenemos un cuerpo material. Es un cuerpo que nuestro Padre Celestial nos dio, precisamente para que aprendamos a acercarnos a Él mientras nos estamos desarrollando en el plano denso con el fin de tener un control sobre la materia. Aquí podemos manejar, en cierta medida, las energías que nos rodean, podemos ejercitar nuestro libre albedrío y retirarnos de algo que no nos gusta, o acercarnos si lo deseamos; pero cuando llega la muerte, el Espíritu se separa del cuerpo material aunque sigue envuelto en las substancias correspondientes a los planos inferiores, y la conciencia del individuo amanece en el plano que le corresponde por la vida que llevó en la tierra. Si se trata de alguien que ha recogido mucha sustancia de los planos bajos del mundo astral (o purgatorio) por haber llevado una existencia licenciosa sin pensar en el mundo espiritual, en cuanto recobra la conciencia está a merced de energías desconocidas, sobre las cuales no tiene ningún control; se dice que la comparación es como si una persona se encontrara en alta mar, en una noche tormentosa, sin nada cerca de qué asirse o afirmarse, con el mar picadísimo, rodeada de tiburones y además, sin saber nadar; es decir, no puede oponer resistencia de ninguna naturaleza; pero aún así no está "separada de Dios", porque eventualmente (con la oración de sus deudos) podrá recobrar cierta lucidez y pedir apoyo celestial y será respondida. Si la persona, por haber llevado una existencia física llena de maldad, crueldad, magia negra, perversión, crímenes de la más baja naturaleza, etc., recobra su conciencia en un plano mucho más bajo, sin vibraciones, sentirá la más grande de las angustias, una depresión indescriptible y se sentirá el único ser consciente en el Universo; se sabe separado de Dios; más bien, no puede pensar que existe Dios, además no le importa, sólo quiere perder su conciencia pero percibe que nunca la perderá. Es una situación desesperante, angustiosa y bastante difícil de comprender mientras estamos en la tierra, y explica por qué es tan importante rezar por los difuntos; además, por qué es crucial que nos acerquemos a Dios ahora.

El "traje de boda" como vemos en Mateo 22:11/14 *"Al entrar el rey para ver a los invitados, observó que uno de ellos no llevaba traje de boda. Le dijo: "Amigo, ¿cómo has entrado aquí sin traje de boda?" Él se quedó callado. Entonces el rey dijo a los servidores: "Átenlo de pies y manos y échenlo fuera a las tinieblas; allí llorará y le rechinarán los dientes". Porque son muchos los llamados, pero pocos los elegidos"* indica el vestido con que se engalana el Alma cuando recoge la conciencia del ser humano, lo que le merece la corona de gloria: la inmortalidad.* "Arrojado del cielo" significa que ya no posee esencia que lo une al cielo. Es decir, el hilo que unía a la personalidad con el alma, se separó de tal manera que la conciencia que había adquirido se quedó unida a los componentes elementales de la personalidad que está condenada a desintegrarse. Cuando se habla de perder la "individualidad" o alma, se refiere al hecho concreto de que el Espíritu que es eterno e inmortal, unido al Alma o porción de la Tercera Persona que fue destinada para recoger las virtudes del individuo, se separa totalmente del depósito que forma la conciencia de la personalidad, quedando ésta así, sin la oportunidad de ascender a la inmortalidad. El Alma, como vimos anteriormente es la parte que debe recoger

*Según la teoría de la Reencarnación, el hombre recibe muchas oportunidades a través de innumerables "vidas" o experiencias en diferentes cuerpos físicos para que pueda elevar su conciencia y lograr que brille su alma con la luz de su esfuerzo. (Ver "Justicia y Reencarnación, en el Capítulo siguiente)

las experiencias nobles del hombre en sus vivencias en el mundo terrenal y si llegado el tiempo y el hombre no lleva nada al Alma, se rompe el Cordón que la une a la Personalidad y la persona se queda sin oportunidad de gozar de la inmortalidad.

Se dice que el Espíritu se reúne con la Fuente y comenzará un nuevo ciclo al descender hasta los Planos Elementales, pero como conciencia grupal, ya sin las experiencias que tuvo la persona a quien una vez perteneció esta Chispa Divina. El Espíritu, por lo tanto, para adquirir experiencia en la materia, realiza un nuevo proceso Evolutivo comenzando por la Involución hacia los Planos Elementales. Muchas personas han confundido este reciclaje del Espíritu con una "nueva oportunidad" en un planeta de baja vibración. Naturalmente que el Espíritu tendrá las oportunidades que se requieran para ascender con vivencias relacionadas con el dominio sobre la materia, pero ya no será con la conciencia de la misma persona que después de reiteradas oportunidades perdió su derecho a la eternidad. El Espíritu Trino, o Chispa Divina es eterna e inmortal, pero la conciencia de la personalidad es perecedera. Ésta sólo se vuelve inmortal cuando ha podido desarrollar virtudes para depositar en el Alma. A.P. Sinnet, destacado teósofo que vivió de 1840 a 1921, lo describe de esta manera: *"Si alguna individualidad espiritual (Chispa Divina) durante su paso por este mundo ha estado alguna vez unida a personalidades tan deplorables y desesperadamente degradadas que han pasado por completo dentro de la esfera de atracción del vórtice inferior (octava esfera), esa individualidad espiritual no habrá retenido en tales casos, ningún rastro o mancha de aquéllas. Son páginas que habrán sido arrancadas del libro sin dejar huella alguna... La individualidad espiritual pasará al estado inconsciente de gestación... y volverá directamente (aunque no inmediatamente en lo que al tiempo se refiere) a nacer a la vida de actividad objetiva; toda la propia conciencia relacionada con aquella existencia habrá pasado al mundo inferior para allí "perecer eternamente".* Sin embargo, casi todos los seres humanos tienen algo que ha podido conservar su alma, por lo que el viaje a la "Octava esfera" sólo sucede cuando el ser es tan corrupto que aunque se le dieran más oportunidades sólo produciría mayor cantidad de obstáculos innecesarios en la evolución de la humanidad. De acuerdo a H.P. Blavatsky, la pérdida de la inmortalidad se da: *"Sólo en caso de tratarse de magos negros o de criminales cuya redención no es posible, criminales que así lo han sido durante una larga serie de vidas, el hilo brillante que une el espíritu al alma personal desde el momento del nacimiento de la criatura, es violentamente roto y la entidad desencarnada se encuentra divorciada de la personalidad, siendo esta última aniquilada, sin dejar en la primera la más leve impresión o rastro de sí misma. "* Y continúa diciendo que si el Espíritu no puede penetrar a través de la materia (la personalidad), *"entonces procediendo la estupidez de esta última de su naturaleza imperfecta, va a reunirse con los demás fracasos de la Naturaleza. "*

Aunque hoy en día mucho se habla de que todos los seres son aptos para la eternidad por el solo hecho de poseer un espíritu eterno, esto contradice toda lógica y está en desacuerdo con las enseñanzas ancestrales donde se hace énfasis en la necesidad de pensamientos nobles, sentimientos elevados y las buenas obras para que brille en su inmaculada blancura la vestimenta de nuestro espíritu: el alma. Si fuera mecánica la entrada al Paraíso Celestial no tendría sentido pasar por el mundo material que es un mundo doloroso; habría incongruencia en la repartición divina de los dones celestiales, y con esta perspectiva tendríamos una visión confusa de Dios, nuestro Padre celestial que a todos ama por igual. Al cielo no se llega por inercia, hay que esforzarse para ello.

No puede ser que el mismo espacio glorioso sea adonde van a parar tanto los que se esfuerzan toda la vida por ser buenos como los que se dedican a la maldad y la perversión. Es cierto que somos todos una Chispa Divina que ha emanado de Nuestro Padre, pero ninguno tiene asegurada su inmortalidad sólo por ser hijo de Dios. La oportunidad de ser inmortales nos fue dada por Jesucristo, Nuestro Señor, pero la salvación eterna depende de nuestros esfuerzos propios. El Espíritu que anima a cada ser humano es eterno e inmortal, pero su conciencia individual, su personalidad elevada, el recuerdo de quién es sólo se conserva en la eternidad cuando es de elevada vibración. Y en la Biblia encontramos muchos versículos que nos recuerdan precisamente eso, que la inmortalidad existe para todos, pero sólo la adquieren los que trabajan para obtenerla:

"Si nos fatigamos y luchamos es porque tenemos puesta la esperanza en Dios. " 1Timoteo 4:10

"En cuanto a los frutos de esos desordenados apetitos, son bien conocidos: fornicación, impureza, desenfreno, idolatría, hechicería, enemistades, discordias, rivalidad, ira, egoísmo, divisiones, sectarismos, envidias,

borracheras, orgías y cosas semejantes. Los que hacen tales cosas, les repito ahora, como ya les dije antes, no heredarán el reino de Dios. " Gálatas 5:19-21

"¿Qué les parece? Si un hombre tiene cien ovejas y se le extravía una de ellas, ¿no dejará en la montaña las noventa y nueve para ir a buscar la descarriada? Y si llega a encontrarla, les aseguro que se alegrará por ella más que por las noventa y nueve que no se extraviaron. Del mismo modo el Padre del cielo no quiere que se pierda ni uno solo de estos pequeños. " Mateo 18:12-14

"¿Acaso quiero yo la muerte del impío, dice el Señor Dios, y no, antes bien, que se convierta de su mal proceder, y viva?" Ezequiel 18, 23

"Puesto que yo no deseo la muerte del pecador, dice el Señor Dios, convertíos y viviréis. " Ezequiel 18:32

"Porque Dios no hizo la muerte, ni le gusta que se pierdan los vivos. Él creó todas las cosas para que existan... pues el orden de la justicia está más allá de la muerte. Los impíos, sin embargo, llaman a la muerte con gestos y palabras; ven en ella a una amiga y se han prendado de ella; han hecho con ella un pacto y se hacen merecedores de caer en sus manos. " Sabiduría 1:13/16

"Si el justo se salva a duras penas ¿qué será del impío y del pecador? " 1 Pedro 4:18

"Porque así como un cuerpo sin espíritu está muerto, así también la fe que no produce obras está muerta. " Santiago 2:

San Miguel Arcángel: Que tu fe nos inspire siempre. Toma nuestro destino y condúcenos amorosamente hacia Dios. Te amamos y te damos la bienvenida a ti y a todos tus ángeles dentro de nuestro hogar y de nuestro mundo y te ofrecemos nuestra humilde gratitud por todo el servicio que nos das. Gracias. Amén.

CAPITULO TRES
JUSTICIA Y REENCARNACIÓN

"Yo Soy el Ángel de lo ilimitado:

Los ángeles estamos ya en la etapa en que comprendemos que Dios es la razón de nuestro existir y... Le adoramos... Le amamos... Le veneramos y nunca dejará de ser así... Comparado con el humano, nuestra conciencia es ilimitada porque sólo la limita el resplandor de nuestra luz... Estamos concientes en todo el "espacio" donde nuestra aura está, y ésta a medida que avanzamos en la Trama Divina se agranda y abarca más en el Plan... No estamos regulados por un cuerpo físico como el humano, cuyo Ser se encuentra aprisionado en un cuerpo denso que habita el mundo material y tiene su conciencia sólo en un lugar...Nosotros estamos fuera del "tiempo-espacio" terrenal... Y tú, amor mío, debes empezar a proyectar tu mente más allá de tu espacio físico... Esto se hace al pensar en el mundo espiritual... al orar, al meditar en Dios, al prestar atención a tu ángel Guardián... Y al lanzarte a mis brazos y permitir que te transporte por los cielos divinos para conducirte con ternura hacia el mundo angelical... Ven... ven al amparo de mi amor... Cierra tus ojos y absorbe mi resplandor... inhala mi luz... mi fulgor... Ahora... vamos a saludar al ángel de la Mañana que te ha construido un día excepcional..."

De la Agenda Angelical de Lucy Aspra

JUSTICIA Y REENCARNACIÓN

La Reencarnación es una doctrina que aunque logra explicar muchas cosas, en estos escritos generalmente se presenta como "teoría", porque hay que recordar que somos seres evolucionando y en el momento actual que vivimos sólo tenemos cinco sentidos no bien desarrollados aún y supuestamente ocupamos únicamente alrededor de un 10 a 15% del cerebro, y lo que hoy consideramos dogma puede ser que al tener una mayor expansión de conciencia comprendamos que era lo apropiado para el instante evolutivo que ahora vivimos, pero que existen otras alternativas que probablemente no alcancemos a vislumbrar. Hay filosofías que hablan de planetas cuyos habitantes tienen más de 200 sentidos y otros que han superado por mucho esa cifra, lo que nos tiene que mover a pensar que nuestro cerebro actual no tiene capacidad para comprender lo que ellos saben, ¿qué verdad estarán manejando?... ¿Seremos capaces nosotros con sólo 5 sentidos y un 10% del cerebro ocupado tener la verdad absoluta?... Y si es así, ya somos "producto terminado" lo que nos debe mover al desconsuelo porque ¿qué haremos con el resto de la eternidad si ya sabemos todo ahora?...

En los casos de "deja vu" o los recuerdos relacionados con experiencias que se han vivido anteriormente y que aparentemente corresponden a otros espacios y otros tiempos, hay estudiosos que sostienen que es debido a que todos tenemos "cromosomas memoria" que llevan registradas las experiencias que vivieron nuestros antepasados, las que en un momento determinado pueden aflorar como un recuerdo tan vívido que tenemos la sensación que hemos sido nosotros y no nuestros parientes lejanos en el tiempo los que efectivamente realizaron determinadas hazañas. Esto, naturalmente, también es una probabilidad, igual que las vivencias que tenemos cuando soñamos y visitamos lugares y situaciones en el pasado y el futuro, donde fácilmente podremos confundirnos pensando que lo que recordamos despiertos, corresponde a otra vida, cuando realmente lo que sucede es que estuvimos allí en sueños, porque viajamos astralmente mientras dormíamos. Otros escépticos arguyen que los recuerdos pueden deberse a una "posesión", donde una entidad extraña se manifiesta a través del sujeto, pero cuando este es el caso, la personalidad del "poseído" se altera, su voz cambia, etc. mientras se está manifestando la entidad. Naturalmente que debemos estar abiertos a toda la información que nos permita ser mejores personas y amar más a Dios, y si todo lo desechamos a priori por aferrarnos dogmáticamente a algo, esto indica que estamos estancados sin poder crecer. Tampoco se trata de ser veleta y moverse con cualquier viento, sino comprender que hay muchos aspectos de la misma verdad y es probable que mañana se nos presente desde otro ángulo, por lo que es válido cambiar nuestro pensamiento hacia aquello que nos dé una mejor comprensión y nos conduzca a escalones más elevados en nuestro camino de crecimiento espiritual, porque toda ruta que tomemos en la vida debe ser para llegar a ser mejores personas, para estar más cerca de Dios y amarle cada día más.

¿POR QUÉ ALGUNOS SERES VIVEN TRANQUILOS, SANOS Y FELICES, Y OTROS ENFERMOS, POBRES Y DESGRACIADOS?

"No digas: ¡Dios me hizo pecar! Porque él no hace lo que odia. No digas: ¡Me hizo cometer un error! Porque no necesita a un pecador. El Señor detesta el mal, y de igual modo lo detestan los que temen al Señor. Cuando al principio creó al hombre, lo dejó en manos de su propia conciencia. Si tú quieres, puedes observar los mandamientos; está en tus manos el ser fiel. Ante ti puso el fuego y el agua: extiende la mano a lo que prefieras. Delante de los hombres están la vida y la muerte, a cada uno se le dará lo que ha elegido." Siracides 16:11-17

Cuando gran parte de la humanidad se cuestiona por qué en el mundo existen desgracias, grotescas desigualdades, injusticias, etc., generalmente, con impotencia y rebeldía tienen que conformarse con: "es la voluntad de Dios, y la voluntad de Dios no se cuestiona". Esta idea - que aunque parece increíble está arraigada en la conciencia de muchos seres humanos - ha sido el motivo de la gran indiferencia hacia el mundo espiritual y el resentimiento hacia Dios, porque nadie, especialmente entre los menos afortunados, es capaz de comprender cómo un Dios amoroso puede, al azar, dar un destino venturoso a unos y a otros uno lleno de carencias y de dolor. Al ser humano que siempre ha escuchado que Dios es Nuestro Divino Creador, Quien en un profundo Acto de amor dio origen a nuestro mundo y todo lo que en él existe, le resulta difícil creer que este mismo Padre Amoroso, caprichosamente da a unos de sus hijos mucho, y regular, poco o nada a los demás. Algo dentro de sí le indica que aquí hay cierta incongruencia, porque no es coherente la Naturaleza de Nuestro Padre con lo que supone es Su voluntad; no acepta un ser humano que un Padre Amoroso puede permitir que existan estas aparentes disparidades.

Estas inquietudes nos vuelven insensibles y a menudo coartan nuestros deseos de llevar a cabo obras de amor en el mundo, porque las cosas no nos cuadran y sentimos que la vida no tiene sentido, sino que es un gran chiste cósmico, donde los seres inmortales, si es que los hay, disfrutan jugando juegos de azar: a ver a quién derriban y a quien elevan. Dentro de la teoría de Karma y Reencarnación se pueden encontrar respuestas razonables a estas inquietantes incógnitas, y también es un medio que conduce a descubrir el propósito tras todo lo que existe, que la Creación no es un mero accidente cósmico, producto de la interacción fortuita de químicos, átomos y demás, sino el resultado de un Plan de Amor divinamente estructurado por la mente de Nuestro Creador.

"El que no ama, no ha conocido a Dios, pues Dios es Amor." 1-Juan 4:8

LA REENCARNACIÓN, ¿QUÉ ENSEÑA?

"Ya de niño era yo de buen ingenio, y me cupo por suerte una buena alma. O mejor, siendo bueno, tuve también un cuerpo sin mancha." Sabiduría 8:19-20

La teoría de la Reencarnación enseña que cuando el ser humano muere, el Espíritu se retira de él y va ascendiendo distintos planos durante el tiempo que se conoce como "intervalo entre vidas" mientras se prepara nuevamente para habitar otro cuerpo humano. El espíritu es inmortal, pero la personalidad no lo es, y cuando alguien muere, lo que muere es la personalidad, porque el Espíritu continúa eternamente, pudiéndose revestir de otro cuerpo o personalidad, ya que ésta es como una especie de vestimenta que el Espíritu usa para transitar por el mundo. Por ejemplo, un individuo que hoy se llama Juan Pérez, al fallecer nunca volverá a existir con la misma personalidad (origen, familia, raza, características físicas, etc.); esto es, Juan Pérez nunca volverá a existir, pero su Espíritu podrá revestirse de otros cuerpos, de otras personalidades, para continuar con su evolución, y el recuerdo de la vivencia que tuvo como Juan Pérez, lo guarda el alma, no el cerebro físico del nuevo cuerpo. Cada vez que nace el individuo, es el espíritu el que nace con una personalidad distinta. "En una vida puede ser un pintor, en otra vida un doctor, en otra un hombre de negocios, y así sucesivamente a lo largo de muchos nacimientos. Sin embargo, lo que es diferente es sólo la personalidad, su alma sigue siendo la misma que recoge sus experiencias. Se dice que el alma es un hilo eterno y cada experiencia es como una cuenta del rosario que queda insertada en el hilo. Las veces que nace el individuo será él mismo con sus experiencias acumuladas pero sintetizadas como defectos y virtudes, para que pueda realizar la función que le toque en esa vida. El hilo de su vida con cada nacimiento sólo recoge una cuenta más que queda engarzada. Esta cadena o hilo de vida forma su Individualidad, su modo de ser, su carácter, que es la suma de las cualidades mentales y morales que se irán manifestando y purificando en cada vida. A medida que el ser va evolucionando, gracias a los sucesivos nacimientos, nunca pierde sus gustos, sus emociones afectivas, etc. Si le gustaba la música, le seguirá gustando",etc.

La personalidad es la forma física, etérica, las emociones, los deseos y la mente concreta. La personalidad está sujeta a cambios durante la vida física y se disuelve después de la muerte. La personalidad, es pues la que está sujeta a "morir", pero el Espíritu es eterno, jamás muere, nunca ha tenido principio y nunca tendrá fin, porque ha emanado de Dios, nuestro Padre que es eterno e inmortal. Es parte de Él y para ir aprendiendo a manifestar los poderes que tiene sólo en latencia, tendrá que experimentar las veces que sean necesarias hasta lograr plasticidad en la materia.

La teoría de la Reencarnación afirma que el Espíritu deberá encarnar repetidas veces en cuerpos diferentes hasta lograr la perfección que le permita estar cerca de Dios. Todos los cuerpos que usará el Espíritu serán los que corresponden a la raza humana, jamás se encarnará en un animal. Si por haber llevado una vida cometiendo bestialidades, crueldades y crímenes de toda naturaleza, podrá nacer con un cuerpo deforme, enfermedad mental, limitaciones en muchos aspectos, pero nunca tendrá un cuerpo animal.

Cada ser deberá pasar por muchas vidas, volviendo a la tierra una y otra vez y habitando un diferente cuerpo terrenal en cada ocasión. La doctrina de la Reencarnación, enseña que el hombre es el resultado de lo que ha acumulado en vidas anteriores, y será en una vida futura lo que reúna hoy: bueno, regular o malo. Dios nos ha dado el Libre Albedrío, por lo que cada ser humano tiene la libertad de decidir hacia dónde inclinar su voluntad. Sin embargo, cuando el hombre usa su Libre Albedrío para producir negatividad, condensa situaciones "malas", y cuando emite energías positivas, éstas se transforman en situaciones "benéficas".

La Doctrina de la Reencarnación está íntimamente vinculada a la Ley del Karma, y cuando se conoce cómo funciona se libera a Dios de aquello que convenientemente descargamos en Su Divina Voluntad y comprendemos que todo lo que sucede en nuestra vida, en nuestro entorno y en nuestro mundo que no es "bueno" corresponde al hombre, por lo que es al hombre a quien debe responsabilizarse y no a Dios. Cuando se conoce la Ley del Karma y la Doctrina de la Reencarnación, comprendemos que Dios Nuestro Padre Celestial es sólo Amor y sólo Amor da a la humanidad; comenzamos a reconocer cómo la Ley opera en nuestra vida y en absolutamente todo el Universo; aprendemos a hacer las cosas para producir el bien y a amar a Dios total y completamente, sin reclamarle y sin exigirle lo que nuestro comportamiento no puede merecer; aprendemos a anhelarlo cada instante del día y a desear vivir continuamente en Su Celestial Presencia. Con esta Ley, encontramos respuesta a las famosas preguntas ontológicas y a admirar la Celestial Perfección de Nuestro Divino Creador. Observamos cómo todo está perfectamente sincronizado, que no hay nada fuera de la atención de Nuestro Padre y nos postramos para adorarlo porque con una sola Ley permite que exista una razón para cada movimiento que ocurre en cualquiera de los Reinos de la Naturaleza y en el Cosmos entero. Al conocer la Ley, comenzamos a reconocer la maravillosa forma en que Nuestro Padre imparte La Justicia Divina sin incongruencias, sin absurdos y sin favoritismos. Adicionalmente, unida a la doctrina de la Reencarnación explica la desigualdad humana, las guerras, miserias y aquello catastrófico que se atribuye a la incomprensible Voluntad de Dios.

"El espíritu del ser en su envoltura causal o alma, deberá descender al mundo terrenal y revestirse de cuerpos físicos, todas las veces que sean necesarias hasta lograr la perfección requerida para regresar a Dios. Grandes teósofos, entre ellos P. Pavri explica: "sin la reencarnación, la vida sería un desesperante enigma: no existiría ningún propósito para nuestra vida entre la cuna y la tumba. Si existe una vida de bienaventuranza más allá de la tumba, debe merecerse de algún modo, ya sea por resistir a la tentación o por un positivo bien obrar. Si se requiere un esfuerzo para ganar la vida celestial no se puede explicar el caso de un bebé que muere en la infancia sin haber tenido oportunidad de hacerlo. Se puede decir que esa criatura, como no hizo mal alguno, entra luego al cielo. Esto es duro para otros que tienen que pasar una larga vida de tentaciones y peligros, corriendo el riesgo de ir por último al infierno. Si esto fuese así, la plegaria de las madres debería ser, no que su recién nacido viva y crezca, sino que muera inmediatamente. Si el resultado fuera el mismo, esto es, si llegaran al cielo tanto la criatura que muere en la infancia, y el hombre bueno que alcanza una vejez madura, entonces la vida es una especie de trampa, peor que inútil, ya que está llena de miseria y dolor innecesario. Por otra parte, si la vida celestial debiera lograrse por el esfuerzo individual, habría que dar iguales oportunidades a todos. Pero vemos que no es así, puesto que todos nacen diferentes, con distintos poderes, capacidades y oportunidades, en medio de circunstancias y ambientes diversos, unos como salvaje, otro como imbécil o criminal congénito, entre tanto que otros vienen dotados de buenas tendencias y favorables oportunidades." La teoría de la reencarnación promulga que en el universo no existe tal absurdo de un efecto sin una causa responsable. A nadie se le castiga por malas acciones que no cometió en vidas pasadas; pero si las realizó y no las recuerda, no se destruirán las consecuencias, así como si no recuerda las buenas, no impedirá que disfrute del fruto de las mismas. El cuerpo físico es sólo un instrumento que usa nuestro espíritu, dentro del Alma, para realizar el trabajo que requiere para recibir experiencias en la materia. Usará la cantidad de cuerpos que se requiera hasta lograr plasticidad y dominio de la materia. La reencarnación es una necesidad lógica; sin ella se le atribuye un aspecto de injusticia a la Justicia Divina, y además explica entre muchas otras cosas, el capricho, aparentemente sin significado, de la muerte.

"Al nacer a una nueva vida, la persona no recuerda las otras vidas porque el cerebro que ahora tiene no participó de esas experiencias. Además, recordarla, en vez de ayudar a la evolución puede ser un estorbo, retrasando al ser si tuviera conciencia de lo que hizo o dejó de hacer en oportunidades previas. Las experiencias de las vidas que ha vivido anteriormente están guardadas por el Alma, de tal manera que le son sintetizadas como virtudes, talentos, apoyos o defectos, trabas y limitaciones. Sólo dispondrá de la porción de karma positivo y negativo que ha sido seleccionada para la vida a la que encarna. Nuestras facultades innatas son recuerdos inconscientes de experiencias del pasado.

"Para resumir cómo se prepara el alma cuando está lisa para encarnar, de acuerdo a Annie Besant: "Los lazos que formó y las deudas que contrajo con otros seres humanos en pasadas vidas, contribuirán a determinar el lugar de su nacimiento y su familia. Si fue origen de dicha o de desgracia para otros, esto será un factor que determine las condiciones de su futura vida." Para la herencia física del cuerpo se toman en cuenta si logró disciplinar su naturaleza emocional o no, si "cultivó ciertos poderes mentales, tales como el artístico... el hombre puede que tenga en sí y tendrá seguramente, muchas cualidades y características incongruentes, de modo que sólo algunas pueden encontrar expresión en un solo cuerpo, por lo cual elegirá una parte de sus poderes a propósito para una expresión simultánea... todo esto es hecho por ciertas poderosas inteligencias espirituales..." que denominamos los Ángeles del Karma, "porque su función es inspeccionar los efectos de las causas que constantemente ponen en acción los pensamientos, deseos y actos. Tienen en sus manos los hilos del destino que cada hombre ha tejido, y guían a quien se reencarna hacia el ambiente determinado por su pasado, y que inconscientemente ha escogido en sus vidas anteriores. Determinadas de este modo la raza, la nación y la familia, estos grandes seres proporcionan lo que puede llamarse el molde del cuerpo físico... el cuerpo denso es construido sobre el doble etéreo, molécula por molécula, copiándolo exactamente; y aquí la herencia física domina por completo dentro de los materiales provistos. Además, los pensamientos y pasiones de la gente que le rodea, especialmente de los padres siempre presentes, influyen en la obra... y de este modo los individuos con quienes el hombre formó lazos en el pasado, afectan las condiciones físicas en desarrollo, para su nueva vida en la tierra."*

A la Reencarnación se le conoce también como "paligenesia", "metempsicosis", transmigración de almas, renacimiento, etc.

> ¿Por qué unos nacen entre almohadas de seda y alimentados con cuchara de plata, mientras otros, abandonados, deben vivir en la calle sin un mendrugo de pan?

* Del "Manual de Ángeles, vol 2, Las emisiones siderales de los Ángeles de la Astrología", de esta misma autora.

LA LEY SUPREMA: KARMA

La palabra "karma" es sánscrita y significa "acto", o "acción". Se le conoce como la Ley de Retribución, la Ley de Causa y Efecto, la Ley de Causación ética, la Ley de Causalidad, la Ley de Consecuencia, la Ley de Acción y Reacción, Ley de Justicia Divina, el Efecto del Boomerang, del Rebote, la Ley del Ojo por Ojo y diente por diente, de Siembra y Cosecha, etc. Es la reacción que, en igual proporción, sigue a cualquier acción; es decir, todo lo que sucede es porque lo originó algo que ocurrió antes. Por ejemplo: al lanzar una pelota contra una pared, su rebote tendrá igual fuerza que la del choque. Esta es la Gran Ley que está presente en todo lo que ha emanado de Dios, Nuestro Padre, y dirige sabiamente la evolución del Universo, de los planetas, de la humanidad, de los reinos de la naturaleza y de todas las especies. Se manifiesta en todos los elementos y su efecto moldea la esencia primordial que espera estructurarse para seguir formando el mundo y sus habitantes. Esta ley se aplica en todo el Universo.

La Ley del Karma es el poder que gobierna todas las cosas, es el efecto moral de un acto cometido para el logro de algo que satisfaga un deseo personal. Hay Karma de Mérito, que es el buen karma; y el Karma de demérito, que es el mal karma.

Dirigiendo esta gran Ley, están los excelsos seres conocidos como "Los Ángeles del Karma o del Destino Humano", quienes no premian ni castigan, sólo permiten que la ley actúe, que las energías que el hombre produce con la forma de llevar su vida, se movilicen de manera que estructuren situaciones y cosas semejantes y regresen a él; de esta manera cada quien recibe lo que es suyo; es decir, lo que merece de acuerdo a su comportamiento. Es una ley justa, que se cumple de manera automática, ciegamente. Jamás se equivoca, y no da concesiones. A medida que el ser humano estudia la ley, se va dando cuenta que es imparcial y equitativa. El Karma no crea ni reparte nada, es el hombre quien produce la causa y la ley del Karma sólo ajusta los efectos, porque el Karma está establecido para que se mantenga la armonía en el Universo, y cuando alguien hace algo para alterar esa armonía, el Universo se acomoda nuevamente para recuperarla, y en sus movimientos el que la alteró saldrá lastimado, pero fue por su propia acción, no por un acto de la Ley. Esta Ley actúa con la energía que proviene de los pensamientos, los sentimientos, los deseos, las ansias, los anhelos, las palabras, las acciones, los comportamientos, etc., por lo que es imposible juzgar cómo trabaja en cada persona o grupo, porque el ser humano sólo puede percibir las acciones de alguien y no puede considerar los otros factores. Personalmente, cada persona sí conoce cuál debe ser el resultado de la forma en que usó los atributos anteriores, porque sabe cómo son sus pensamientos, sus sentimientos, sus deseos, sus anhelos, etc.

La energía que envía Dios es para que el hombre evolucione, y la Ley del Karma existe para vigilar que se dé esa evolución. El que altera esta energía, automáticamente está atrayendo la aplicación de la Ley que tiene como propósito restaurar la energía a su posición original. La ley no se hizo para que el hombre sea feliz o infeliz, es para que se desarrolle. Sin embargo, cuando respeta la ley, es feliz. Los que dirigen la Ley saben que el hombre debe llegar a ser perfecto, y saben que faltará muchas veces a la ley, pero por las consecuencias, poco a poco entrará en razón y se cansará de las caídas, por lo que aceptará la energía sólo para crecer. Ellos saben que una existencia en la Tierra no es nada comparada con la eternidad, y saben que la felicidad se logrará sólo cuando se regresa al Hogar celestial. Hay que recalcar: la energía que conduce la Ley es Amor, por lo que aquello que no es Amor e interfiere con su curso, debe ser retirado, y cuando esto sucede, el efecto de esta separación es lo que se conoce como sufrimiento.

"El Karma es una energía que se acumula, vida tras vida y queda como un depósito aguardando agotarse. Existe karma negativo y también karma positivo. Todas las personas tienen a su disposición el karma positivo en qué apoyarse para agotar el karma negativo que les toca en una vida. Antes que cada alma renace, se le ofrece la oportunidad de decidir qué tipo de karma quiere saldar en la nueva vida. Vivir en un cuerpo físico es muy difícil, por lo que al alma se le podrá dar como karma positivo, nacer ente personas queridas con las que formó algún tipo de vínculo en vidas anteriores. Sus seres queridos le ayudarán en el trayecto que le toca recorrer en una vida. Cuando alguien ha acumulado excesiva cantidad de karma negativo, es decir, cuando reiteradamente falta a las leyes divinas, nace con menos oportunidades. Pero absolutamente todos los seres cuentan con apoyos al llegar a esta vida. Los que tienen menos es porque deberán agotar más karma negativo debido a que abusaron o descuidaron las oportunidades o talentos en vidas anteriores. Cuando llega el momento en que ha de nacer un ser, mientras está aún en el reino espiritual, le parece fácil la expiación de las deudas kármicas y acepta algunas bastante pesadas; sin embargo, cuando llega al mundo físico, se siente agredido por las limitaciones del cuerpo físico, el frío, el dolor, etc., su personalidad empieza a ejercer el dominio y tiende a olvidar el propósito de su encarnación. A veces no suele cumplir con su trabajo y puede desperdiciar una vida."*

Esta Ley funciona en los planos físico, mental y espiritual. Indica que todo lo que hacemos cada instante de nuestra vida, tiene una repercusión, aún si no prestamos atención a lo que realizamos. Cada pensamiento, cada sentimiento,

---

*Del "Manual de Ángeles, vol 2, Las emisiones siderales de los Ángeles de la Astrología", de esta misma autora.

LUCY ASPRA

cada emoción, cada anhelo, cada ansia, cada instante de ira, cada rencor, cada resentimiento, cada intención, cada decepción, cada esperanza, cada ilusión, cada alegría, cada tristeza, cada palabra que insulta, cada palabra que consuela, cada acto, nuestras actitudes ante cada circunstancia, nuestros movimientos, nuestros suspiros, nuestros parpadeos**, cada vez que reconfortamos, cada vez que ofendemos, cada vez que ayudamos, cada vez que ponemos obstáculos, cada vez que amamos, cada vez que nos acordamos de Dios, cada vez que hablamos con Él, cada vez que oramos, cada vez que le damos gracias, y cada esfuerzo que realizamos por vivir dentro de su energía de amor, etc., etc., todo, absolutamente todo, mueve la Ley. Ninguna causa deja de producir su debido efecto, desde la más grande hasta la más pequeña, desde la perturbación cósmica hasta el movimiento de nuestras manos, y como lo semejante produce lo semejante, Karma es aquella ley invisible y desconocida que ajusta sabia, inteligente y equitativamente cada efecto a su causa, haciendo remontar ésta hasta su productor; es decir, Karma es la Ley que da a quien produce algo, una cosa semejante: paga con la misma moneda. Aunque no se conozca la Ley, de todas maneras actúa; nada se le escapa, porque todo, absolutamente todo es Karma. Contrariamente a lo que pudiera pensarse, el buen Karma no consiste sólo en tener objetos materiales, atractivo físico y ventajas en el mundo terrenal, porque el mejor Karma son las oportunidades para el desarrollo espiritual, pero esto sólo se irá comprendiendo a medida que la persona evoluciona. Con este buen Karma, a la larga sale beneficiada la persona porque le permite tener su visión arriba de las cosas materiales, busca comprender las leyes, crece su riqueza interna y aspira al mundo espiritual; y con todo esto neutraliza las angustias pasajeras y si debe pasar pobreza no le provoca efectos de limitación. Muchas veces, lo que a simple vista parece buen Karma: riqueza, belleza, glamour, oportunidades, etc., con el tiempo se convierte en obstáculos, produciendo desgracias, y también mucha dificultad para agotar el Karma negativo. De acuerdo a la Ley, las personas que buscan el crecimiento espiritual ya han pasado por vidas ociosas llenas de abundancia material, y las caídas que tuvieron poco a poco les ha hecho comprender que no da felicidad el exceso de lo material y esto mismo les ha conducido a aspirar por las cosas eternas.

** Esto se refiere a la intención detrás de cada acción: ¿se parpadeó por cansancio?... ¿por aburrimiento?... ¿por molestia?... ¿por coqueteo?... ¿por dolor?... etc. Con esto vemos que cada parpadeo mueve una energía diferente. Cada motivo tiene un efecto diferente, y la Ley se encarga de organizar la energía según la intención.

Cuando se aprenden todas las lecciones es cuando se agota el mal Karma, porque de una forma natural, la persona practica sólo el bien.

Hay muchos tipos de Karma, como:

Karma individual: Todo lo "bueno", "regular" o "malo" que experimenta un individuo durante la vida, tanto de carácter moral, como físico, como mental, emocional o espiritual. Sus oportunidades en la vida, las características de su familia de origen, la familia que forma, su facilidad o dificultad para mantener un trabajo, una relación, o la armonía en su vida. Sus habilidades, defectos o adicciones, etc. Si tiene "carisma", atractivo físico, facilidad para lograr sus objetivos, etc. Absolutamente todo lo que le pasa en la vida es por su Karma y responde a su comportamiento en vidas anteriores. Lo único que no se puede cambiar es el origen y el final de la vida: el nacimiento y la muerte. El nacimiento contempla los padres biológicos, a los que no podemos cambiar, pero las limitaciones o las oportunidades que tuvimos al nacer pueden ser alteradas en el curso de nuestra vida. La muerte no puede ser eludida, pero no está marcada la forma en que debe suceder, esto depende de cada persona: si atiende o descuida su salud, si procura o no vivir en armonía consigo misma y con los demás, etc.

Karma colectivo: Es el que se manifiesta en un grupo, como en una familia, una escuela, un pueblo, una ciudad, un país, en un continente y en el planeta con sus habitantes. También está el vínculo que se establece entre los que forman una raza. Es la suma de lo que resulta de la relación que existe entre los miembros del grupo. Se refiere a la prosperidad que puede disfrutar un grupo si es buen Karma, o las desgracias si se trata de mal Karma, ambos generados por el grupo en cuestión. Ejemplo del mal karma colectivo, puede ser los que sufren en un accidente. Algunos fallecen, otros salen heridos y otros con leves rasguños. De acuerdo al resultado del daño es lo involucrado que estuvo cada uno de los miembros del grupo en el incidente que permitió que actuara la Ley, que al buscar el equilibrio ajustició a cada uno de acuerdo a su participación. Como cuando un grupo de personas participa en un linchamiento: unos ejecutan a la víctima, otros ayudan pasando los instrumentos de tortura, otros gritan como jaurías, y otros están sólo como espectadores. Todos están participando, por lo que todos sentirán el efecto de la Ley cuando restablece el orden original antes del linchamiento. Este restablecimiento puede suceder en la vida presente o en una futura. Así como mucho de lo que sucede ahora, es el efecto de un desorden provocado en una vida previa. En el caso de buen Karma colectivo, sirve de ejemplo un grupo de personas que se sacan la lotería, a unos se les "ocurrió" comprar más que a otros; puede ser que es un mismo grupo que en una vida anterior salvaron a una persona que estuvo a punto de ahogarse: unos se tiraron al agua y rescataron a la víctima, otros se quedaron en la orilla pero ayudaron lanzando salvavidas y cuerdas, otros ayudaron en menor escala y más resguardados. Todos han participado, por lo que cuando les llega el efecto del buen Karma, cada uno recibirá la porción que le corresponde, de acuerdo a lo que hizo en el acontecimiento. Si cuando se salvó a la víctima de ahogarse, hubo personas solamente mirando sin ofrecer ayuda, pues a la hora de la lotería pueden ser los que al ofrecerles una porción del billete completo, no quisieron comprar. Ahora también estarán nada más de espectadores. (El vendedor del billete de loteria pudo ser el que fue salvado de ahogarse). El karma colectivo es el que se desarrolla más que nada, por el amor que une a dos o más personas, o por el odio que se genera entre miembros de un grupo, o por la complicidad o participación en algún evento.

También hay Karma Masculino y Karma Femenino, y hay karma en su triple división, que es como sigue:

1) KARMA ACUMULADO* (Sanchita Karma). Es el que se ha reunido de todas las vidas. Se refiere al "pecado original" que procede desde el principio de la existencia del hombre, desde su caída. En cada vida se le da al individuo sólo una pequeña parte del depósito del Acumulado, porque si se le diera todo, no podría cumplir, estaría abrumado. Sólo recibe lo que puede manejar. A este depósito regresa lo que no descarga de su tarea. Ejemplo, si parte de su karma es tener que armonizar una relación conflictiva con quien tiene un parentesco de padre, o de madre, o de hijo, hermano, cónyuge, vecino, etc., y en lugar de

---

*En sánscrito, al Karma acumulado se le llama Sanchita, al Karma maduro o comenzado se le llama Prarabdha. Al Karma futuro, o el que actualmente se está formando, se le llama Agami o Kriyamana.

intentar limar las asperezas que existen se queja y reclama continuamente hasta llegar a realizar actos vengativos contra la relación, no sólo no saldó, sino que regresa con más. Lo que no saldó regresa a Sánchita, y lo que generó nuevo pasará al Astral a descargar, porque si así no fuera nunca terminaría de agotar Sànchita. Sin embargo, en la actualidad, por la aceleración del planeta, muchos seres están regresando con el karma que no saldaron inmediato anterior y la porción que les toca de Sánchita; esto es, regresan con el mismo cuerpo astral sin descontaminar.

2) **KARMA MADURO**, (Prahrabda Karma) comenzado o activo, el que está empezado porque lo estamos ejercitando en esta vida; es el Karma cuyos efectos experimentamos en la actualidad, con las oportunidades y apoyo de familia y entorno, o con los obstáculos y oposición de grupo familiar y de relaciones. Este Karma se manifiesta en lo que en esta vida somos, con nuestros talentos, virtudes, habilidades, así como con nuestras tendencias negativas y carencias. Es debido al cumplimiento de esta ley que en esta vida estamos rodeados de las personas con las que participamos, en todos los grupos: familiar, social, laboral, etc. A esto se debe el lugar donde nacimos, donde vivimos, nuestro temperamento, "buena", "regular" o "mala" "suerte". Es el Karma que los Ángeles del Destino seleccionaron del Karma "Acumulado" (Sánchita) para que el individuo se deshaga de él en la vida actual. Tendrá una porción del Karma "malo", y también la parte positiva que deberá incrementarse en esta vida al reemplazar al "malo". Esto es lo que se llama ordinariamente Hado, Suerte* o Destino. Los musulmanes le llaman a esta

---

* "Suerte", viene de la palabra "sortear", y se refiere a que cada ser humano tiene lo que se puede comparar con dos hilos de piedras "ensartadas" de donde deriva "sortear"; un hilo es una sarta de piedras blancas y otro hilo es de piedras negras, por lo que simbólicamente, cada determinado tiempo, en la vida de cada quien se deja caer alguna o algunas de ellas. A veces, las blancas juntas, otras veces combinadas, o finalmente sólo las negras durante una época de la vida. Las piedras negras pueden ser eliminadas cuando se envía suficiente energía para aniquilarlas. Esto se logra cuando hay exceso de blancas y se requiere el hilo de las negras para seguir ensartando las blancas que vamos produciendo con nuestros pensamientos, sentimientos, palabras y acciones; es decir, cuando oramos por otros y hacemos actos de caridad mientras mantenemos pensamientos puros. De igual manera, las blancas pueden ser destituidas por negras. El Rosario es un símbolo de esta alegoría, donde al ir rezando un Ave María se va asentando las cuentas blancas en el hilo. Naturalmente que esto funciona cuando está acompañado de intenciones nobles y no se tienen intereses egoístas. **Las piedras blancas significan todo lo "bueno" que pudimos reunir de vidas anteriores, y las negras simbolizan las cosas "malas" de vivencias pasadas. Las experiencias físicas son para agotar las cuentas pendientes (las cuentas negras que penden del hilo).**

porción de karma: "el destino que Dios ata al cuello a cada alma cuando nace".
Hay ciertas clases de Karma que son demasiado incongruentes para ser
ejercitadas en un solo cuerpo físico, de un tipo particular, porque hay
obligaciones que fueron contraídas con otras almas que probablemente no se
encuentran todas en encarnación al mismo tiempo, por lo que la porción que
toca a cada quien es la que se ejercitará con las personas que son
contemporáneas. También hay Karma que requiere ser agotado en cierta nación
particular, o en determinada posición social, por lo que en una vida, un
individuo sólo cumplirá con la parte que le toca donde vive o hacia donde viaja,
y con las personas que forman su entorno o con las que tropieza en la vida. Las
adicionales obligaciones kármicas con otras personas deberán ser saldadas en
otra vida, porque este Karma Maduro, es el que le toca en ésta. Este Karma
activo es el que se manifiesta como sucesos inevitables en nuestra vida actual y
en nuestras tendencias, las que si son incorrectas, podemos modificarlas en esta
vida. El Karma maduro señala nuestra misión, nuestras tareas, nuestras
habilidades, nuestras limitaciones, nuestras tendencias a atraer determinada
clase de gente en nuestra vida, etc. y es el Karma que puede ser delineado en un
horóscopo bien interpretado por un astrólogo competente. A este karma
algunos le llaman el Karma de nacimiento, o el karma de partida, o el Karma del
Destino, aunque sabemos que no determina nuestro destino, sino más bien
significa la tarea que se nos destina con el karma mixto: bueno y malo; el
"bueno" se convierte en nuestros apoyos, como por ejemplo: nacer dentro de
una familia comprensiva, con medios económicos holgados, parientes
importantes que nos favorecen, atributos físicos agradables, las oportunidades,
nuestro carisma y cualidades mentales y sentimentales, la facilidad para caerle
bien a la gente, nuestras virtudes, habilidades, talentos, buena salud, resistencia
física, predisposición para ayudar a los demás, etc. etc. El karma bueno es lo
que se llama la "buena estrella", y el "malo", como ejemplo: los obstáculos que
encontramos en la vida, que puede ser la falta de soporte y comprensión por
parte de nuestros progenitores o de quienes hacen ese papel, las tendencias que
nos meten en "problemas", la falta de discernimiento para "enredarnos" con las
personas incorrectas, propensión al crimen, nuestra rebeldía, indisciplina,
actitud rencorosa, características físicas que denotan menos gracia, torpeza,
poca inteligencia, nuestras limitaciones, las obligaciones, los obstáculos, las
personas que nos ponen zancadillas en la vida, las enfermedades, dolencias y la
muerte; también la inconformidad ante lo que no tiene solución, (esto último

podría ser: nuestro origen familiar, nacional y de raza), etc. Este karma es el que se conoce como la "Cruz que debemos cargar". Todos los seres cuando nacen traen una porción de ambos, en proporción a los méritos o deméritos de vidas anteriores; ninguna persona nace con todo malo o todo bueno; hay algunos que tienen más "suerte" que otros, pero esto depende de lo que han sembrado en vidas anteriores.

De acuerdo a la teoría de la Reencarnación, los Cuatro Ángeles del Destino pesan las acciones del individuo cuando muere y posteriormente le dan un molde de un cuerpo etérico o doble etéreo que corresponde exactamente al Karma que le toca en su próxima vida terrestre. Los Cuatro Grandes Seres, de acuerdo a los merecimientos del individuo, disponen la proporción de los elementos que se requieren para la función que debe cumplir en una próxima vida. Este molde es únicamente del individuo, no puede ser ocupado por ninguna otra alma; pues cada ser tendrá la cantidad y calidad de cada uno de los elementos en el cuerpo, de acuerdo a lo que ha generado la personalidad en las vidas anteriores. No existen casualidades, aquí no cabe la idea de que si se hubiera nacido antes o después se tendría un cuerpo mejor o peor.

3) KARMA FUTURO (Agami o Kriyamana Karma): es el karma que en esta vida se está formando, el que estamos generando en estos momentos con nuestros actos. En la actualidad, allí se está reuniendo tanto lo bueno que ahora realizamos para agotar el mal karma, como lo que no cumplimos y hace que se incremente. Cuando agotamos el Karma Maduro (Prárabdha) de esta vida, por medio de nuestras acciones buenas, el resultado de eso que hicimos (Kriyamana) se agregará al Acumulado (Sánchita), y de allí se extraerá el nuevo karma Maduro (Prárabdha) en una vida futura. Nuestro Kriyamána dependerá de la forma en que ejercitamos nuestro libre albedrío en esta vida, para bien o para mal. Este Kriyamana, mezclado con el Sanchita se convertirá en nuestro futuro Prárabdha. Esto puede variar si existe suficiente tiempo para desalojar en el Astral, las partículas densas que se recogen en la vida que termina.

CÓMO TRABAJA LA LEY DEL KARMA

Si en una vida, una persona se deja dominar por las pasiones bajas, sin tratar de controlarlas, su cuerpo astral (o cuerpo de los deseos y emociones) se vuelve denso porque recoge partículas negras, y cuando muere, y si debido a la vibración acelerada del planeta, no hay tiempo para desecharlas en los sub-planos del Astral, quedarán partículas con esa misma vibración aguardándole para una próxima encarnación (en su Karma acumulado), por lo que al nacer a una nueva vida su carácter mostrará las tendencias negativas que acaba de desarrollar en la vida anterior. Es importante que recordemos que la porción de Karma negativo que cada persona trae al nacer, debe agotarse en la vida que inicia y si no se logra y al contrario lleva más partículas densas que las que originalmente trajo, éstas últimas deberán ser eliminadas en el Astral, pero las que correspondieron como tarea para la vida que acaba de dejar y no se saldaron, regresarán al depósito original o karma Acumulado*. Sin embargo, como se ha expresado anteriormente, debido a condiciones específicas actuales de nuestro planeta, tanto lo que no se cumplió como gran parte de lo nuevo se está reuniendo en el Acumulado o Sánchita. Cada vida es para dejar atrás la densidad, no es para recoger más. Y cada vida es para restablecer la armonía entre los efectos y las causas, es decir, que lo que efectúe la persona (efecto) cause algo positivo. Porque para ascender hasta el Mundo celestial, se debe soltar las pasiones, los apegos egoístas, y todo lo que pudiera formar una personalidad inferior; se deberá manifestar las cualidades superiores que corresponden al mundo Causal o Paraíso celestial. Sobre cada persona recae lo que hace, porque todo lo que lleva a cabo, cada trabajo, cada esfuerzo, cada alegría y cada sufrimiento sin quejarse, inevitablemente produce una reacción en una o en otra de sus vidas. Aquí se comprende que no existe ningún juicio divino ni castigos incongruentes, porque cada persona es "recompensada" o "castigada" de forma automática por lo que hace o ha hecho en el pasado. A veces, no es sólo el individuo quien ha producido el efecto, puede ser toda la familia, toda la oficina, toda la escuela, todo el pueblo o toda una raza, por lo

---

* Debido a que está próximo el cierre de ciclo en el planeta, la mayoría de los seres que están encarnando están haciéndolo con el cuerpo astral anterior, por lo que las partículas de su existencia previa no se desalojan completamente en el Astral o Purgatorio, sino que van al depósito de karma Acumulado, lo que está originando que mucha gente está percibiendo más sufrimiento, a través de penurias, limitaciones, hambrunas, guerras, revoluciones, azotes de la naturaleza, etc.

que existe un vínculo estrecho entre el grupo, que puede ser un lazo de amor si se produjo algo que beneficie a otros, o una cadena asfixiante si se realizó algo que perjudicó. Dependiendo de qué se trata serán las existencias que tendrán que compartir. Por ejemplo, si es una familia que trae un Karma colectivo negativo, todos sus miembros deben esforzarse por mitigarlo, porque si no colaboran todos podrán retrasar la evolución de los otros; a menos que alguno del grupo se eleve sobre los demás y con su vida logre cortar los lazos kármicos negativos con los que se encuentra atado. Esto, sin embargo, no se logra con rituales ni ceremonias raras, es sólo con profundo amor; si hay rencor entre ellos, el que aprende a perdonar y desplegar amor, sin importar que se le reconozca sus esfuerzos o no, ésa será la forma de cortar las cadenas. Cuando se conoce la Ley del Karma, la persona se vuelve consciente y procura apoyar a los demás, no juzga, no condena y comprende que goza de un privilegio por ver lo que para muchos está vedado porque aún no han decidido poner atención.

Con la Ley, se comprende que las personas catalogadas de perversas, criminales, ruines, son seres que aún les falta tiempo para crecer, y por ellas se deberá elevar oraciones y pedir a los ángeles que los iluminen para que les llegue su momento de comprensión y decidan dejar a un lado las actividades que se oponen a la Ley. A medida que vamos compenetrándonos más en el conocimiento del Karma, nos volveremos conscientes del dolor de otros y nos esforzaremos por ser bondadosos con todos, habrá compasión por los que sufren y trataremos de evitar participar en todo aquello que produce dolor y muerte.

Karma acumulado (Sánchita)

Es la suma del Karma de un individuo. Representa el depósito de todo lo que realizó en vidas anteriores. La porción blanca señala la totalidad del Karma positivo o "bueno" y la parte sombreada representa todo el Karma negativo o "malo". De este depósito, los Ángeles del Karma separarán la porción que le toca al individuo en su próxima vida.

Karma Maduro, o Activo (Prárabdha)

Es la parte que los Ángeles del Karma han separado, tomando en consideración las experiencias que debe vivir el individuo. Las porciones pespunteadas representan el Karma maduro (Prárabdha), que se deben descargar en la vida presente. Todo el segmento sombreado marcado con las letras A-C-D representa el karma negativo que es la tarea a realizar, con obstáculos y dificultades. La porción blanca con las letras A-C-E indican los apoyos y las oportunidades con que contamos y que hemos merecido de vidas anteriores.

Cuando trasgredimos las leyes: sufrimos. Cuando las obedecemos: encontramos la felicidad.

Lo que hoy cosechamos es lo que sembramos en vidas pasadas, y lo que hoy estamos sembrando será nuestra cosecha del futuro. El hombre construye su futuro con las obras que realiza hoy, porque es el Arquitecto de su propio destino... cuando conoce las leyes.

"El generoso prosperará, el que alivia a otros será aliviado." Proverbios 11:25

Aunque un individuo no recuerde las cosas buenas que hizo en vidas previas, de todas maneras gozará del beneficio. Y si cometió acciones malas en el pasado, aunque las haya olvidado sufrirá las consecuencias. Nadie disfruta de algo que no merece ni es castigado por algo que no hizo. La ley del Karma es infalible y justa, da a cada cual lo que generó

Discapacitados: Antes eran el resultado de la maldad. Hoy en día hay varias almas muy elevadas que aceleran su evolución aceptando llegar al mundo físico con un handicap.

Para vivir en un medio ambiente agradable, debemos colaborar con pensamientos, emociones, sentimientos, palabras y acciones positivas. De cada quien depende lo que atrae a su vida, porque así como piensa será lo que le rodee. Es preciso pedir apoyo celestial para conocer cómo colaborar en el Plan divino y no estorbarlo. Cada vez que un ser humano cae, cada uno de nosotros que vivimos en el mundo, participamos de la caída. El mundo es como una frágil telaraña que cuando se rompe uno de sus hilos, se desequilibra toda su estructura.

Karma futuro (Agami o Kriyamána)

Al concluir una vida, el Karma bueno que se formó al terminar el tiempo para saldar el Karma Maduro (Prárabdha), se deposita al Karma Acumulado (Sánchita). Esto, que va a formar parte del Acumulado, será parte del Karma maduro en otra vida. En este círculo se puede apreciar cómo ha crecido el Karma original o Acumulado (Sánchita) después de una vida y ha aumentado la porción blanca que representa el Karma positivo; también ha disminuido la porción sombreada que señala el Karma negativo. El segmento marcado con las letras B-C-F representa el Karma positivo nuevo que se ha agregado al depósito original, mientras que el equivalente sombreado fue eliminado del depósito original. Cuando no se cumple con la tarea asignada, ésta debe regresar a Sánchita (karma acumulado) y si esto se repite en varias vidas, existe el peligro de ir agotando el Karma positivo y nacer con muchas situaciones conflictivas y pocas oportunidades.

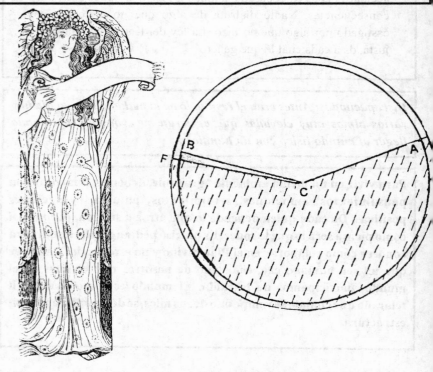

Nuestra vida actual es el resultado de nuestros actos de existencias anteriores; y no existe la injusticia ni el favoritismo, pues el Karma da a cada uno su merecido, tanto por sus buenas como por sus malas acciones. Cada individuo, con cada acto y pensamiento diario, está creando Karma bueno o malo, y está al mismo tiempo agotando en esta vida el Karma producido por actos y deseos de la anterior. Aunque todos vivimos bajo la misma ley kármica, cada uno de nosotros nos encontramos subidos en un peldaño distinto de la escalera que conduce a la perfección. En cada sufrimiento colectivo que se presenta, se agrupa a la gente que tiene karma individual apropiado al caso.

Del seno de Dios han ido saliendo grupos de almas, en diferentes etapas, con el fin de lograr su perfección en el plano material; cada grupo pertenece a un grado de evolución, las almas más adelantadas son las que salieron antes del seno de Dios y las que salieron después lo son menos. Esta es la diferencia que observamos en la humanidad, los seres que no tienen interés por el mundo espiritual y actúan como si el mundo tridimensional fuera lo único que vale la pena, corresponden a los que salieron posteriormente. Conociendo esto se comprende que cualquier acto negativo de una persona no es debido a que es "mala" intrínsecamente, sino que ha tenido menos tiempo para llegar a ser "buena". Sin embargo, se dice que los momentos que vivimos son esenciales para nuestra evolución, y es por este motivo que se encuentra tanta información sobre estos temas donde abiertamente se divulga lo que antiguamente eran los "misterios" más recónditos, so pena de muerte a quien los revelara. Hoy están a la luz pública porque desde planos sutiles, a la humanidad se le están activando determinados centros energéticos para que tenga interés por adquirir este conocimiento y pueda dar una especie de "salto cuántico" para nivelarse con las almas que salieron al principio. Este salto puede darse cuando se ayuda desinteresadamente a los demás, porque así se restablece el desequilibrio que quizá se produjo anteriormente cuando todos fuimos incitados para perjudicar la armonía en el Universo.

En el vol. 1, se habló extensamente sobre la forma en que la humanidad da el ingrediente que condimenta la materia prima con la que se construyen las formas en nuestro espacio, porque el ser humano está emitiendo energía continuamente; y esa energía es la que forma su campo electromagnético o aura, y es la misma que está enviando al espacio cada vez que piensa, siente, habla o actúa, cada vez que respira, cada vez que se mueve, cada vez que parpadea, y como esto lo hace durante todos los instantes de su vida, de manera constante está mandando componentes para aglutinar las moléculas y que aparezcan las cosas en su espacio y su vida. Toda la energía que anima el Universo es de Dios, quien la dispuso para conjuntar las formas, pero antes debe ser "tocada" por el amor noble del ser humano, y en el momento actual, la gran mayoría se encuentra contaminada debido a pasiones bajas, egoísmos, odios, rencores, resentimientos, temores, etc., y esto, aunque se haga ignorantemente o sin aparente intención, provoca que la sustancia purísima que nos envía Dios, se vuelva obscura, fétida y densa, y sus átomos ya no son de Amor como los que salen de Dios, por lo que las estructuras que aparecen tampoco están llenas de gracia ni bendiciones; sin embargo, aún cuando la sustancia ya está contaminada debe retornar a su forma original, para lo cual deberá ser purificada, y es mediante la Ley que se armoniza y vuelve a tomar su curso; esta Ley permite que los ingredientes sucios se separen de la materia prima original, y en este proceso sucede que el dueño de los ingredientes sucios debe recibirlos nuevamente, porque de él salieron y sólo él es responsable por ellos. Cuando se le devuelve al individuo lo que le pertenece, él percibe esto como una alteración en su vida, como una desgracia, como una calamidad.

Cada ser humano está unido a Dios mediante el Hilo de Plata o Cordón de Vida* por donde recibe la energía para expresarse en el mundo material. Toda la energía que viene de Dios llega perfecta, sin mácula, llena de amor y bendiciones, y el ser humano debe procesarla y devolverla de la misma manera que la recibió. Cuando usa su vida para hacer cosas "buenas", no altera la energía de Dios, pero cuando hace cosas "malas" está perturbando su fluir armonioso, y ese desvío o perturbación que realiza, no puede persistir, sino que debe volver a como estaba, y se produce una reacción. La consecuencia de la acción que alteró el orden puede llegar durante la vida actual o en una próxima, así como mucho de lo que percibimos como "mala suerte" en esta vida, viene de una previa, porque la Ley ajusta las cuentas, cuando es el momento oportuno. A

*Ver el Cap. "Morir sí es vivir" El Hilo de Vida o Cordón de Plata en el vol. 1, Los 4 Ángeles del Destino.

veces un individuo llega con su porción de Karma maduro, y no sólo no la agota sino que acumula más, por lo que cuando muere, deberá regresar a repetir lo que aplazó más lo que juntó, a menos que pague todo o parte en el Astral.* Y si en cada vida sigue sin esforzarse por pagar lo que trae, llegará un día en que tendrá que volver con una carga kármica muy pesada, y quizá nace como el más infeliz y desgraciado del planeta. Cuando caen desgracias sobre una persona, familia o grupo, donde aparentemente "no han hecho nada para merecerlo", se comprende que se debe a una causa anterior, porque la Ley es infalible y nunca se equivoca. No hay tal castigo divino; cada quien es la causa de lo que le sucede en la vida, y hasta que lo comprenda, nunca se responsabilizará de sus pensamientos, sentimientos y actos y seguirá culpando a Dios por sus desgracias. Cuando el individuo hace cosas "buenas", fluye con armonía; cuando no mana con ella porque hace cosas "malas", se convierte en un estorbo y debe ser desviado de esta corriente de Amor. La separación del curso del Amor de Dios, es lo que se percibe como sufrimiento y dolor.

El Karma no es ni bueno ni malo, es sólo justo, da a cada quien lo que merece, porque igual da alegrías, felicidad, paz, abundancia a quien no interrumpe la armonía, y se aplica tanto en el mundo físico, como en el mundo sentimental o astral, y en el mundo mental concreto, así como en el mental superior. Cada energía que emitimos corresponde a un plano diferente; por ejemplo, cuando nos ocupamos de pensamientos elevados intelectualmente, recibiremos gratificaciones relacionadas con la inteligencia en cualquier campo. Si nuestros sentimientos son encaminados a sentir amor altruista por los demás, nuestra paga será encontrar tranquilidad emocional en nuestra vida. Cuando damos servicio gratuito y hacemos obras de caridad, viviremos en un ambiente agradable y sin grandes complicaciones. El Karma que recibe cada persona está relacionado con la forma en que usa la energía: si hace daño a otros, sentirá dolor y sufrimiento. Si da servicio a los demás, vivirá cómodamente. Todos interactuamos continuamente, somos parte de la humanidad, por lo que todas las energías que emitimos afecta a alguno de nuestros semejantes.

---

*El peligro de repetir la tarea es que se va agotando el "buen" Karma y se puede nacer con muchas carencias, enfermedades y desgracias.

Ejemplo de Karma bueno generado en los tres planos:

Si prestamos ayuda en una institución de beneficencia con el fin de que se nos reconozca, para salir en los periódicos, o para escalar algún puesto importante, haremos una obra caritativa cuya energía se queda en el mundo material, y el karma positivo que deriva de esto es el reconocimiento, el diploma, la aparición en el periódico, etc., y también beneficio económico, si eso fue parte de la ayuda proporcionada. Ninguna energía de este acto se eleva a otro mundo. Si se ayuda porque en el fondo del corazón se siente compasión por los necesitados que apoya la institución; aquí estamos produciendo una energía sentimental elevada por lo que el karma positivo será gratificación física y felicidad en nuestro entorno. Si se presta el servicio porque además de compasión se siente un profundo amor por los necesitados, y si adicionalmente de ayudar desinteresadamente, se pide a Dios por ellos, también estamos emitiendo energías que corresponden al plano espiritual, por lo que recibiremos beneficios materiales, felicidad en nuestro entorno y bendiciones espirituales en nuestra vida. En los últimos dos casos, aparte del karma positivo de felicidad y bendiciones espirituales, también hay méritos para salir en los periódicos, etc. Este ejemplo sirve para ilustrar las energías de los tres planos. En el primer caso sólo se manejó energías del plano físico, por lo que la paga será en el mundo físico. En el segundo caso, se usaron energías del plano físico y del sentimental, por lo que existe recompensa física y emocional. En el tercer caso, se usaron energías del plano físico, del sentimental y del mental superior, por lo que el premio vendrá de los tres mundos.

Aunque se sufre en una vida, si no se hace luchando positivamente, sin quejas y sin reclamos, puede crearse más karma negativo para una próxima vida.

OTROS EJEMPLOS:

Todas las enfermedades que se manifiestan en el ser humano, son el resultado de una condición kármica, porque a través de las enfermedades físicas, malestares psíquicos y desarreglos mentales, se pagan errores y omisiones de vidas anteriores.

Algunos seres, antes de nacer, aceptaron un karma extra al ya estipulado, y muchas veces este adicional que quieren cargar, puede ser una enfermedad crónica, como una dolencia habitual o ser discapacitado, ciego, sordomudo, etc. Esta petición la realizan seres muy conscientes, que quieren acelerar su proceso kármico. Ejemplos de esto lo vemos entre personas de santidad inalterable, que realizan sus funciones cotidianas con una actitud digna de la mayor admiración, cargando además una pesada cruz que puede ser una enfermedad dolorosa.

Dinero atrae dinero

Un individuo puede desarrollar karma positivo que se relaciona con las cosas físicas, como fortuna económica y una posición mundial elevada, lo que le podrá dar comodidades y satisfacciones, pero si no desarrolla nada para crecer mentalmente, puede ser que repita vidas placenteras pero inútiles. Aquél que realiza actos caritativos, aunque la intención no sea noble, sino para ser reconocido como altruista, o para deducción de impuestos, o por lograr alguna posición conveniente, etc., de todas maneras está realizando el servicio que producirá beneficios, por lo que su recompensa se disipará en el mundo material, no podrá esperar recompensas emocionales o espirituales, porque un acto, aunque sea de caridad, si no tuvo un sentimiento de amor puro, no podrá producir felicidad emocional, ni armonía espiritual. La paga podrá ser que pertenezca a una familia acomodada, con mucha fortuna, títulos de la nobleza, atractivo físico, etc., etc., pero podrá ser infeliz, con hijos descarriados, accidentes trágicos, y desgracias en su medio familiar o entorno. Lo que cada quien da es lo que recibe. Por esto, generalmente se dice que el que tiene dinero atrae más dinero, y no necesariamente es una persona noble ni feliz. Lo que sucede es que, por regla general, el que tiene mucho dinero reparte a las instituciones de beneficencia, hace fundaciones, fideicomisos, etc., etc., con el fin de ser aclamado públicamente y recibir reconocimientos; pero si sólo da dinero, recibirá a cambio, dinero nada más. Naturalmente que existen excepciones, donde personas con fortuna también son nobles de corazón y sienten compasión auténtica por los necesitados.

Los siameses

Algunos autores suponen que los siameses pueden estar unidos por odio o por amor pasional excesivo en una vida previa. Puede ser que en una vida anterior no pudieron estar juntos por situaciones determinadas, por lo que finalmente decidieron suicidarse, o quizá cometieron algún crimen para deshacerse de la persona que les estorbaba para estar juntos. El Karma negativo puede ser que ahora deben estar juntos para que a través de esta conexión corporal obligada aprendan la necesidad de estar separados. En cuanto a estar unidos por las cadenas del odio, pudieron haber sido enemigos acérrimos, y ahora deben aprender a vivir juntos y en paz. Si posteriormente se les separa por cirugía, lo más probable es que el odio o amor pasional no provocó tanto daño como otros casos donde no se pueden separar. Si alguno muere en la separación, puede indicar que su culpabilidad de vida anterior requería únicamente ese tiempo para saldar lo que le correspondía. Sin embargo, también puede indicar que el que murió en la operación, debe renacer dentro del entorno del que quedó vivo para que juntos puedan disolver la cadena que los ató originalmente. Como en todos los casos, también puede ser que la unión se debe a una enseñanza que seres de alta evolución quieren proporcionar, y se sacrifican llegando en condiciones mucho más limitantes que el resto de sus congéneres.

Los niños maltrechos que viven en asilos

Niños de algunos asilos que han nacido atrofiados, que sus padres han rechazado o que intentaron abortarlos y salieron deformes, que reciben tratos horrorosos, etc., supuestamente fueron o madres que abortaron en vidas anteriores, o personas que provocaron el aborto en otras mujeres. El aborto crea un Karma negativo muy grande, porque se le está privando a un ser venir y aprovechar su oportunidad de evolucionar. En todos los casos, ante la perspectiva del aborto intencional, la mujer debe reaccionar en defensa del bebé en su vientre; sin embargo, puede ejercer su libre albedrío y optar por el aborto, lo que le acarreará un karma más fuerte en una vida próxima.* Aunque ninguna desgracia está contemplada dentro de la Ley del Karma, existe una energía que al ser violentada, de manera mecánica produce un efecto que puede derivar en una violación. El remedio es dar amor desinteresado y puro para mitigar la reacción de la acción que se debe. En una carta astrológica de un progenitor, si en la Casa V se encuentra Neptuno con determinados aspectos, existe la tendencia a que una hija sufra una violación o tenga cierta adicción a la droga, etc., pero lo curioso de este aspecto es que también puede indicar una hija entregada al servicio de los demás o con una profunda devoción a Dios. Estos aspectos astrológicos ofrecen alternativas que pueden traducirse así: hay varios caminos, unos "buenos" que darán satisfacciones, y otros "malos" que producirán dolor. Si el padre o la madre de cuya carta Astral estamos hablando, inculca valores elevados a su hija, como la necesidad de buscar a Dios, de ayudar al prójimo, etc., y la hija, encaminada positivamente, aprende a dedicarse noblemente a ayudar a otros, es probable que cuando la energía debía descargarse, en lugar de estar en el área donde ocurrió la violación, estuviera acompañada de gente menesterosa a la que le estaba prodigando amor y cuidado. Esto es sólo un ejemplo y naturalmente que no se aplica en todos los casos, porque hay situaciones completamente distintas donde se trata de una hija que sí ayuda y es noble en sus sentimientos y puede ser víctima de una violación; y aunque no alcanzamos a comprender por qué sucedió, debido a que no conocemos qué acción reaccionó produciendo la violación, también está actuando la Ley del karma. El primer ejemplo sólo sirve para aclarar cómo puede funcionar la ley y también para señalar que no existe nada que esté obligatoriamente predestinado; sólo existen propensiones.

---

*La reacción de las energías de la Ley del Karma cuando se ha cometido un aborto es muy fuerte, porque se considera que son personas más conscientes las que recurren a él, puesto que es un acto, igual que el suicidio, que requiere cierta elucubración. Entre la población con menos estudios, es bastante improbable que una madre aborte, a menos que sea inducida por personas más "inteligentes." El asesino que mata por impulso o porque reaccionó a una agresión, tiene menos conciencia que alguien que aborta.

Las personas que han participado en un aborto, sea porque se les practicó, lo facilitaron o porque acompañaron a quien lo hizo, pueden mitigar el karma generado prestando servicio en lugares donde existen niños no deseados o aconsejando a mujeres que no conocen los efectos kármicos que produce un aborto, o también orando por los niños que no han podido nacer por decisión de terceros, etc. Aunque no se haya participado en un aborto, y se tiene el deseo de ayudar, puede ser parte del servicio que debemos prestar de acuerdo a nuestro karma. Según los especialistas en el tema de la Reencarnación, puede ser que la persona en un pasado se vio implicada, pero también puede tratarse de un alma de evolución superior que desea ayudar al grupo de seres que padecen un karma colectivo, porque en el pasado, de alguna manera, formaron parte de su vida. Aunque no alcancemos a conocer el vínculo existente entre un acto y su reacción, todo es Karma, porque todo lo que sucede entra en la Ley.

"Al pasar vio Jesús a un hombre ciego de nacimiento. Y sus discípulos le preguntaron: Maestro ¿qué pecados son la causa de que éste haya nacido ciego, los suyos, o los de sus padres? Respondió Jesús: No es por culpa de éste, ni de sus padres; sino para que las obras de Dios resplandezcan en él." Juan 9:1-2

Personas discapacitadas:

Una persona discapacitada es un ejemplo de karma mixto, porque es un karma individual y grupal donde es difícil definir quién es el más afectado. Aunque bien puede tratarse de un alma evolucionada que viene a dar lecciones de paciencia y humildad a los seres entre los que debe vivir, siempre es un karma familiar porque todos sufren. Asimismo, existen otras interpretaciones, como ejemplo: que la persona que padece el retraso pudo haber sido un padre o una madre que no tuvo consideraciones con sus hijos, se burlaba de sus deficiencias y no les brindó apoyo, y que ahora deberá renacer entre las personas a quien trató mal, y estar a merced de ellas. Su lección es aprender a soltar el egoísmo, y la de sus padres es amarle y darle todo lo que pueden, ya que el hecho de haber sufrido el egoísmo en una vida anterior se debió también al Karma, y el que tienen en esta vida es para reducir el Acumulado. En este caso, toda la familia tiene una deuda.

Según algunos autores, en ciertos casos de personas lisiadas o con necesidades especiales, con discapacidad intelectual o motora, o con alguna deficiencia física, como los sordomudos, se trata de seres que antes de nacer decidieron agotar mucho karma negativo, y fueron preparados para llegar a una existencia llena de penurias, con grandes sufrimientos y obstáculos, y en el momento en que debían nacer, sufrieron una especie de arrepentimiento y decidieron regresar al mundo espiritual; y este movimiento imprevisto ocasionó un desfase en el vehículo etérico, o en el emocional, o en el mental, que condujo a que las emisiones mentales o de coordinación no estuvieran sincronizadas, dando por resultado lo que se conoce como una deficiencia en la expresión mental, o sentimental, o física. Aquí, la Ley siempre funcionó, sólo que ahora de otra manera y quizá el individuo si lleva su carga con resignación, podrá recoger más karma positivo.

Existen casos en que individuos que vienen con un karma negativo muy fuerte, desde que son bebés están expuestos a las hostilidades del medio físico. Algunos son rechazados y abandonados en la vía pública; otros están marcados con una enfermedad congénita; otros son víctimas de energía maligna que proviene de enemigos del pasado, que desde el Más Allá siguen enviándoles "mala vibra".

Personas que tienen "Experiencias cercanas a la muerte":

Los que han muerto por pocos minutos y tienen una segunda oportunidad, puede tratarse de individuos que en vidas anteriores tuvieron cierto despertar espiritual, probablemente ayudando al prójimo de manera desinteresada, pero en la vida actual no se han encauzado debidamente, pero por el Karma positivo que sus acciones del pasado le generaron, han podido disfrutar de ciertas ventajas en el mundo material, lo que les ha distraído de su verdadera función; sin embargo, por el mismo karma positivo se merecen un recordatorio del trabajo que les toca. Este recordatorio es la oportunidad de tener un vislumbre del Más Allá, y después de esta experiencia deciden ayudar a los demás y transmitirles el conocimiento de la continuidad de la vida.

LUCY ASPRA

Las acciones que producen un Karma negativo son aquéllas que emiten emanaciones densas, como:

-hacer trabajos de brujería, o solicitar que se hagan.

-Todas las faltas que hacen daño a terceros, como agresiones físicas, maltrato, violaciones, etc., aunque sea parte del trabajo; ejemplo: aún cuando se trata de trabajar como policía y el jefe pide que se atormente a una víctima; esto siempre generará karma negativo, tanto para el jefe como para el empleado.

-Todos los daños morales que se realizan, como: levantar falsos testimonios, hablar mal de la gente, enviar cartas anónimas, propagar chismes, crear dudas o desconfianzas sobre la conducta de otra persona aunque no se verbalice algo concreto, etc. Al hablar mal de alguien se está emitiendo una energía negra que atrae y activa la misma cantidad de energía de las personas que están escuchando, y esto hace que la irradiación negativa se convierta en una carga malévola, que a medida que el comentario negativo se va divulgando de boca en boca, cuando llega hasta la víctima produce un impacto de tal fuerza que puede producir un mal difícil de predecir. Esta bola negra, con el tiempo regresa a caer sobre el que originalmente la creó. Toda energía que es negra es considerada maleficio; dicho en otras palabras: es magia negra producir energía densa, y hablar mal de la gente es una de las formas más comunes de producirla. Toda palabra doble, hipócrita, que se dice con mala intención, que hace daño, es brujería*, y con el tiempo, irremisiblemente se revertirá sobre su autor, pero ahora con más carga, porque a medida que se refuerza con los que escuchan se va volviendo más densa. También el que propaga el chisme, o el que permite que se diga, o el que escucha, está participando, y en su debida proporción recibirá los efectos posteriormente. Ejemplo de esto, es cuando oímos que alguien perdió una amistad o un trabajo, etc., porque lo "enredaron en un chisme" esparcido por otro de mala fe que salió ganando con el despido o el rompimiento de la amistad del primero. Aunque de momento, el que divulgó el chisme, parece salir librado, con el tiempo recibirá su paga.

_____

*"Magia" es mover energías para producir un efecto objetivo, y todos los seres humanos están moviendo las energías continuamente con su vida, mientras piensan, sienten, hablan y actúan. La magia es negra cuando perjudica a otros.

"Las palabras que apaciguan son un árbol de la vida; la lengua perversa rompe las energías." **Proverbios 15:4**

"Os digo que de toda palabra ociosa que hablen los hombres darán cuenta en el día del Juicio." **Mateo 12,36**

No se debe ver ni comentar el Karma de otros, sólo juzgar el nuestro y buscar la forma de corregir el negativo.

¿POR LA LEY DEL KARMA, EL INDIVIDUO ESTÁ CONDENADO IRREMISIBLEMENTE DE ANTEMANO?

El destino no está predeterminado; cada quien lo construye. Cuando un individuo nace, viene al mundo con las tendencias que desarrolló anteriormente, pero está en sus manos cambiar el rumbo que tomó en una vida previa. La vida es precisamente para hacer eso, para que por medio del esfuerzo de la voluntad pueda darse un cambio de actitud. Si un individuo demuestra una reacción extraordinaria ante las circunstancias adversas que mereció por su pasado, puede darle el giro de 180 grados a su vida. Por ejemplo, si nace en una familia donde no recibe amor ni apoyo, en vez de actuar con resentimiento y rencor, puede por medio del esfuerzo encaminarse por un camino correcto mientras se independiza de la dependencia emocional que desea de su familia. Si por deudas anteriores merece la animadversión y venganza de "enemigos desconocidos o gratis", puede corregir la acción de la Ley por medio de perdonar a los que aparentemente le atacan sin que él haya hecho nada; y si a la vez puede extender su amor hasta pedir a Dios que los colme de bendiciones, mayor será la luminosidad que llegue a su vida. Hay personas que recurren al suicidio intentando detener la reacción a que se hicieron acreedores anteriormente, pero esto nunca está considerado como una forma de mitigar Karma, porque cuando existen disgustos grandes, depresiones, dolores, privaciones y enormes desilusiones, es para que se puedan sobrellevar dignamente. Resistir las consecuencias y superar estas circunstancias es el trabajo que les toca ahora; y como se dijo anteriormente, existen formas para contrarrestar la carga, que es cambiando la actitud, buscando apoyo divino, y tener la certeza que siempre, en cualquier circunstancia, se contará con esa ayuda.

El hombre tiene la libertad de hacer de su vida lo que desea, el Karma sólo es la ley que se encarga de colocar cada cosa en su lugar. Esta ley envía las consecuencias de lo que produce el hombre al aplicar su libre albedrío*: si el hombre hace algo "bueno", tendrá a cambio algo "bueno". Si realiza algo "malo", recibirá algo "malo". La Ley del Karma no condena a nadie, como tampoco bendice, sólo permite que cada persona goce o sufra lo que deriva de sus acciones. Nadie está sujeto a recibir "castigos" por algo que no merece, como tampoco disfrutará de "premios" por los que no se ha esforzado.

Dios, Nuestro Padre Celestial, ofrece a cada ser humano, desde antes de nacer, una infinidad de alternativas de experiencias para una vida. El hombre es "el arquitecto de su propio destino", pero "sólo si conoce las leyes"; es decir, si el hombre no comprende que existen leyes en el Universo, y que al faltar a ellas altera el orden universal, estará irremediablemente a merced de fuerzas desconocidas; vivirá en la ignorancia y continuamente reclamará al cielo su destino incierto. Cuando el ser humano empieza a interesarse por el mundo espiritual, comienza a darse cuenta del don extraordinario que es ser hijo de Dios; poco a poco, hasta sin pruebas físicas, se da cuenta que Dios lo ama profundamente, por lo que algo en su interior le hace razonar que si Dios es Amor no es posible adjudicarle todas las desgracias que ocurren en el mundo. A partir de aquí, irá encontrando el camino que le conducirá hacia el conocimiento de las leyes divinas, e intentará respetarlas. Cuando conozca las leyes, nunca será arrastrado ciegamente hacia un destino fatal, sino que escogerá sabiamente el camino correcto para vivir en armonía con Dios, disfrutando de su bondad, y agradeciéndole con humildad por hacerle merecedor de las gracias que le envía diariamente, y por la oportunidad de aprender cómo acercarse cada día más a su inconmensurable amor.

*Ver "libre albedrío" en Manual de Ángeles, vol. 1, "Di ¡Sí! a los ángeles y sé completamente feliz" de Lucy Aspra

"Yo dormía y soñaba que la vida era alegría. Desperté y vi que la vida era servicio. Serví y vi que el servicio era alegría." Rabindranath Tagore

En la población mundial existe mucho mal karma por la irresponsabilidad con que se conduce la vida, por el egoísmo galopante, por el poco respeto por la vida espiritual, etc. Nadie podría llegar al mundo cargando todo su Karma Acumulado, si trajera todo su mal karma se volvería difícil soportar la vida; y si gozara de todo el bueno, no tendría para su siguiente vivencia; es por esto que cada alma recibe lo que los Ángeles del Karma juzgan puede manejar.

LUCY ASPRA

De lo que hay acumulado de "bueno" y de "malo" se le da al individuo una cuarta parte de cada uno, pero hay que considerar que hay más "malo" acumulado que "bueno", por lo que podrá percibir más negatividad en su vida que bondades. Sin embargo, como dice el axioma antiguo: "Dios aprieta, pero no ahoga", por lo que cada quien tendrá lo que puede manejar en una vida.

El karma Maduro o el que toca a cada individuo cuando nace, debe agotarse al término de su existencia, sin embargo creará nuevo karma de acuerdo a lo que hizo con su vida. Si aprendió a luchar contra los obstáculos, si soportó con dignidad las adversidades, o si pudo dominar sus tendencias arbitrarias, indica que pagó sus deudas kármicas de manera correcta, por lo que el nuevo karma que genere será bueno y sustituirá al malo. Pero si no aceptó las situaciones que debía armonizar en su vida, si reclamó, se quejó continuamente de su "mala suerte", si se volvió más intransigente con las personas con las que tenía que limar asperezas y se volvió más intolerable, indicará que no cumplió con su misión y no decrece su Karma negativo acumulado, pero disminuye su Karma positivo. Para producir "buen" Karma, debemos crecer en conciencia, dominar los arrebatos, controlar los vicios y adicciones, evitar involucrarnos en actos criminales, o chismes, ociosidades, etc., y desarrollar los talentos, las virtudes, etc.

Cuando el individuo aprenda las lecciones y comprenda que la vida es para crecer y dominar las tendencias que no le permiten avanzar positivamente, es cuando se aminorarán los sufrimientos y la "mala suerte", y cuando comience a conducir su vida hacia el cumplimiento del Plan divino, que es viviendo en armonía con Dios y ayudando a los demás, comenzará a vivir una vida plena, llena de alegrías y rodeado de amor.

POR LO ANTERIOR ¿SE DEDUCE ENTONCES QUE EL INDIVIDUO VIENE AL MUNDO A SUFRIR?

Todos los seres humanos estamos revestidos con un cuerpo físico que está estructurado a partir del grado de desarrollo de cada uno, y es muy importante recordar que es sólo un instrumento del Karma, es decir, está hecho para que aprendamos a crecer dentro de la Ley de Amor de Dios. Naturalmente que todos los cuerpos materiales sienten dolor porque es el vehículo que recibe los embates cuando nos oponemos a la energía del Amor. Cuando el individuo haya agotado su Karma negativo ya no ocupará un cuerpo de dolor y seguirá su camino evolutivo en planos invisibles sin cuerpo material. No existe un solo cuerpo exento del dolor, porque hasta Jesucristo, cuando vino a la Tierra a cumplir con una misión celestial se revistió con un cuerpo físico y padeció dolor.

Sólo tenemos que volver los ojos hacia todo el mundo y nos daremos cuenta que en la etapa actual, realmente vivimos en un valle de lágrimas y todo cuerpo físico, de una forma u otra, está sometido al dolor. Siempre es bueno recordar la anécdota de Buddha, cuando le preguntó un discípulo sobre si otro maestro muy espiritual tenía Karma negativo, y Buddha le respondió al discípulo con otra pregunta: "este maestro de quien me hablas ¿proyecta sombra?". De esta manera nos da a entender que la pregunta es absurda cuando se posee un cuerpo físico, porque todo cuerpo que proyecta sombra está sometido al dolor, a la enfermedad y a la muerte, y es esto es lo que forma el Karma negativo.

Cuando existe una enfermedad se deberá buscar el remedio confiando en que Dios, la Virgen Nuestra Madre Celestial y la Hueste Angélica, intervendrán para aminorar o curar cualquier padecimiento, siempre que con gran devoción y fe profunda se lo pedimos. Ante todas las situaciones que existen en la vida y que pudieran ser motivo de sufrimiento, podemos buscar intercesión divina y tener la certeza que seremos escuchados y nuestra angustia aminorada. Siempre recibiremos apoyo y fortaleza desde los ámbitos celestiales. Cuando se presenta el dolor en la vida, hay que soportarla como sacrificio a Dios Nuestro Padre, pero sin dejar de pedirle que alivie lo que lo ha originado y rogarle que sea Él quien nos conduzca al medio que usará para suprimir el dolor. La resignación al dolor se debe hacer sólo cuando el "mal" se ha cristalizado totalmente, como ante una pérdida de un cariño, una amistad, un trabajo, un ser querido, una parte del cuerpo, etc., donde no es posible recuperarlos físicamente. Pero la lucha debe existir por superar la pérdida. De la misma manera, cuando existe una solución para remediar un dolor y no la buscamos, sino que nos resignamos patéticamente al sufrimiento, sólo estamos produciendo más contaminación y alterando las funciones físicas, lo que puede afectar al cuerpo material, que es el instrumento que requerimos para seguir evolucionando en la Tierra.

¿ENTONCES NO EXISTE NADA QUE PUEDE SUBSTITUIR EL DOLOR QUE DEBEMOS PADECER?

Todos venimos a descargar Karma negativo, no estamos aquí como Ángeles Divinos con misiones sobrenaturales. Nuestra misión especial es eliminar parte de la energía discordante que hemos acumulado en vidas anteriores y cuidarnos de no juntar más. Todos hemos sido creados por Dios para recibir experiencias en la Tierra y regresar a él, después de haber aprendido las lecciones terrenales, sabiendo que existe una sola ley, la del Amor que es a la que debemos practicar: Amar a Dios sobre todas las cosas y al prójimo como a nosotros mismos. Nadie ha sido creado para que sea rico, famoso, inteligente, sano, guapo, etc., sino que nuestra finalidad es llegar a saber que todas esas gracias se nos ofrecen como ventajas para acercarnos más al mundo espiritual. Naturalmente que la Creación existe para que seamos felices, sanos y armoniosos en todos los aspectos de nuestra vida, y depende de cada uno de nosotros si deseamos vivir así, porque el dolor sólo se da cuando decidimos lo contrario. Nuestra finalidad es transformar nuestra personalidad, convirtiéndola en una expresión elevada de nuestra alma, pero si únicamente tenemos nuestra atención puesta en las cosas materiales, es bastante difícil avanzar en el camino a Casa; sin embargo, si vivimos en armonía con la irradiación de amor que nos envía Dios, de manera "mecánica" nos llega la tranquilidad, la paz, la salud, la abundancia y todo lo necesario para vivir sin dolor, puesto que cuando no se alteran las energías del Universo, llegamos a "merecer" todo eso.

Se dice que el dolor puede ser substituido por el amor. Esto se refiere a que dando amor a los necesitados, por medio del sacrificio y el servicio desinteresado podremos tener menos descargas energéticas que impliquen

LUCY ASPRA

dolor. Naturalmente, aunque nos entreguemos a la ayuda humanitaria, nuestro cuerpo material siempre estará expuesto al dolor y a las enfermedades, pero no le pondremos mucha atención y de esa manera no percibiremos tanto sufrimiento. Ejemplo de esto, lo hemos podido constatar recientemente con la Madre Teresa, pues aunque estaba entregada completamente a servir a los demás, llegó a padecer males que a otros hubieran interrumpido el servicio que proporcionaban, sin embargo, nada fue motivo para que ella dejara de asistir a los necesitados; porque cuando hay sacrificio y entrega por aliviar el dolor ajeno, no se percibe el propio.

Cada uno de los seres humanos está en este mundo para evolucionar, y esto no se puede dar en un mundo material sin un cuerpo material que todos sabemos es el amortiguador de la energía que se conoce como "dolor". **Objetivamente**, no existe ningún cuerpo físico que no sienta dolor cuando está consciente, sin drogas ni anestesias, es decir, cuando no se han alejado sus contrapartes: etérico y astral. **Subjetivamente**, cuando el ser humano ha alcanzado un grado alto de entrega devocional, de un gran amor a Dios, de renuncia a sí mismo y de entrega a causas humanitarias, las perturbaciones exteriores no le afectan mayormente; sin embargo, aún los grandes santos están sujetos al dolor, a los padecimientos y a la muerte. Hasta el día de hoy, nadie ha pasado por el mundo sin sentir los embates del dolor. Aun los que hacen prácticas para ascender* por medio de respiraciones, meditaciones, visualizaciones o repeticiones encauzadas a despertar el poder interno, la iluminación, etc., están sujetos a las incomodidades propias del mundo denso. Por supuesto que ayuda manejar el positivismo, pero sólo el positivismo espiritual puede aminorar la percepción de las "realidades" físicas. El positivismo espiritual se refiere a tener fe en la Bondad de Dios.

Todas las personas sufren, aunque el umbral y la índole del dolor pueden variar. Cuando el individuo aún está con su conciencia muy enfocada en el mundo terrenal, los dolores serán más físicos; los sentirá más exacerbados, además sufrirá más por las cosas materiales. Cuando aprende a controlar la materia, los dolores serán morales, sentimentales, emocionales, padecerá cuando percibe que otros sufren, etc. Pero en

---

* No se requieren ejercicios raros para estar unido a Dios, sólo es aprender a poner nuestra atención en Él, amarle sobre todas las cosas y al prójimo como a nosotros mismos. Tener esto en nuestro pensamiento cotidiano y cumplir con los deberes que tenemos.

su vida tendrá una porción de los dos, según el Karma que debe agotar. A medida que evoluciona el hombre, su dolor se relaciona más con la capacidad que adquiere de sufrir por sus semejantes.

SI EL ESPÍRITU ESTÁ CONSCIENTE EN EL CIELO, ¿POR QUÉ REGRESAR A LA TIERRA CON UN CUERPO FÍSICO NUEVO?

Todos los espíritus tienen eternamente su conciencia en el Plano Celestial, aún cuando estén revestidos con un cuerpo material. Cada uno de nosotros conscientes en el mundo físico, estamos con nuestro espíritu con su atención en el cielo; nunca tiene su atención puesta en el plano físico. Para que exista interés por el desarrollo en la materia, el espíritu debe revestirse con un cuerpo que corresponde a la materia. Es así cómo, con un vehículo apropiado y permitiendo que éste tenga conciencia de su propio plano, puede llegar a tener un dominio sobre las esferas inferiores o densas. De otra manera, podrá permanecer en su mundo celestial pero nunca llegaría a tener control sobre una sustancia en la que jamás experimenta. Por este motivo, el espíritu individualizado si quiere llegar a ser como Su Padre, deberá pasar por todas las distintas frecuencias o grados vibratorios de la materia, hasta salir airoso de cada una de las pruebas que se presentan sólo en la materia, en el plano terrenal. Sirve para ilustrar esto, el ejemplo del niño afortunado* que en cuanto a naturaleza es igual que su padre, pero debe llegar a ser hombre como él. Aunque él no quisiera ir a la escuela ni separarse jamás de su casa, tiene un padre responsable que sabe que debe convivir, participar, estudiar, aprender y hasta fatigarse para salir preparado para el momento en que deba desenvolverse como adulto. El padre sabe que al mandarlo a la escuela implica que tendrá que convivir con otros niños, quizá agresivos algunos y con una crianza distinta a la suya, pero con todos deberá aprender a participar armónicamente hasta completar sus años escolares. Lejos de la mirada paterna, estará expuesto a caídas, golpes, molestias, injusticias, etc. Quizá a ratos se sienta solo, desamparado,

---

*Desafortunadamente, no todos los niños tienen un padre físico responsable. Sin embargo, todos los seres humanos tenemos un Padre Celestial que reúne la totalidad de las virtudes y está pendiente de cada suspiro que emitimos. Nos ama profundamente, eternamente y ansía que nos acerquemos a Él para compartir, platicar, exponerle y hasta para que nos quejemos si es eso lo que deseamos. Él provee absolutamente todo lo que necesitamos y sólo es cuestión de que nos acerquemos mentalmente a Él para tener su respuesta inmediata.

inadaptado y con dificultad podrá entablar amistades; otras veces será reprendido por sus maestros. Habrá momentos en que sienta impotencia, celos, envidia, rabia, desesperación. En otros momentos, tendrá malestares físicos, enfermedades, fastidio, cansancio, etc.

Sin embargo, poco a poco irá aprendiendo que son circunstancias pasajeras; llegará a comprender que el dolor pasa para dar entrada a momentos de alegría y aprenderá a valorar los instantes felices. En la escuela aprenderá lo necesario para hacerle frente a la vida, pero sobre todo, durante todo el tiempo sabe que podrá llegar a casa a quejarse, a platicar, a compartir con su padre y sentir su apoyo, su ayuda, su gran amor. A medida que va creciendo el niño empieza a apreciar el esfuerzo que realiza su padre para enviarlo a la escuela, para desprenderse de él, para soportar que su querido hijo tenga que sufrir al estar separado de sus brazos protectores. Nuestro Padre Celestial, de donde hemos salido todos los seres, sabe que para que dominemos la materia, debemos vivir en la materia. El mundo material es como una especie de escuela que Dios nos ha dado para que aquí aprendamos a vivir en paz, hermanos con hermanos; y donde Él ha dispuesto todo lo necesario para mantener con vida el instrumento material que nos ha facilitado para esta experiencia material. Dios da a manos llenas para todos sus hijos, pero éstos por no haberse desarrollado aún lo suficiente no han comprendido que la Tierra es sólo un espacio de aprendizaje, no es un fin. De aquí nada podemos tomar para regresar a casa, porque en Casa sólo puede entrar la luz que resulta de una vida noble, sin codicia, sin excesos y sí con mucho empeño invertido en ayudar a los demás.

El espíritu requiere descender, mediante instrumentos adecuados, a los planos inferiores para recoger la información a la que no ha sido expuesto cuando apenas salía del seno de Dios. En cada viaje que realiza, cada vida terrenal, va aprendiendo lentamente cómo lidiar con la materia. Poco a poco, sus vehículos inferiores van siendo anulados y él empieza a manifestarse. La diferencia entre seres entregados a hacer el bien y seres que se dedican a la maldad, es la edad del alma. Los individuos que llevan una vida santa, entregados a Dios y a ayudar al prójimo, son espíritus que por haber salido antes de Casa de Dios han tenido más tiempo para llegar a ser santos. Son espíritus que ya comprendieron de qué se trata la estancia en la Tierra: usan lo necesario para mantener su cuerpo material, no abusan ni se exceden en nada. Su único interés es regresar a Dios.

Es pues, bastante diferente permanecer en el mundo celestial después de haber triunfado sobre la materia, que vivir en el cielo, abstraído, en estado contemplativo, sin haber recorrido triunfante los caminos necesarios para identificarse plenamente con Dios.

ALGUNAS COSAS QUE EXPLICA LA REENCARNACIÓN:

La teoría de la Reencarnación enseña que los padres biológicos son responsables del cuerpo del bebé, pero el Alma no proviene de ellos, por esto vemos que hay hijos más inteligentes y hábiles que los padres, o tienen determinadas características emocionales, mentales y espirituales que se diferencian de los de los padres y demás miembros de la familia, porque un ser evolucionado puede encarnar en una familia que no lo es y viceversa. Las particularidades físicas semejantes entre padres e hijos, pueden ser explicadas mediante la ley de la Herencia, pero las diferencias entre las características mentales, emocionales y espirituales no pueden ser comprendidas sin tomar en cuenta que el alma de cada ser humano nada tiene que ver, en cuanto a composición molecular, con los padres. Su única relación es la asociación que tuvieron en vidas anteriores. La Reencarnación, entre otras cosas, explica:

- El carácter que trae cada bebé al nacer, que es un rasgo que se nota desde la cuna.

- Por qué hijos de los mismos padres, recibiendo la misma atención y educación pueden llegar a ser diametralmente opuestos.

- La diferencia de inteligencia y carácter entre hijos de los mismos padres y de los padres mismos, a pesar del parecido físico.

- Por qué puede nacer un genio en una familia humilde, de mediana educación, o sin preparación alguna.

- Por qué existen tendencias artísticas: pintura, música, escultura, diseño, etc., en un hijo, mientras que el otro no tiene ni la menor noción, ni le interesa el arte.

- Por qué unos padres muy cultos y con muchas habilidades, pueden tener hijos mediocres que se les dificulta destacar en cualquier empresa.

- Por qué a veces, de padres santos nacen hijos, que desde los primeros años, se percibe su tendencia a la perversidad y el crimen.

- Por qué nacen hijos santos de padres inmorales.

- Por qué las desigualdades sociales, culturales, nacionales, físicas, de raza, etc.

- Por qué hay seres que cometen crímenes sin que les paguen, y otros que no lo harían aunque les pagaran todo el oro del mundo.

- Por qué hay personas que se apartan de la vida mundana para ayudar al prójimo y otras que su único interés es sumergirse en los placeres del mundo, a costa de lo que sea.

- Por qué hay seres que se entregan a Dios y otros a las fuerzas del mal.

Todos estos antagonismos, y muchos más, encuentran respuesta cuando se toma en consideración la teoría de la Reencarnación y la ley del Karma, porque aclaran que cada ser y cada grupo viene con bendiciones y habilidades especiales, que son el producto de merecimientos anteriores y no de mera casualidad. Pero sobre todo, conduce al ser humano a comprender que Dios es Amor y no actúa a capricho, dándole gracias, virtudes, salud, inteligencia, habilidades, riquezas, atributos físicos, etc. a algunos de sus hijos, y vicios, defectos, torpeza, enfermedades, pobreza y desgracia a otros.

EL PECADO ORIGINAL

"He aquí que al Cordero de Dios, ved aquí que viene a quitar los pecados del mundo." Juan 1:29

Aunque sólo en el Evangelio de San Juan 1:29 se hace alusión a los pecados de la humanidad, la doctrina de la Iglesia expresa que por la caída de Adán y Eva* se desató el mal físico y moral en el mundo. El pecado original es la mancha que afecta a toda la descendencia de Adán y Eva; fue el primer pecado de desobediencia contra Dios, y éste afectó a toda la humanidad. Adán salió en estado perfecto de las manos de Dios, su desnudez significaba su inocencia, pero la duración de este estado estaba sujeta a una prueba moral. Dios dio a Adán el libre albedrío para elegir entre la obediencia a una orden suya y la desobediencia. La desobediencia acarrearía la pérdida de las prerrogativas que tenía: inmortalidad y carencia de dolor. La serpiente, llena de maldad y envidia por la situación de privilegio del que gozaba el hombre, se acerca a Eva y le dice que el día que comieran del fruto del árbol prohibido: *"seréis como dioses, conocedores del bien y del mal"*. Génesis 2:5 Eva comió del fruto y le dio a Adán, quien también comió.

---

* Hemos visto en páginas anteriores que en la actualidad existen algunos autores y estudiosos, que han llegado a la conclusión que en el pasado remoto, existió una raza de seres reptiles que se sentían dueños del planeta, y que fue uno de estos seres los que convencieron a Adán y Eva (según Zecharia Sitchin, Adán significa ADN y Eva es "célula"), quienes representan a la primera raza humana en el planeta, para que desobedecieran a Dios. Es probable que el "pecado original" se refiera al hecho de haber participado con los rebeldes (que luego se convirtieron en demonios desconectados totalmente del Hilo de Vida), a quienes nos adherimos con engaños y por incautos, por lo que nuestra falta no era igual de grave y Dios nos dio la promesa de la redención a través de un Salvador. En ese tiempo hubo una gran conmoción cósmica, lo que supuestamente causó que se desprendiera una de las múltiples líneas del extremo de la corriente dual del Hilo de Vida anclado en nuestro cerebro, y es el motivo por el que hoy nos encontramos con amnesia cósmica, sin saber quiénes somos ni de dónde venimos. Tomando esto en cuenta, se comprende más la participación de Nuestro Señor Jesucristo, que vino a darnos una nueva oportunidad, razón por la que ahora tenemos la opción de enderezar el camino, renunciar a las fuerzas con las que en algún pasado lejano nos asociamos, y disfrutar de la eternidad con Dios, nuestro Padre. Pero sabemos que los dirigentes de la rebelión ya no tienen esa oportunidad. Aquí resulta difícil comprender que cada ser humano que nace trae el "pecado original" sin remitirnos a la Reencarnación, porque el "pecado original" automáticamente implica que cada uno de nosotros participamos en ese levantamiento contra Dios, y para resarcir lo hecho, debemos venir varias veces al mundo material, sufrir hasta que a fuerza del aprendizaje, elijamos continuar el camino voluntariamente a Dios, pero ahora dando amor en vez de recibir sufrimiento. Si así no fuera, sería incomprensible el dolor, el sufrimiento y naturalmente el "pecado original".

Por su vanidad, se dejaron engañar, y la lumínica esencia que resplandecía, que ellos emanaban, en un instante se opacó, se manchó, y ellos se avergonzaron de verse descubiertos, porque nunca se imaginaron que quedarían marcados con las partículas negras (cuerpo astral o estructura del cuerpo de carne y hueso) que atrajeron por haberse opuesto a la energía de Amor de Dios. Esta oposición es la desobediencia y la soberbia.

Intentaron esconderse, pero no había lugar donde ocultarse, porque siempre eran vistos por Dios, pero poco a poco, van cayendo en más oposiciones a la fuerza divina y se van cubriendo de más capas opacas, hasta conformar lo que se conoce hoy como el cuerpo físico, el cuerpo de carne y hueso.* Al comer de la fruta prohibida, Adán y Eva se dan cuenta que están desnudos (ahora su capa de energía negativa está a la vista) y empiezan a tener un profundo remordimiento por haber desobedecido a Dios. Desde ese momento surge la lucha de la carne contra el espíritu. Adán y Eva desobedecen a Dios porque quieren igualarse a Él; buscan una ciencia que de forma artificial los conduciría al rango divino, sin humildad. La desobediencia con sus consecuencias, representa una infección que transmitirán a toda su descendencia. Después de este primer pecado surgen los dolores físicos y la muerte; el hombre entra a la decadencia moral, al estado pecaminoso, con inclinación siempre al mal, y se sume en la práctica de todos los pecados: envidia, violencia, homicidio, depravación, etc. Las consecuencias del primer pecado son amargas: la humanidad se aleja de Dios; a la mujer se le anuncian los dolores al traer hijos al mundo y el hombre es condenado a trabajos duros para alimentar a su familia. Les espera el sufrimiento, el dolor, la muerte y la posible condenación en el mundo espiritual. De acuerdo a la Iglesia Católica, sólo con el Bautismo se borra la mácula que nos legaron los primeros padres de la humanidad, Adán y Eva. (Uno de los cuatro efectos del Sacramento del Bautismo es la Justificación, que en su enciso a) aclara que el Bautismo, al recibirse con las debidas disposiciones: concede la remisión del pecado original.)

_____

* Este cuerpo es el que en la Cábala se le llama el cuerpo hecho de "escorias de Svabhavat". Para más información, ver el Manual de Ángeles vol. 1 Di ¡Sí! a los Ángeles y sé completamente feliz", en "Demonios del mundo de Assiah. Los Qlipoth", en el Cap. 5. Este cuerpo está construido por los "Ashim" o ángeles (entidades) que trabajan en el mundo Yetzirático, son los que llaman "dioses menores" porque trabajan con las moléculas del mundo inferior para construir cuerpos materiales, pero nada tienen que ver con el espíritu del hombre que sólo viene de Dios.

¿CUÁNDO TERMINA ESTA ETAPA DE ENCARNACIONES EN EL MUNDO FÍSICO PARA EL SER HUMANO?

Hasta que alcance la meta que se le ha designado según la Ley de Evolución. En cada vida adquirirá nuevas experiencias y aprenderá lecciones que le servirán para la siguiente encarnación. Deberá ir adquiriendo conocimientos y separándose de las ataduras terrenales, porque es así cómo podrá dominar la materia y aspirar a Dios. Deberá liberarse de los deseos que tienen que ver con los excesos: placeres sensoriales y reconocimientos humanos; así como también, mantendrá un corazón puro, sin juicios, ni críticas ni condenando al prójimo. Los atributos positivos deberán formar parte de él debido a su crecimiento espiritual, como resultado de no querer nada para sí, de actuar a favor de otros haciendo continuamente el bien sin esperar recompensa y de añorar sólo estar en paz con Dios. Cuando no se hace nada por desarrollarse en el mundo físico, ni ayudar al prójimo, y se dedica sólo a la contemplación con el fin de crecer espiritualmente, se le llama "egoísmo espiritual", y es considerado un estancamiento que continúa creando karma negativo. Algunos estudiosos sugieren que es el Karma de muchas naciones orientales que aparentemente están entregados de manera pasiva a la espiritualidad, porque creen que no es necesario ayudar a otros porque "cada quien deberá ocuparse de su propio karma". La Ley de Evolución indica que cuando el individuo llega a determinado grado deberá estar consciente de la necesidad de apoyar a sus hermanos en desgracia, ya sea física, moral o espiritualmente. Las acciones amorosas son las que conducen a la conclusión de las encarnaciones físicas.

¿CUÁNTAS VIDAS TERRESTRES DEBE EXPERIMENTAR EL HOMBRE?

"Pues en verdad, te digo que quien no naciere de nuevo no puede ver el reino de Dios". Juan 3:3

El ser tiene que venir a la Tierra las veces que sean necesarias, hasta que adquiera un dominio total sobre la materia. Esto indica que no se desea nada del mundo material, sino que todas las aspiraciones son por las cosas espirituales. Lo que hace que el ser sea atraído a la Tierra, nacimiento tras nacimiento, es el deseo por las cosas materiales, pues los apegos, los deseos desmedidos por las sensaciones físicas, los goces terrenales, las ansias, la codicia, etc., son energías que obligan al ser a gravitar hacia la materia. Una vez que su voluntad esté controlada y su único deseo sea estar en el mundo celestial, y encamine su vida a repartir amor, bondad, servicio desinteresado, comprensión, etc., será la señal de que no tendrá que volver a tomar cuerpo físico. ¿Cuántas existencias se requiere para llegar a este estado?... No existe una fuente exacta, según algunos son alrededor de mil quinientos, según otros son cerca de 800 vidas terrestres las que deberá experimentar el ser humano durante las que tendrá una variedad distinta de cuerpos físicos y familias, ambientes y razas diferentes, hasta aprender a tener un dominio total sobre las cualidades orgánicas de que están formados los cuerpos materiales.

Nuestra vanidad y debilidad humana, nos hace pensar que somos seres perfectos, ángeles supremos que estamos haciendo un trabajo de apostolado en la Tierra, o que ahora llegamos como grandes maestros porque nos tocó encarnar en este planeta inferior siendo que procedemos de confines más evolucionados, pero la verdad es que todos somos seres humanos con karma que pagar aquí. Cuando se comprende la ley se entiende que si no fuera aquí donde estamos enganchados kármicamente, no encarnaríamos aquí, y que una vez que paguemos todo lo que debemos, hasta entonces podremos aspirar a otros mundos más adelantados espiritualmente, y en esos mundos, los seres serán como es su mundo: espiritualmente elevados. El planeta en que vivimos, la raza a la que pertenecemos, el país en que nacimos, en el que vivimos, el que visitamos, nuestra familia, etc., etc., están todos formados con seres humanos con los que tenemos deudas kármicas, ya sea a nivel planetario, nacional, familiar, etc. El planeta Tierra es nuestro acreedor, porque aquí es donde contrajimos los compromisos, y las deudas de aquí, es aquí donde deben saldarse, no en Júpiter, ni en otro sistema solar, ni en otra galaxia. Inclusive, como vimos anteriormente, las deudas de un plano deben mitigarse con energías de ese plano. Las que corresponden a acciones que realizamos, en el mundo físico se deben pagar; es por el motivo que se renace múltiples veces con un cuerpo físico.

¿CUÁNTO DURA EL INTERVALO ENTRE UNA ENCARNACIÓN A OTRA?

De acuerdo a algunos autores, cuyos libros aparecen listados en la Bibliografía, el tiempo de permanencia en el otro mundo depende del grado de evolución del alma, pero las almas más evolucionadas tardan más tiempo en volver a tomar un cuerpo físico, por lo que el intervalo entre vidas puede variar. (Adicionalmente, se debe considerar el hecho que ya se ha mencionado en este libro, que en la actualidad, debido al proceso de purificación del planeta, están renaciendo con más rapidez los seres). Los individuos que están a punto de liberarse de las encarnaciones, pueden encarnar continuamente. Sin embargo, originalmente también siguieron la pauta establecida para las almas que no están buscando el camino espiritual o Sendero; pero como ya han llegado a un momento de mayor evolución, desean tomar cuerpo más rápidamente para venir a ayudar, a transmitir la sabiduría que han aprendido y poder servir a la humanidad. En su vida pueden ser identificados por su entrega a ayudar desinteresadamente a la humanidad: actúan con desapego, sin pompas, sin lujos y sin desear nada para sí. Los Ángeles del Karma, junto con sus guías y su Ángel Guardián, seleccionan el tiempo, el lugar y la familia en la que deberán nacer. Pueden reencarnar a los pocos meses o años, ya que no necesitan deshacerse del cuerpo astral y mental que usaron en la vida previa, porque ya los tienen muy purificados debido a que durante varias vidas anteriores ya se han separado de los deseos terrenales, pasiones y ansias de reconocimientos y placer. En este caso sólo necesitan un cuerpo físico. Este es el motivo por el que muchos, sin necesidad de recibir instrucción especial sobresalen desde niños por su vocación definida hacia el bien, y mantienen este propósito durante toda su vida. Este mismo tipo de almas, si su labor no es la que especificamos arriba, pero tienen el mismo avance espiritual, podrán tener un intervalo de 1.500 a 2.000 años o más en el mundo celeste, antes de volver a encarnar.

Las almas que están en camino de conocer el mundo espiritual y ansiarlo, si el Espíritu se individualizó por desarrollo intelectual, podrán tener un intervalo de unos 1.200 años. Si se individualizó por ímpetu emocional o por un gran esfuerzo de la voluntad podrá ser de unos 700 años. Los individuos que desarrollaron virtudes, que son compasivos, tienen un gran sentimiento religioso, no son prejuiciosos ni juzgan a los demás, podrán tener un intervalo de 600 a 1000 años. Los que siguen en evolución, que pueden ser personas término medio, que tienen cierta comprensión religiosa, pero sus propósitos son más materiales que espirituales, pueden tener un intervalo de 500 años. Los que son movidos básicamente por intereses materiales, aunque no necesariamente hacen cosas intencionalmente para dañar al prójimo, pero tampoco se esfuerzan por ayudarle, podrán tener un intervalo de 200 a 300 años. Los que son capaces de producir daños a otros, aunque no están dedicados abiertamente al crimen; pueden pasar 100 a 200 años antes de volver a encarnar. Los que sin miramientos perjudican a los demás, pueden tener un intervalo de 60 a 100 años. Los que son criminales natos, dedicados a la maldad, podrán tener un intervalos de 40 a 50 años. Los criminales abyectos, los más brutales y temibles, la escoria humana que martiriza y atormenta a cualquiera por satisfacer sus deseos desmedidos, pueden renacer a los 5 años o menos, de haber terminado la vida anterior.

En todos los casos, cuando fallece una persona deberá pasar por el Plano Astral para deshacerse de las partículas que corresponden a la tarea que no completó en su vida que termina, y la porción que adquirió, sea de Karma "bueno" o "malo" pasará al depósito de Karma acumulado (Sánchita) para formar parte de lo que será su Karma maduro en una próxima vida. Los grandes santos, cuyos cuerpos sutiles inferiores son casi transparentes, sin manchas densas, pueden regresar con los mismos cuerpos a continuar su trabajo de servicio a la humanidad. En caso de los seres menos evolucionados, los que no tuvieron tiempo de soltar todas sus partículas negras en los sub-planos del Astral, regresarán con los mismos cuerpos sutiles con sus capas gruesas de partículas negras. Este es el motivo por el que vemos algunos niños que ya son abiertamente criminales, a pesar de la educación, moral, disciplina y corrección que pudieran darles sus padres.

LUCY ASPRA

SI LA REENCARNACIÓN ES UN HECHO
¿POR QUÉ NO SE RECUERDAN LAS VIDAS PASADAS?

Cada vez que nace un ser, llega al mundo con un cuerpo distinto, con un cerebro nuevo, que está estructurado para funcionar en la vida que recién inicia; este cerebro no puede recordar las vidas anteriores porque no participó en ellas. La memoria de las existencias previas, cuando se trata de talentos, virtudes, espiritualidad, y todo lo que se logró y que mereció ser recogido por el alma, está guardado con ella. Los recuerdos de las pasiones bajas, los deseos desmedidos, los vicios, etc. que se practicó en existencias previas, está plasmado sobre el cuerpo astral, como manchas, pero la suma de todo está en el depósito del Karma negativo acumulado, así como el resultado de las virtudes está también en el depósito de Karma positivo acumulado. Nuestra alma sí recuerda todas las vidas anteriores, y cuando logremos poner allí nuestra conciencia, también podremos recordarlas, pero aunque no se recuerden, sí tenemos conocimiento de nuestros logros de crecimiento y es lo que manifestamos como tendencias hacia la práctica del bien, habilidades, capacidades y conocimiento innato, cuando expresamos las cosas positivas. Pero también los aspectos negativos que se perciben en algunos seres desde edad temprana, responden a tendencias pasionales que no se aprendieron a controlar en vidas previas, como la inteligencia maquiavélica innata, tendencia hacia la maldad, el crimen, etc. Existen circunstancias donde pueden filtrarse hacia los cuerpos inferiores, algunos pasajes o determinados detalles específicos de una vivencia previa, pero difícilmente será con la precisión con que recordamos lo que en esta vida estamos experimentando; aunque en la actualidad, se reportan ciertos casos, donde supuestamente se recuerdan vidas previas hasta en los más pequeños detalles.

Conocer punto por punto lo que se hizo en cada vida no necesariamente serviría para crecer en ésta; pues lo que nos ayuda es el resultado de lo que desarrollamos, no saber con qué traje lo realizamos. Y una forma fácil para conocer la suma de nuestros esfuerzos es analizando cómo somos hoy, cuáles son nuestras tendencias, nuestras habilidades, nuestras virtudes, etc., porque saber que eso lo logramos con un cuerpo que correspondía a un mendigo o a un príncipe, no tiene importancia. Cuando nos obstinamos por esos detalles es un indicio del apego aún a la personalidad, porque todo lo material es pasajero, y la mayoría de los seres humanos han pasado por todas las condiciones o las pasarán. El que hoy manifiesta cualidades deplorables, responde a lo que estableció en vidas previas.

TIPOS DE ALMAS QUE REENCARNAN Y QUE VIVEN ENTRE NOSOTROS:

El Alma debe reencarnar las veces que sean necesarias, hasta que a través de estar experimentando en la Tierra, logre el conocimiento y aprenda a expresar un profundo amor a Dios, así como nobleza, bondad, honestidad y amor al prójimo. En cada existencia deberá irse capacitando en uno o en varios campos, al tiempo que exprese amor altruista. La diferencia que se observa entre individuos, donde unos pueden ser mejores personas y más aptas para realizar varias funciones, y otros con menos habilidad se debe a la diferencia de edad del alma entre ambos. Cada uno de los grupos siguientes corresponde al total de almas que salieron del seno de Dios aproximadamente en el mismo tiempo y son las que podrían llamarse "almas de similar evolución" o "almas gemelas", porque supuestamente todas han tenido experiencias similares y pueden estar en el mismo nivel de desarrollo. Son las almas que una vez que se conocen, se reconocen porque tienen intereses comunes, que pueden ser espirituales, intelectuales o materiales, dependiendo de a qué grupo pertenecen. Están reunidos así:

1.- Los individuos que viven santamente, sin ambiciones materiales y dedicando su vida a servir a los demás. Son seres que tienen muy poco Karma negativo; y de hecho quizá en la vida actual están agotándolo, pero quieren estar más tiempo en el mundo para ayudar al prójimo. Ya saben que la existencia del ser humano es para sacrificarse por los demás y se consagran a ello. Son las "almas viejas", como se dice familiarmente, que aman profundamente al prójimo y parecen conocer el significado de lo que para otros es misterioso.

2.- Los individuos que están en el camino a santificarse. Estas almas supuestamente, hace mucho tiempo que no encarnaban porque estuvieron disfrutando del mundo celestial como 1.200 años. Hay otros que descansaron

LOS ANGELES DEL DESTINO HUMANO Vol. 2   187 sólo 700 años. Son seres que en vida muestran interés por ayudar a los demás, sienten amor altruista por personas que no son de su familia ni de su raza, ni de su país, ni tienen su religión, ni su cultura. Buscan superarse espiritualmente.

3.- Los individuos que han tenido pocas encarnaciones; es decir, salieron posteriormente del seno de Dios y en la actualidad se les percibe como seres alejados totalmente del mundo espiritual y enfrascados en los asuntos materiales. Pueden carecer de iniciativa y dificultad para comprender las cosas espirituales más subjetivas. De esta clase son los que más existen encarnados en la actualidad.

4.- Los individuos no desarrollados, son los que se dice que tienen "alma joven". Son los que tienen menos encarnaciones, porque salieron del seno de Dios después que los anteriores. Se manifiestan como criminales, inconscientes y parecen no saber la diferencia entre lo correcto o incorrecto. Son seres que tienen dificultad para dominar las bajas pasiones, el odio, la crítica, la violencia, la crueldad, etc. Parece que su único interés son las cosas del mundo y acumular objetos materiales, y para lograr esto no tienen escrúpulos y son capaces de llegar a la violencia y al crimen.

LA IMPORTANCIA DE LA ORACIÓN.
CÓMO FUNCIONA PARA MITIGAR KARMA NEGATIVO

A través de todas estas páginas se ha hecho énfasis en la importancia de la oración, ya que es una manera en que se disminuye el karma negativo, siempre que se ore con amor, para un fin noble y sin juzgar a los demás. Las partículas densas que se adhieren al cuerpo astral se disuelven cuando emitimos las energías lumínicas que provienen de la entrega devocional, del servicio a los demás y de nuestras conversaciones con Dios Padre, Jesucristo, la Virgen, los Ángeles y los Santos.

Las concentraciones de energías densas en determinados espacios, como las que provocan las erupciones volcánicas, los grandes huracanes, deslaves, temblores, tornados, etc., pueden ser purificadas por medio de la luz de la oración, lo que conduciría a un daño menor o a la supresión total del mismo, dependiendo de la cantidad de personas que se unan en oración o meditación altruista. Es necesario comprender que los Ángeles del Destino no intervienen para conducir las partículas que se azotan sobre la humanidad por medio de las catástrofes, ellos sólo permiten que actúen las entidades que trabajan con esas vibraciones. El planeta es un ser vivo y manifiesta las mismas dolencias que un cuerpo humano; por ejemplo, si alguien se excede en la comida y la bebida, o se intoxica ingiriendo productos dañinos, etc., existe una presión en el cuerpo que exige una salida, por lo que es probable que le dé fiebre, le salgan erupciones y se enferme del estómago, con diarrea y vómitos. Si se obstruyeran los orificios para evitar la salida de los tóxicos, llegaría un momento en que el cuerpo no podría resistir y estallaría. Esto es lo mismo que sucede con el planeta; cuando por la acción irresponsable del hombre se condensan las moléculas, se concentran dentro del planeta y deben ser desalojadas o lavadas por medio de lluvias torrenciales, fuertes vientos, sacudidas y erupciones. Cuando llega el momento en que la centralización de energías es muy grande, los Ángeles no intervienen porque no pueden alterar la Ley, pero si la humanidad se une en petición, con pensamientos de amor y oración, se podría disipar el efecto, porque ya hemos visto que el Amor es sustituto del dolor, y la oración emite una poderosísima luz que se descarga sobre la densidad produciendo una transmutación. La congregación de densidad altera la emisión del Amor de Dios, y la Ley del Karma debe actuar, y como hemos visto, la forma de evitar el efecto de la Ley cuando reacomoda el flujo del amor de Dios, es quitar la alteración antes, por medio de mandar Amor.

En el capítulo siguiente, encontrará demostraciones científicas sobre el poder de la oración, y cómo armonizan objetivamente las partículas.

ALGUNAS REFERENCIA BÍBLICAS DE KARMA Y REENCARNACIÓN

Según algunos autores, existen varios versículos en la Biblia que hacen referencia a la Reencarnación y al Karma, como los siguientes:

"Ya de niño era yo de buen ingenio, y me cupo por suerte una buena alma. O mejor, siendo bueno, tuve también un cuerpo sin mancha." Sabiduría 8:19-20

"Las ganancias del malvado son ficticias, el que siembra rectitud tiene cosecha segura." Proverbios 11:18

"El que actúa con rectitud camina hacia la vida, el que persigue el mal va hacia la muerte." Proverbios 11:19

"Quien desordena su casa, heredará viento; el necio será esclavo del sabio." Proverbios 11:29

"El generoso prosperará, el que alivia a otros será aliviado." Proverbios 11:25

"Sepan que el Hijo del Hombre vendrá con la gloria de su Padre, rodeado de sus ángeles, y entonces recompensará a cada uno según su conducta." Mateo 16:27

"Lo que un hombre siembra, cosecha." Gálatas 6:7

"El que tenga oídos para oír, que oiga: El que está destinado a la cárcel, a la cárcel irá; el que está destinado a morir a espada, a espada morirá." Apocalipsis 13:9,10

"...quien a hierro matare, es preciso que a hierro sea muerto." Apocalipsis 13:10

"Os digo que de toda palabra ociosa que hablen los hombres darán cuenta en el día del Juicio." Mateo 12, 36

"No te compadecerás de él, sino que le harás pagar vida por vida, ojo por ojo, diente por diente, mano por mano, pie por pie." Deuteronomio 19:21

"Respondióles Jesús: En verdad, en verdad os digo: Antes que Abraham naciese, yo soy." Juan 8:58

"A esto Jesús les respondió: En efecto, Elías ha de venir y entonces restablecerá todas las cosas. Pero yo os declaro que Elías ya vino, y no le conocieron, sino que hicieron con él todo cuanto quisieron. Así también harán ellos padecer al

1LUCY ASPRA

Hijo del hombre. Entonces entendieron los discípulos que les había hablado de Juan el Bautista." Mateo 17: 11-13

"He aquí que yo os enviaré el profeta Elías, antes que venga el día grande y tremendo del Señor. Y él reunirá el corazón de los padres con el de los hijos, y el de los hijos con el de los pares; a fin de que yo en viniendo no hiera la tierra con anatema." Malaquías 4:5

"Al pasar vio Jesús a un hombre ciego de nacimiento. Y sus discípulos le preguntaron: Maestro ¿qué pecados son la causa de que éste haya nacido ciego, los suyos, o los de sus padres? Respondió Jesús: No es por culpa de éste, ni de sus padres; sino para que las obras de Dios resplandezcan en él." Juan 9:1-2

"En verdad os digo que Elías ya ha venido y no fue reconocido…" Mateo 17:12

"Por aquel tiempo Herodes, el tetrarca, oyó la fama de Jesús. Y dijo a sus cortesanos: Este es Juan el Bautista, que ha resucitado de entre los muertos, y por eso resplandece en él la virtud de hacer milagros" Mateo 14:1-2

"Sabemos, además, que todo contribuye al bien de los que aman a Dios, de los que él ha llamado según sus planes. Porque a los que conoció de antemano, los destinó también desde el principio, a reproducir la imagen de su Hijo, llamado a ser el primogénito entre muchos hermanos. Y a los que desde el principio destinó, también los llamó; a los que llamó, les otorgó la salvación; y a quienes otorgó la salvación, les comunicó su gloria."Romanos 8:28,29,30

"Pero un día, a Aquel que me había escogido desde el seno de mi madre, por pura bondad le agradó llamarme…"Gálatas 1:15

"Pues en verdad, te digo que quien no naciere de nuevo no puede ver el reino de Dios". Juan 3:3

gún algunos autores, la doctrina de la Reencarnación fue erradicada de la Iglesia tólica en el Segundo Concilio General de Constantinopla, que se llevó a cabo en año 3, D. C.; sin embargo, otros estudiosos afirman que el tema ni siquiera se planteó en cho Concilio, sino que la doctrina, como tal, fue condenada por Menas, Patriarca de nstantinopla, en año 543 D. C. en un Sínodo provincial, instigado por el Emperador stiniano; esto es, diez años antes del Concilio, por lo que sugieren que la doctrina nca fue anatemizada o declarada herejía, y ha sido la sentecia extra-conciliar de enas, la que con el tiempo se confundió con el Decreto del Concilio General.

CAPITULO CUATRO
PRUEBAS DOCUMENTADAS DEL PODER DE LA ORACIÓN

Yo Soy el Ángel de tu Misión"

Desde el día que tú naciste, he estado junto a ti... accediendo a tu alma, despertando tu interés, y explicándote con cariño, por qué estás aquí. Te he conducido con ternura hacia las necesidades humanas, condiciones mundanas donde tú puedes servir. Trata de hacer memoria... siempre he puesto ante ti, la misma situación... ¿Recuerdas que desde chico has tenido oportunidad de ayudar... consolar... dar algo de ti?... Pues he sido yo... Te susurraba con dulzura para que captaras mis mensajes... porque así laboramos los ángeles con mi función... Ante cada ser humano presentamos la escena donde debe cooperar... donde debe cumplir su misión especial. Si su trabajo es con ancianos... en su casa debe empezar... Con discapacitados, habrá una silla que empujar... Si es con enfermos, siempre tendrá la ocasión... Lo mismo sucede si es con niños su tarea... sin olvidar que es esencial, ayudar con la oración... Otras veces, su labor es instruir... o transmitir esto mismo que te transmito yo... La forma en que auxilias es de importancia vital... debe ser con bondad... sin importar credo, color o edad... Todos tenemos que hacer algo para crecer... y yo también tengo una misión... y mi misión, cariño mío, eres tú... Ahora ven, ven a volar conmigo. Cierra tus ojos... inhala mi luz divina... reflejo del amor de Dios... Vamos a planear sobre el día... a ver a quién ayudamos hoy... . **De la Agenda Angelical de Lucy Aspra**

PRUEBAS DOCUMENTADAS DEL PODER DE LA ORACIÓN

La oración grupal, con devoción y fervor de todos los participantes, produce un circuito magnético que une a los que oran. La intención primordial cuando oramos debe ser alabar y adorar a Dios, pero también, con profunda humildad debemos ponernos en sus manos para que nos cubra con sus bendiciones y logremos desarrollar la humildad, la tolerancia, la paciencia, la sabiduría, la armonía, la paz, el amor, etc., y también, naturalmente: gozar de buena salud y recibir "El pan nuestro de cada día"; pero también es de suma importancia pedir por los demás, recordando también que, de acuerdo a la Ley de Acción y Reacción, todo lo que pedimos por terceros nos llega a nosotros.

La oración produce luz que es conducida por los Ángeles hacia Nuestro Padre Celestial, y Él, a través de estos celestiales mensajeros, responde enviándonos la gracia que le pedimos. La oración funciona porque lleva los elementos necesarios para que se estructuren las cosas positivas en el mundo material, porque cuando oramos con sinceridad y pureza en el corazón, estamos manifestando humildad porque es la manera que le decimos a Nuestro Padre que no podemos sin Él; y la oración de esta manera, emite vibraciones de amor que es la energía que envía Dios para que las partículas se condensen, es decir: la Creación se lleva a cabo con la energía del Amor. La oración no interfiere en el "libre albedrío" de los demás, así que aun cuando no nos lo pidan, debemos orar por terceros, de acuerdo a la voluntad de Dios.

Al orar por otros no se debe esperar que mecánicamente ellos reciban el milagro de lo que por ellos pedimos, porque la forma en que trabaja la oración es llevando luz hacia la persona por la que oramos y ésta sentirá la necesidad de elevar su conciencia hacia el mundo espiritual, gracias a lo cual se abrirá su espacio para que llegue el milagro a su vida. Cuando oramos por nuestros seres queridos, ellos tendrán presente ponerse en manos de Dios y elevar sus plegarias hacia Él. Para ilustrar esto, viene perfecto el caso que narra Francisco Cándido Xavier en el libro "La Vida en el mundo espiritual" cuando el personaje que se comunica con él desde el Más Allá le participa así las experiencias terribles que tuvo cuando falleció: se encontró en un espacio desolado y triste por el que vagó durante mucho "tiempo" sufriendo y acosado por seres animalescos que eran como fieras insaciables. Ya exhausto, desconsolado, adolorido y desesperanzado, se acordó que existía Dios y aunque en el mundo no fue espiritual, sintió la necesidad de arrodillarse a rezar y después de mucho "tiempo" implorando y llorando, de repente vio que la nebulosidad se disipaba y apareció un anciano que le brindó auxilio. Fue llevado a reponerse de su dolor y después de algún tiempo, ya sintiéndose recuperado y acompañado por seres queridos, les preguntó cómo fue posible que había sido olvidado tanto tiempo por su madre (quien también ya había fallecido pero se encontraba en esferas más elevadas y él aún no la había visto), a lo que le respondieron que fue precisamente por las plegarias de su madre que él había llegado al estado de conciencia que lo impulsó a orar con toda su alma. El anciano que le ayudó le aclaró que Dios no esperaba los ruegos para amarle, porque lo ama continuamente, pero era preciso que él mismo rasgara los velos obscuros que cubrían su alma para poder ser atendido por los seres que se dedican a auxiliar. Este relato nos aclara sobremanera de qué forma funciona la oración, adicionalmente, nos indica lo trascendental que es orar por los que se nos han adelantado.

En el libro "Él vino a liberar a los cautivos", su autora, Rebecca Brown, describe la historia real de una joven que se vio envuelta en una secta satánica, y a medida que iba subiendo en grados dentro de la cofradía a la que pertenecía fue teniendo más poder y contacto con las entidades del Mal. Con el tiempo, la joven se convirtió en una gran sacerdotisa y como parte de su trabajo se le envió a atacar a una familia que se interponía con los designios del Mal, porque esta familia oraba y ayudaba a otros jóvenes a salirse de las sectas y romper el pacto con las fuerzas infernales. Cuando la joven, acompañada por sus adeptos, salió en cuerpo astral a atacar la casa de la familia en cuestión, se encontró con un muro formado por ángeles que rodeaban la casa. Estaban hombro con hombro protegiendo y obstruyéndoles el paso cuando ella dio la orden de arremeter contra ellos, pero todo fue en vano, pues cada vez que atacaban eran impulsados hacia atrás por una gran fuerza. Esto sucedió varias veces y finalmente ella se encontró perpleja tirada en el suelo a cierta distancia de los ángeles y cuestionándose internamente ¿cómo podía ser que ellos tuvieran más poder que ella, si las fuerzas del Mal le aseguraban que ellos eran más poderosos que Dios y que nadie podía derribarlos?... Mientras todo esto sucedía, en medio de la confusión, ella veía hacia los ángeles y su mirada se detuvo en los ojos de uno de uno de ellos, y lo que le sorprendió fue la efusión de amor, de profunda ternura y de paz que el ángel le transmitió mientras le preguntaba mentalmente: ¿hasta cuándo persistirás en esto?... ¿por qué no te acercas a Dios?... Finalmente tuvo que darse por vencida y se retiró del lugar. Durante los años que siguieron a este suceso, ella continuamente recordaba la dulce y amorosa mirada del ángel, pero pasó algún tiempo antes de que decidiera dejar este grupo y entregarse a Dios, por supuesto que al intentar dar ese paso su vida se volvió intolerable pero encontró quien le ayudara en ese proceso, y fue precisamente la autora del libro.

Con esta historia lo que se intenta transmitir es que los Ángeles, sea que creamos en ellos o no, cuando existe oración, por disposición de Dios, actúan automáticamente y protegen a las personas por las que se ora y también a las mismas que hacen la oración y el lugar donde lo hacen. Porque existe una ley cósmica: "lo semejante atrae lo semejante", y en este caso, los que oran se iluminan y cuando hay luz, están presentes los seres de luz, quienes se encargan de alejar las fuerzas de la oscuridad.

PRUEBAS DEL PODER DE LA ORACIÓN
EL PODER DE LA ORACIÓN Y DE LA MEDITACIÓN
DEMOSTRADO EN CRISTALES DE AGUA

Por qué la oración produce un efecto positivo sobre las células del que ora y también sobre aquélla hacia quien va dirigida ha sido un misterio que varios médicos y personas dentro del campo científico han dedicado mucho tiempo intentando descubrir. Gracias a esos esfuerzos, recientemente un médico japonés Masaru Emoto san, analizando cristales de agua congelada se dio cuenta que los pensamientos, los sentimientos, las palabras y las actividades del ser humano tienen la capacidad de alterar la estructura molecular del agua. El Dr. Emoto, tomando muestras tanto de agua natural, como de agua contaminada y de agua químicamente tratada, las expuso a ciertos sonidos, las examinó bajo un microscopio de campo oscuro, luego las fotografió y se dio cuenta que formaban dibujos que podían ser interpretados como mensajes. Cuando la muestra provenía de agua pura, manifestaron diferentes figuras semejantes a las de los copos de nieve, con un color luminoso y brillante. Cuando la muestra se tomó de agua químicamente tratada o de agua contaminada, el cristal mostró formas embotadas, obtusas, sin estructura ni color. Después de este descubrimiento, el Dr. Emoto prosiguió sus investigaciones para ver cómo eran afectadas las gotas por el pensamiento, por las palabras, por la música, las oraciones, las meditaciones, las fotografías, los nombres de personas, etc., etc., y descubrió que las respuestas a través del diseño fueron extraordinarias. Hizo experimentos con frascos de agua etiquetados con diferentes palabras o frases y logró delicados patrones cristalinos cuando las palabras o frases son las que percibimos como positivas y dignificantes, y contrariamente, cuando eran de frecuencia baja, las gotas se distorsionaban en figuras desagradables. El hallazgo del Dr. Emoto viene a confirmar la importancia de poner atención a nuestros pensamientos, la necesidad de evitar sentimientos egoístas y de rehuir el vocabulario soez y ofensivo. En los experimentos que realizó también se dio cuenta que las gotas tomadas de un recipiente al que se le agregaron gotas de aceite de flores aromáticas mostraron un diseño que intentó copiar las flores, lo que nos viene a ratificar también la importancia de fijarnos en lo que nos rodea y lo que adorna los espacios en los que nos desenvolvemos. Con todo esto podemos comprender que según lo que pensamos, sentimos, hablamos y hacemos, así como a lo que nos exponemos será la salud que manifestemos ya que nuestro cuerpo está compuesto de más de un 70% de agua, y si el agua de un organismo externo muestra conciencia y es afectado como lo demuestran estos experimentos realizados con seriedad y por un científico honesto, es inimaginable lo que sucede en un organismo vivo, animado por un Espíritu eterno e inmortal. En los más de 10.000 experimentos que ha realizado el Dr. Emoto, sólo para su primer libro, sin incluir los que se han llevado a cabo para el volumen 2, destacan los bellísimos dibujos que forman las gotas cuando reciben la emisión de las energías que provienen de la oración y de la meditación en el mundo espiritual, las que además presentan un extraordinario color dorado a diferencia del blanco y colores pastel que adquirieron con otros sonidos positivos, o del color obscuro y mate con expresiones negativas. El Dr. Emoto nos confirma cómo las palabras emiten una vibración determinada por el significado que tienen y segun la profundidad del sentimiento que le imprimen las personas que las pronuncian, y la gota de agua refleja esos factores; ejemplo de esto lo notó con palabras que se emplean para expresar lo mismo en lenguas distintas, como en el caso de "Gracias" en japonés que es "Arigato", "Thank you" en inglés, "Grazie" en italiano, "Merci" en francés, "Maraming Salamat" en tagalog, "Tarima Casi" en malasio, en cada caso, el cristal formó una estructura diferente, y aunque todas fueron hermosas, él recalca que prueba que estas palabras, aunque todas son para expresar agradecimiento, probablemente su raíz etimológica es distinta.

Entre los miles de experimentos, El Dr. Emoto y su equipo, también hicieron algunos para ver cómo podría ser alterada molecularmente el agua si se sometía a las ondas electromagnéticas provenientes de aparatos electrónicos; con este fin presentaban dos frascos de agua, uno sin etiqueta y otro con una etiqueta con las palabras "Amor – Gratitud". Estas pruebas las hicieron, en un caso, atando un frasco a un teléfono celular, luego hicieron lo mismo con otro frasco al que no se le puso ningún mensaje y fueron sorprendentes los resultados, como podrán apreciar en las láminas adjuntas. Hicieron esta misma prueba con frascos cerca de computadoras, televisiones y dentro de hornos de microondas. El resultado fue igual siempre: el agua con mensaje positivo presentó diseños bellos y el que no tenía mensaje mostró un patrón desagradable.

Si el agua copia lo que le rodea, las células de nuestro cuerpo también pueden verse afectadas o armonizadas con los cuadros y objetos que adornan nuestro hábitat; por lo que es importante que nos rodeemos de figuras, pinturas, láminas, etc., que nos permitan elevar la conciencia y mantener un estado de tranquilidad, serenidad y paz. El Dr. Emoto concluye que las palabras son las vibraciones de la naturaleza, por lo que las palabras bellas crean naturaleza bella, y las palabras feas crean naturaleza fea; además, nos comparte que las palabras "Amor y gratitud", mueven positivamente a expresar los sentimientos más profundos e importantes, y en sus experimentos, cada vez que en cualquier idioma eran usadas, lograba figuras hermosísimas. Cuando expresamos amor y gratitud, el agua en nuestro espacio y en nuestro organismo se ordena de manera maravillosa, por lo que debiéramos intentar usar estas palabras habitualmente y organizarnos mentalmente para que a través de sonidos y palabras con una elevada frecuencia podamos mantener la armonía en nuestra vida y en nuestro entorno.

Estas demostraciones del Dr. Emoto y su equipo nos vienen a confirmar la importancia de las bendiciones, por lo que debiéramos retomar la costumbre de bendecir diariamente a nuestros seres queridos y a todo lo que está en nuestro entorno, también de decorar nuestros espacios con cuadros que contengan frases pidiendo bendición como: "Dios bendiga este hogar", "Bendícenos Señor, y esta casa en tiempo de ansiedad y de alegría; benditos sean los amigos que entran y el techo y las paredes que protegen. Acompáñanos, Señor, de día y de noche; bendice nuestra labor y el descanso. ¡Señor, bendice esta casa y a los que viven en ella! Gracias, Señor", y también, para las personas que gustan de poner magnetos en el refrigerador, podrán tener frases como: "Señor bendice esta cocina con alegría y amor", "Señor bendice los alimentos que vamos a tomar y sirvan para emplearlos en tu santo servicio". Se pueden poner etiquetas en todas las cosas que tenemos en nuestro hogar u oficina, en la botella de agua que consumimos, etc., con frases semejantes a la siguiente:

"Dios mío, bendice esta agua (o alimento, o recámara, o casa u oficina, para que cada cosa y objeto en nuestro hogar y persona reciba la energía de amor que necesitamos), para que emane la esencia pura del Espíritu Santo que me protege, me anima y me da salud, bienestar, armonía, sabiduría, amor, paz y gracias celestiales para mí y para toda mi familia y los que aquí vivimos, para que podamos servirte siempre, Padre mío Celestial, por toda la eternidad. Gracias, Padre mío."

Los experimentos que realizó el Dr. Emoto fueron: pronunciando palabras, oraciones y cantos religiosos; también música instrumental y música popular cantada. También se hicieron meditaciones. Posteriormente hizo pruebas pegando etiquetas con palabras escritas sobre frascos con agua y dejándolos reposar durante un rato o algunas horas. Experimentó con frascos con letreros y otros sin letreros para ver qué diferencia existía entre uno y otro al acercar el frasco a aparatos con ondas electromagnéticas (televisión, computadora, horno de microondas, teléfono celular). Puso frascos con agua sobre fotografías y logró que el diseño enviara lo que percibió de la calidad espiritual de la persona que aparecía en ellas. Hizo lo mismo sobre láminas con delfines, fotos de los círculos en los trigales de Inglaterra, etc. Hizo pruebas con frases y palabras positivas unas y otras negativas, en diferentes idiomas. Agregó aceites aromáticos al agua en otras ocasiones, etc., etc. Sus sorprendentes resultados los expone en sus dos libros titulados Messages from water (Los mensajes del agua), vol. 1 y vol. 2, de los que podrán encontrar referencias en la página: http://www.hado.com, y de los que incluimos aquí sólo algunas muestras.

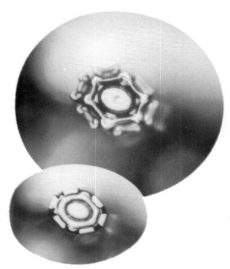

1.- Agua puesta sobre una imagen de un círculo de trigal en Inglaterra. El cristal intentó captar figuras aerodinámicas que semejan "ovnis".

2.- El Dr. Emoto agregó unas gotas de aceite aromático de manzanilla al agua y el diseño trató de copiar la flor de manzanilla, lo que podría sugerir que también nuestras partículas son influenciadas por lo que nos rodea.

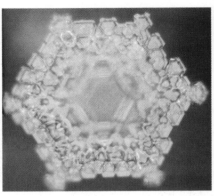

3.- La manera en que son etiquetados los frascos.

4.- "Om" la sílaba mística de los hindúes, refleja una estructura cristalina bellísima.

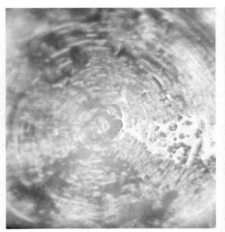

5.- Música Heavy Metal. Esta música está repleta de rabia por lo que el cristal se fragmentó drásticamente, indicando que el agua reacciona de manera negativa cuando es expuesta a este tipo de sonidos.

6.- Chopin, "Canción de Despedida" (Farewell song). Es uno de los cristales más extraordinarios, pues refleja el efecto que le produce esta música, separándose perfectamente en minúsculos segmentos que nos envían el mensaje de "separación".

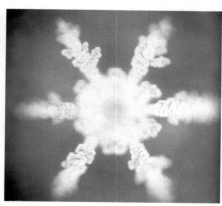

8.- Tchaikovsky: "Lago de los Cisnes". Un demonio transforma en cisne a la bella doncella, y aquí el cristal la refleja cuando está a punto de fallecer por el amor de su principe. Apareció después otro bellísimo cristal envuelto en un arco iris de amor.

7.- "Hertbreack Hotel" de Elvis Presley, refleja literalmente la letra de la canción : un corazón que se rompe en dos pedazos.

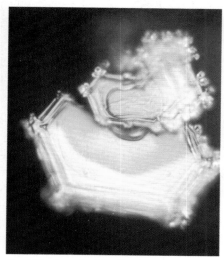

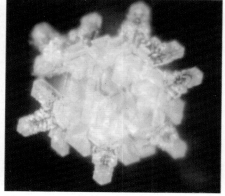

9.- Shubert: "Ave María". Se observa un hermosísimo cristal repleto de amor que se percibe en los cálidos colores en el centro. Nos señala la elevada vibración de esta música.

10.- Este cristal se formó después de ser expuesto a la música de la película "Siete años en el Tibet". El bello diseño confirma que el Sutra llega al alma y puede producir efectos benéficos en el cuerpo emocional de las personas.

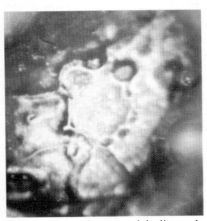

12.- Una de las estructuras más bellas legradas ahora, fue con la muestra del dique de Fujiwara después de orar a los 7 espíritus celestiales. Es la portada del Vol. 1 de "Los Mensajes del Agua", del Dr. M.Emoto

11.- Muestra de agua del dique de Fujiwara: cristal formado antes de orar. Cristal distorcionado

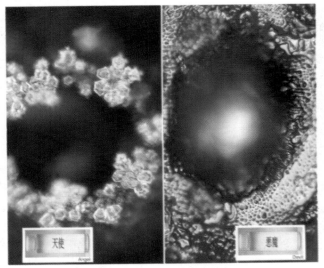

13.- "Ángel". Se puede apreciar un diseño bellísimo que refleja una especie de corona. Al contrario, la palabra "Diablo" (#14) se descompuso formando un desagradable dibujo.

204   LOS ANGELES DEL DESTINO HUMANO Vol. 2

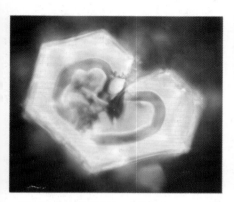

15.- "Ariran". Música folklórica coreana. La canción trata de dos amantes que se ven obligados a separarse, y precisamente esta dolorosa despedida está reflejada en el cristal.

16.- Cristal logrado después de colocar un frasco con agua sobre una lámina con delfines. De esta agua se extrajo la muestra cuyo diseño nos confirma el poder de sanación de los delfines.

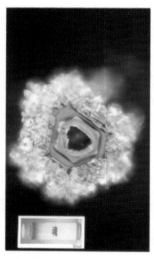

17.- "Alma". La palabra produjo un precioso diseño que intentó formar un corazón en el centro.

18.- "Demonio". Esta palabra produjo un dibujo que habla por sí solo. El cristal se distorsionó y mandó colores obscuros y desagradables. Lo curioso de esta prueba es que en japonés, la palabra Alma y la palabra Demonio son similares excepto por un trazo, como podrán apreciar en las palabras escritas sobre los frascos de agua.

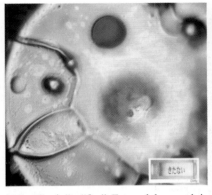

19.- "Sucio" o "feo". Esta palabra produjo un cristal con aspecto feo. Lo que nos dice que tanto las palabras escritas como las habladas influyen en el agua, y naturalmente también en nosotros que estamos compuestos de más de un 70% de agua.

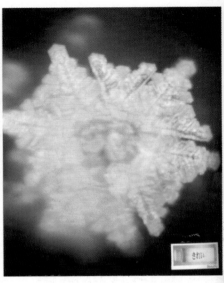

20.- "Bello" o hermoso. A diferencia del anterior, esta palabra produjo un diseño bello y hermoso.

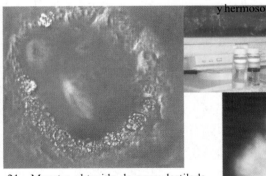

21.- Muestra obtenida de agua destilada expuesta a una computadora sin etiqueta.

22.- Agua con etiqueta cerca de computadora con palabras "Amor Gratitud" después de 4 horas.

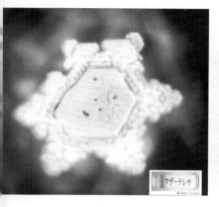

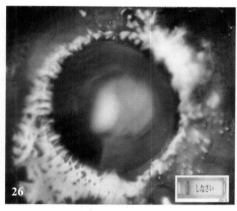

23.- Agua expuesta con el nombre de la Madre Teresa, este hermoso cristal intentó reflejar su imagen en el centro.

24.- Distorsionado cristal que arrojó la palabra Hitler.

25

26

5.- La palabra "Hagámoslo" envió un dibujo muy bello, mientras que la palabra "Hazlo"(#26) reflejó un aspecto de rebeldía totalmente diferente. Esto nos indica que es muy importante la forma en que nos dirigimos a los demás cuando queremos pedir algo; especialmente a los niños, pues cuando les hablamos con tono golpeado para darles instrucciones, experimentan sentimientos encontrados, a lo que se debe quizá, que muchas veces no obedezcan. Lo mismo sucede con las personas con las que tenemos un trato cotidiano. Muchas veces cuando otros nos ignoran, o no prestan atención a lo que decimos, puede ser por la forma en que usamos las palabras. Podemos corregir la manera de expresarnos para lograr más armonía con los que conviven con nosotros y también con aquellos que tratamos ocasionalmente.

27.- "Me enfermas, te voy a matar". Son palabras que usan frecuentemente los jóvenes hoy en día. La forma que reflejó el agua fue tan desagradable como se esperaba, pues el cristal se distorsionó, explotó y se dispersó semejando un ente listo para atacar. El diseño es un fiel reflejo de ésta y de muchas otras expresiones feas, a las que cotidianamente estamos expuestos. Es necesario hacer algo para contrarrestar el daño que este tipo de palabras producen en el espacio.

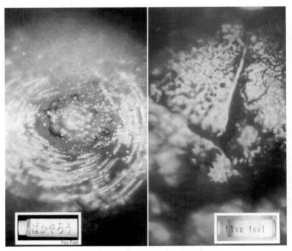

28.- "Tonto" en japonés y (29) "Tonto" en inglés. Es probable que la etimología de la palabra varía en cada idioma, pero los dos cristales reflejan figuras desagradables.

30.- Agua destilada sin etiqueta y expuesta a las ondas electromagnéticas de un teléfono celular.

31.- Hermoso cristal formado con etiqueta "Amor Gratitud" en agua ligada al teléfono celular después de hacer 10 llamadas sin contestar

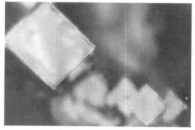

33.- El cristal se descompuso en cuadros con etiqueta "Comida chatarra"

32.- Bellísimo cristal que emite reflejos color de rosa, obtenido de agua con etiqueta con: "Comida preparada por mamá".

LUCY ASPRA

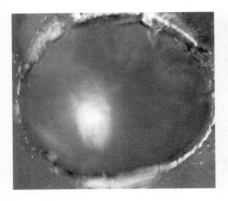

34.- Muestra después de exponer el frasco con agua sin etiqueta en el horno de microondas (15 segundos).

35.- Bellísimo cristal de agua con etiqueta "Amor Gratitud", expuesta por 15 segundos en el horno de microondas.

36.- Muestra de agua sin etiqueta expuesta a la televisión por 4 horas.

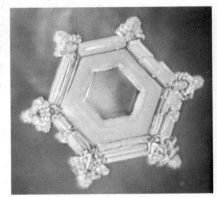

37.- Bello cristal formado después de exponer a la televisión 4 horas con etiqueta "Amor Gratitud"

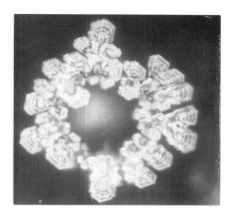

38.- Muestra de agua de una fuente en Lourdes, Francia. El cristal formado refleja el amor y la esperanza de más de 4 millones de seres que visitan este famoso santuario cada año.

LA ORACIÓN ES REQUISITO DE DIOS PARA RECIBIR LA ASISTENCIA DE LOS ÁNGELES.

En el Capítulo 5 del libro "¡Apariciones!"* se habla con cierto detalle del poder mágico de la palabra y la importancia de la oración; también se describe la forma en que los Ángeles trabajan para Nuestra Madre Celestial y la necesidad de la oración para que ellos puedan asistirnos aquí y socorrer a los que se han adelantado en su camino al Más Allá. Es muy importante que consideremos que cuando el ser fallece sólo recibirá asistencia si su espacio está iluminado por las obras buenas que realizó cuando tuvo cuerpo material y por el recuerdo bondadoso de los que quedan en la tierra y piensan en él con amor y ofrecen oraciones para ayudarle en su camino hacia la luz. En el otro lado, cada quien recibe lo que ha sembrado, si no hay espacios lumínicos no pueden acercarse los seres de luz a auxiliarle; si así fuera, no habrían planos astrales, ni purgatorio; ni existirían fantasmas "chocarreros" o almas confundidas, o perdidas o en pena, que no encuentran su ruta hacia la luz. La oración es de suma importancia por los difuntos; esto es muy importante que lo recordemos y no pensar que cuando la persona muere automáticament eamanece en el cielo y sin ningún mérito puede ascender

---

*Libro de esta autora

hacia los Planos de Amor, Tranquilidad, Paz y Sabiduría Celestial. Pensar con amor en el que ha fallecido y prodigarle el dulcísimo néctar de la oración es requisito indispensable para que pueda encontrar paz.

Además, hay que recordar que en la medida en que auxiliemos a los que se han ido será la proporción de la asistencia que recibiremos cuando demos ese paso.

En los mensajes de Jesús y de Nuestra Santísima Madre, se señala la importancia de la oración para reparar el daño que existe en el planeta. La condensación de las energías obscuras que provienen de la irresponsabilidad de la humanidad ahora se cierne sobre nosotros y como pesada y dañina carga amenaza con desplomarse sobre nuestro mundo. Por este motivo se están dando las Apariciones en todos los rincones de la Tierra, y siempre la petición es la misma, nunca ha variado: Contrición, oración y penitencia. Es necesario que el ser humano comprenda que todo lo que de él sale, está sujeto a reacciones. El libre albedrío no es una licencia para hacer el mal impunemente. A nivel personal, la "pena" (es decir: la reacción que sigue a la acción) por producir pensamientos, sentimientos, palabras y acciones irresponsables, es una vida con: calamidades, enfermedades, limitaciones, desarmonía, caos, etc. A nivel general, esos mismos factores arrojan desastres, tragedias, escasez, etc., en una familia, un grupo o una nación. La manera en que se pueden mitigar las reacciones a las acciones irresponsables es por medio de la oración, y los seres que nos guían intentan inspirarnos eso. En el caso de los seres que se nos han adelantado, es preciso auxiliarles para que puedan ascender por el camino de luz hacia Nuestro Señor, y esto se logra de la misma forma, porque sin las delicadas esencias que emanan de la oración hecha con fe, amor y recordando tiernamente al ser que se ha ido, éste puede andar vagando sin rumbo, desconsolado, solo, confundido y atemorizado en espacios que le son desconocidos. Sólo la luz que proviene del pensamiento de amor que reviste la petición a Dios puede auxiliarlo en ese cruce trascendental. No importa cuánto tiempo hace que se ha adelantado el ser querido, siempre es propicio el momento que se reza por él.

Orar debe ser nuestro estado de conciencia. No debemos limitarnos a orar sólo cuando estamos en un lugar determinado, sino practicarlo de tal manera que continuamente estemos hablando con Dios, con Jesús, con la Virgen y con los ángeles. Orar es hablar con Dios y con la corte celestial, y podemos hacerlo con nuestras propias palabras, exponiéndoles nuestras inquietudes, nuestras necesidades y pidiendo su ayuda y su intercesión. También podemos rezar las oraciones que han sido inspiradas para fines específicos, como las que se encuentran en el Capítulo 3 del vol. 1 "Morir sí es Vivir", donde se incluyeron varias oraciones para "Ayudar a bien morir" y para auxiliar al difunto; aquí hemos agregado algunas que son muy poderosas para diferentes necesidades:

"El fundador de la Congregación de las "Siervas de María", el Padre Ludwig Eduard Cestac, quien falleció en 1868, tuvo grandes dones espirituales y un día tuvo la divina visión de Nuestra Madre Santísima, quien le pidió que orara para que Ella enviara a los Ángeles para auxiliar a la humanidad. El Padre Cestac le objetó diciendo que Ella tiene suficiente poder para enviar a los Ángeles sin que nosotros lo pidamos, a lo que Ella le contestó: **"La oración es una condición requerida por Dios."** Si oramos con insistencia más pronto recibiremos la respuesta a nuestras peticiones. La siguiente oración fue dictada por la Virgen al Padre Cestac:

Oración poderosa para alejar las fuerzas malignas.

"¡Oh, augusta Reina del Cielo y Soberana de los Ángeles! Tú que has recibido de Dios el poder y la misión de aplastar la cabeza de Satanás, te pedimos humildemente que envíes las legiones celestiales, para que bajo Tus órdenes persigan a los demonios, los combatan por todas partes, repriman su audacia y los arrojen al abismo. ¿Quién como Dios? ¡Oh Santos Ángeles y Arcángeles, defiéndenos y guárdanos! ¡Oh buena y tierna Madre! ¡Tú serás siempre nuestro amor y nuestra esperanza! ¡Oh Divina Madre! ¡Envía los Santos Ángeles para defendernos y rechazar lejos de nosotros al cruel enemigo! ¡Santos Ángeles y Arcángeles, defiéndenos y guárdanos! Amén."

Esta oración fue enriquecida con Indulgencias por el Papa San Pío X, en 1908"

JACULATORIA PARA LOS DIFUNTOS

Cada vez que se vea un féretro, una carroza conduciendo un difunto, o se sepa de alguien que ha fallecido, es buena costumbre repetir la antífona del oficio de Difuntos: "Requiem eternam dona ei Domine, et lux perpetua luceat ei", que significa "Señor Mío, que descanse eternamente y dale la luz perpetua."

ORACIÓN A SAN JOSÉ PARA QUE NO SE PRACTIQUE EL ABORTO

Glorioso San José, varón bienaventurado y feliz a quien fue concedido hacer las veces de padre de Jesús, a quien llevaste en brazos, besaste, alimentaste y custodiaste, protegiéndolo de los peligros, especialmente de Herodes, que quería darle muerte; protege a la niñez de todo el mundo de los peligros y asechanzas que atentan contra la vida de su alma y de su cuerpo. Mueve los corazones de las madres para que sepan valorar y agradecer, como un don de Dios, la vida que se desarrolla en su seno, y no permitas que nadie atente contra esa vida humana que comienza. Ayuda a todas las familias para que formen a sus hijos en la fe y en el amor de Dios, imitando la dedicación con que la bienaventurada Virgen María y tú; santo Patriarca José, vivieron pendientes del Niño Jesús. Alcánzanos de la Trinidad Beatísima, por intercesión de nuestra Madre, Santa María de Guadalupe, que los gobernantes ejerciten el poder con justicia y rectitud, protejan sobre todo a los niños desde el seno materno y en su desarrollo, promulguen leyes justas y dediquen los mejores esfuerzos y recursos del país a la formación de la juventud, esperanza de nuestra patria. Intercede por todos, a fin de que viviendo las virtudes cristianas cada uno contribuya al cuidado y educación de todos los niños del mundo, para que crezcan como hijos de Dios y engrandezcan a nuestra nación. Amén

ORACIÓN EN EL CUMPLEAÑOS DE UN HIJO:

Te damos gracias, Señor, porque has bendecido nuestra casa

Y nos has confiado a este hijo. Una vez más lo ponemos en tus manos paternales.

Guíalo y condúcelo, bajo la protección de los santos ángeles

junto con nosotros a la felicidad eterna.

Defiéndelo del pecado y de la malicia del mundo,

manténlo en la fe y en tu amistad.

Hazlo fuerte, leal, generoso,

Para que su vid difunda un hálito de bondad y alegría

Que manifieste a todos la belleza de la vida cristiana. Amén

ORACIÓN DEL ENFERMERO O ENFERMERA

Señor, tú que sabes mi deber de asistir a los enfermos,

Haz que yo les sirva no solamente con las manos, sino también

Con el corazón; haz que yo los consuele. Amén.

Señor, tú que has tenido piedad para todo sufrimiento humano,

Haz fuerte mi espíritu, seguro mi brazo al curar a los enfermos

Y al auxiliar a los heridos; pero conserva sensible mi alma al

Dolor ajeno, delicada mi palabra, dulce mi trato, paciente mi asistencia. Amén.

Señor, tú que has creado la naturaleza humana compuesta de alma y cuerpo,

Infúndeme respeto por la una y por el otro, enséñame a consolar el alma

Afligida curando el cuerpo enfermo. Amén.

Señor, tú que has dicho que es hecho a ti el bien que se prodiga a los que sufren,

Haz que te vea a ti en ellos y a ellos en ti. Amén

Señor, tú que has prometido no dejar sin premio ni siquiera un vaso de agua dado

Por amor, concédeme la recompensa que sólo tú puedes dar a este mi trabajo,

Que quiero cumplir con piedad y con amor. Amén.

Y tú, María consoladora de los afligidos y salud de los enfermos,

Sé también para mí maestra de sabiduría y madre benigna. Amén (Paulo VI)

MILAGROSA ORACIÓN A MARÍA AUXILIADORA

Préstame Madre tus ojos para con ellos mirar, pues si con ellos miro no volveré a pecar.

Préstame Madre tus labios para con ellos rezar, pues si con ellos rezo el Padre me ha de escuchar.

Préstame Madre tu lengua para poder comulgar, pues tu lengua materna es de amor y santidad.

Préstame Madre tus brazos para poder trabajar, pues así el trabajo rendirá una y mil veces más.

Préstame Madre tu manto para cubrir mi maldad, pues cubierto con tu manto al cielo he de llegar.

Préstame Madre a tu hijo para poderlo adorar, pues si tú me das a Jesús ¿qué otra cosa puedo desear?

Y esa será mi dicha por toda la eternidad. Amén

ORACIÓN POR UN HIJO QUE ANDA EN MAL CAMINO

Señor, imploramos tu misericordia por nuestro (a) hijo (a), que anda en mal camino. Perdió el respeto a nosotros y el contacto contigo. Sabemos que cada joven tiene que experimentar su libertad. Te pedimos que le enseñes también su responsabilidad. Tú mismo eres a quien tenemos que dar cuentas de nuestros pensamientos, palabras, obras y omisiones. Ilumina a nuestro(a) hijo(a), para que no huya de ti, para que en las grandes y pequeñas pruebas de la vida, según tus divinos planes, que se decida por ti. Dale tu fortaleza, para que no sucumba en las luchas tan duras en este mundo secularizado. Amén. ¡María, Virgen poderosa, ruega por nuestra juventud!

SÚPLICA AL SEÑOR

¡Oh Señor! Por Tu Madre, te pido:

Calma mis nervios, amansa mi temperamento, domina mis ímpetus, da paz a mi corazón, renueva mis sentimientos, ilumina mi mente, dirige mi voluntad. Apodérate de mi libertad, aumenta mi fe, refuerza mi esperanza, enciéndeme en la caridad. Dame tu Espíritu para que te rinda, como al Padre, toda honra y toda gloria por toda la eternidad. Amén ¡Aleluya!

ORACIÓN PARA SALVAR UN MATRIMONIO

Padre de los cielos, nunca hubiera creído que pudiéramos herirnos tanto. Entiendo qué difícil es amar de verdad y qué débiles somos. Con razón dice Cristo, tu Hijo divino: "Sin mí no podéis hacer nada" (Juan 15:5). Reconozco mi propia culpa, no haber vivido una vida cristiana ejemplar. Pido tu misericordia y ayuda para perdonar. Ayúdanos, Señor, para que nuestro amor no perezca sino que madure. No nos dejes endurecer, sino haznos recordar cuántos favores nos hiciste y cuántas horas felices hemos pasado. Perdona nuestras ofensas como nosotros perdonamos. No nos dejes caer en la tentación de separarnos o divorciarnos, mas líbranos del mal. Por Jesucristo, Nuestro Señor. Amén

"ORACIÓN DE LIBERACIÓN Y CURACIÓN"

Ven, Espíritu Santo, penetra en las profundidades de mi alma con tu amor y tu poder. Arranca las raíces más profundas y ocultas del dolor y del pecado que están enterradas en mí. Lávalas en la Sangre preciosa de Jesús y aniquila definitivamente toda la ansiedad que traigo dentro de mí, toda amargura, angustia, sufrimiento interior, desgaste emocional, infelicidad, tristeza, ira, desesperación, envidia, odio y venganza, sentimiento de culpa y de autoacusación, deseo de muerte y de fuga de mí mismo, toda opresión del maligno en mi alma, en mi cuerpo y toda insidia que él pone en mi mente. ¡Oh bendito Espíritu Santo! Quema con tu fuego abrasador toda tiniebla instalada dentro de mí, que me consume e impide ser feliz. Destruye en mí todas las consecuencias de mis pecados y de los pecados de mis antepasados que se manifiestan en mis actitudes, decisiones, temperamento, palabras, vicios. Libera Señor, toda mi descendencia de la herencia de pecado y rebeldía con las cosas de Dios que yo mismo le transmití. ¡Ven, Santo Espíritu! ¡Ven en nombre de Jesús! Lávame en la preciosa Sangre de Jesús, purifica todo mi ser, quiebra toda la dureza de mi corazón, destruye todas las barreras de resentimiento, dolor, rencor, egoísmo, maldad, orgullo, soberbia, falta de tolerancia, prejuicios e incredulidad que hay en mí. Y, en el poder de Jesucristo resucitado, ¡libérame, Señor! ¡Cúrame, Señor! ¡Ten piedad de mí, Señor! ¡Ven, Espíritu Santo! Hazme resucitar ahora a una nueva vida, plena de tu amor, alegría, paz y plenitud. Creo que estás haciendo esto en mí ahora y asumo por la fe mi liberación, cura y salvación en Jesucristo, mi Salvador. ¡Gloria a Ti, mi Dios! ¡Bendito seas para siempre! ¡Alabado seas, oh mi Dios! En nombre de Jesús y por María, nuestra Madre. Amén, Amén y Amén

"ORACIÓN PARA CORTAR LAZOS DE HERENCIA"

En nombre de Jesucristo, yo ahora renuncio, rompo, me aparto y aparto a mis hijos (y cónyuge) de toda herencia síquica, prisiones del demonio, poderes síquicos, dependencias, cautiverios, enfermedades físicas o mentales, o maldiciones sobre mí o sobre mi familia, como resultado de los pecados, transgresiones, iniquidades, ocultismo o envolvimiento psíquico de parte mía, de parte de mis padres o de cualquiera de mis antepasados, o de mi cónyuge, de sus padres o de cualquiera de sus antepasados. Gracias, Señor Jesús, por haberme liberado. Amén, Amén y Amén

"ORACIÓN PARA CORTAR DEPENDENCIAS NEGATIVAS"

En nombre de Jesucristo, yo renuncio ahora, rompo y me aparto de todo sometimiento al demonio, de toda dependencia negativa de mis padres, de mi cónyuge, abuelos o cualquier otro ser humano, vivo o muerto, que en el pasado o ahora, de alguna forma me dominaron o controlaron de modo contrario a la voluntad de Dios. Agradezco, Señor Jesús, por haberme liberado. Me arrepiento también y pido que me perdones si dominé a alguien o controlé de forma equivocada. Amén, Amén y Amén

ORACIÓN PARA ROMPER MALDICIONES Y MAGIAS

En nombre de Jesucristo, yo rompo y aparto de mí, de mi marido (o de mi esposa), de mis hijos, a cualquier maldición, hechizo, vejamen, seducción, magia negra, azar, poderes síquicos, fascinación, embrujos, brujerías, que hayan sido puestos sobre mí o sobre la línea de mi familia por cualquier persona o personas, por cualquier fuente de ocultismo, y le ordeno a todos los espíritus relacionados con Satanás que nos dejen ya y no vuelvan nunca más. Me postro ante Jesucristo para siempre. Gracias, Señor Jesús, por habernos liberado. Amén, Amén y Amén

ORACIÓN DE RENUNCIA

En tu nombre, Señor Jesús, yo renuncio a todo pecado. Renuncio a Satanás, a sus seducciones, a sus mentiras y promesas. Renuncio a cualquier ídolo y toda idolatría. Renuncio a mi intransigencia para perdonar, reniego al odio, al egoísmo y a la arrogancia. Renuncio a todo lo que me hizo olvidar la voluntad de Dios Padre. Alejo de mí la pereza y el bloqueo psicológico, para que Tú puedas entrar en mi ser. ¡Oh María, Madre querida, ayúdame a aplastar la cabeza de Satanás! Amén, Amén y Amén

PODEROSA ORACIÓN DE SOCORRO CUANDO HAY ANGUSTIA

Gran Dios y Señor de mi alma, cuando se presentan problemas, yo recurro a esta oración, confiando en el nombre de Nuestro Señor Jesucristo. Necesito ser envuelto en el poder de Tu Espíritu Santo, y que toda la gracia del cielo venga al encuentro de mi vida, que sea eliminado el imperio del mal, que sea destruida toda obra del maligno, alejada toda perturbación y reprendida la hechicería. Que salga toda la envidia, que se aleje de mí la maldad, que mi cuerpo sea curado y que llegue a mí la bendición de la prosperidad, progreso en mi trabajo, bonanza en mi hogar, victoria para mi vivir y más fe para vencer. ¡Con Dios venceré! En nombre del Padre, del Hijo y del Espíritu Santo. Amén

PERDÓN A LOS ENEMIGOS

¡Oh mi Jesús! Perdono a mis enemigos por amor a Ti, los perdono porque yo Te he ofendido más gravemente de lo que ellos a mí. Mi Jesús, haz que yo te ame bastante y no me ame tanto. Enséñame a dominar las rebeldías de mi naturaleza y a crucificar mis pasiones. Enséñame la práctica de la humildad, de la vigilancia y de la oración, para que, en Ti y por Ti, me fortalezca en la obediencia de Tu santa ley. Amén

ORACIÓN DE PERDÓN

Padre Celestial, enciende en mí el fuego del amor divino. Condúceme a una unión más profunda con el Señor a través del perdón. Abre mis ojos y dame una nueva visión. Ayúdame a ver las áreas de mi vida que están en oscuridad por la falta de perdón. Señor Jesucristo, ayúdame a ser obediente, a perdonar. Ayúdame a amar y a perdonar como Tú amas y perdonas – incondicionalmente. Ayúdame a cambiar la orientación de mi corazón para que otras personas vean tu paz reinando victoriosamente en mí y deseen esta paz que viene sólo de Ti. ¡Oh dulce Espíritu Santo!, ilumina mi cuerpo, mi mente, mi corazón y mi alma. No permitas que ninguna área de mi ser permanezca en la oscuridad. Revélame todas las áreas donde haya falta de perdón, donde haya amargura, resentimiento, odio y rabia. Dame la fuerza y el deseo de abrirme al don y a la gracia del perdón, de aceptarlos y de actuar de acuerdo con ellos. Toda gloria, honra y alabanza al Señor, Padre amoroso, ahora y por toda la eternidad. Amén. ¡Aleluya! Amén.

ORACIÓN PARA PERDONAR Y PERDONARME

Padre, yo confieso que no he amado, al contrario he guardado resentimiento contra algunas personas, y me falta perdón en el corazón. Te pido que me perdones y que me ayudes a perdonar a todos los que de alguna forma me hirieron o me provocaron. Ahora, yo perdono a .... (nombrar a todos los que recuerdas, vivos o muertos). También te pido, Padre que perdones a estas personas y que las bendigas. Ahora yo también me perdono y me acepto. En nombre de Jesús. Amén

ROSARIO DEL PERDÓN
(Se reza con los misterios dolorosos)

Primer misterio: En el primer misterio, pido perdón a Jesús, pues Él oró y sudó sangre en el jardín de los olivos, porque muchas veces yo me dejo llevar por el orgullo, egoísmo, vanidad, rabia y odio.

Segundo misterio: En el segundo misterio, pido perdón a Jesús, pues Él fue azotado en la casa de Pilatos, porque muchas veces yo me dejo llevar por los

---
220   LOS ANGELES DEL DESTINO HUMANO Vol. 2

celos, envidia, autosuficiencia, hipocresía, pecados de la lengua, pereza y mentira.

Tercer Misterio: En el tercer misterio, pido perdón a Jesús, pues Él fue coronado de espinas porque yo me dejo llevar por los malos pensamientos, malas palabras, juicios y condenas, impurezas e infide!idades.

Cuarto misterio: En el cuarto misterio, pido perdón a Jesús, pues Él cargó la cruz porque yo, muchas veces, cometo pecados por falta de aceptación, por reclamar y murmurar, no queriendo llevar mi cruz.

Quinto misterio: En el quinto misterio, pido perdón a Jesús, pues Él fue crucificado por causa de la falta de confianza que yo tengo y por causa del miedo.

Señor Jesús, desde lo alto de la cruz me enseñaste a perdonar. Ayúdame a perdonar y a amar a las personas.

Yo perdono y amo..........................(decir nombres) esta frase debe repetirse con los nombres varias veces.

Así sea.

San Miguel Arcángel es el máximo protector contra las fuerzas de la oscuridad, por lo que se sugiere buscar su apoyo para liberarnos del acoso de cualquier entidad negativa.

ORACIÓN PARA ESCOGER A SAN MIGUEL COMO PROTECTOR ESPECIAL

Oh gran príncipe del cielo, fiel guardián de la Iglesia, San Miguel Arcángel, yo ....(decir el nombre), aunque indigno de presentarme delante de ti, confiando en tu especial bondad, conmovido por la excelencia de tu admirable intercesión y de la riqueza de tus beneficios, me presento ante ti, acompañado por mi Ángel de la Guarda, y en la presencia de todos los Ángeles del cielo, que tomo como testigos de mi devoción a Ti, te escojo hoy para que seas mi protector y mi abogado particular, y propongo firmemente honrarte con todas mis fuerzas. Asísteme durante toda mi vida, a fin de que jamás ofenda los purísimos ojos de Dios, en obras, en palabras y en pensamientos. Defiéndenos contra las tentaciones del demonio, especialmente las tentaciones contra la fe y la pureza. En la hora de la muerte, dále paz a mi alma e introdúcela en la patria eterna. Amén

INVOCACIÓN A LOS ÁNGELES GUARDIANES

Gracias les doy, gracias, oh espíritus bienaventurados, por el esmero con que vienen para defenderme de los demonios que me persiguen, ya que ellos como leones andan rugiendo, cercándome por todos lados para devorarme. Vengan, vengan también, oh espíritus de fortaleza, hagan un círculo a mi alrededor, para defenderme, porque suya será la honra, si con su ayuda yo alcance la victoria. Amén

ORACIÓN DE AGRADECIMIENTO

¡Oh Jesús!, Dios oculto y misterioso, yo Te agradezco los innumerables dones y los beneficios que me diste. Que cada latido de mi corazón renueve el himno de agradecimiento que yo Te dirijo, Señor. Que mi alma sea un himno de adoración a Tu misericordia. ¡Oh mi Dios! Yo te amo por Ti mismo. Amén

ACTO DE ADORACIÓN A JESÚS, A LAS TRES HORAS

Yo te adoro, mi Salvador Jesucristo, expirando en la cruz por Tu amor: yo te doy gracias por haberme rescatado con tu muerte. Padre eterno, yo te ofrezco a tu amado Hijo colgado en la cruz, desnudo, con llagas, perforado de espirnas y de clavos, desfallecido, padeciendo y agonizando. Sí, oh mi Dios, es tu amado Hijo que te ofrezco en este lastimoso estado; recibe su sacrificio; acepta la ofrenda que te hago. Es mi rescate, es la Sangre de un Dios, es la muerte de un Dios, es el propio Dios que te ofrezco para pago y satisfacción de mis deudas. Yo te lo ofrezco también para alivio de las almas del Purgatorio, de los afligidos, enfermos y agonizantes; por la conversión de los pecadores, por la perseverancia de los justos y para pedirte la gracia de una santa vida y de una buena muerte. Amén

ORACIÓN PARA OFRECER LOS SUFRIMIENTOS

Mi Dios, pongo a tus pies mi fardo de sufrimientos, de tristezas, de renuncias; ofrezco todo por el corazón de Jesús y pido a tu amor que transforme estas pruebas en alegría y santidad para los que amo, en gracia para las almas, en dones preciosos para tu iglesia. En este abismo de desgaste físico, de disgustos y cansancio moral de tinieblas, ¡deje que pase un rayo de tu triunfante claridad! O mejor, haz que todo este mal sirva para el bien de todos. Ayúdame a ocultar el despojamiento interior y la pobreza espiritual bajo la riqueza de la sonrisa y bajo los esplendores de la caridad. Cuando la cruz se torne más pesada, pon tu dulce mano bajo el fardo que tú mismo permitiste sobre mi cuerpo adolorido. Senor, yo te adoro y siempre seré tu deudor, porque como divino contrapeso a mis sufrimientos, tú me das la Eucaristía del Cielo. ¡Aleluya!

CONCLUSIÓN

Hoy en día, a través de las investigaciones que se realizan, el campo científico comienza a arrojar interesantísima información respecto a los seres que habitan los mundos invisibles. Algunos estudiosos concluyen que los egipcios habían llegado a conocer muchos misterios sobre lo que sucede en estos espacios intangibles, y es probable que su gran conocimiento derivara de entidades que les facilitaran el acceso a una mayor tecnología. Es posible que a partir de lo que pudieron recopilar en sus viajes astrales y experiencias shamánicas, los sacerdotes del antiguo Egipto formaron su misteriosa religión Heliopolitana con sus múltiples dioses. Existe una creencia generalizada hoy en día referente a que los nueve dioses principales del Antiguo Egipto están transmitiendo información a los habitantes del planeta, respecto a los acontecimientos que actualmente se viven, a la naturaleza de los cambios que se avecinan y especialmente la forma en que se deberá llevar a cabo la preparación para su inminente retorno. Si realmente son seres bondadosos y su interés es por el bien de la humanidad, no existiría ningún peligro, pero como hoy en día parece que la consigna es sembrar la confusión para que lo "malo" parezca "bueno" y lo bueno sea rechazado, es prudente tomar medidas de protección.

Como se ha sugerido a través de las páginas de este libro, es con la oración que podemos repeler cualquier energía obscura, porque la oración es la única arma que puede contra esas fuerzas. Sabemos también que los Ángeles, los divinos mensajeros de Dios, nuestro Padre Celestial, son los seres de amor que están al alcance de nuestro pensamiento, y todo aquél que con intención noble se acerca a ellos encontrará respuesta de inmediato. Sólo es necesario que pidamos su apoyo para que nos cubran con su luz de protección.

También es importante estar conscientes que todos eventualmente tendremos que cruzar el umbral hacia el más allá, y si nos preparamos para cualquier viaje en la tierra, con mayor razón debemos tener listo el equipaje de buenas acciones para el VIAJE hacia la eternidad. No se trata de vivir angustiados, ni morbosamente estar pensando sólo en la muerte sino comprender que el cuerpo material es temporal y que no debemos enfocar nuestra atención sólo en los placeres que el mundo tridimensional ofrece, sino también estar conscientes del mundo espiritual al que todos debemos aspirar porque es nuestra verdadera realidad (recordando que "real" es sólo lo que no se acaba, porque lo que tiene un tiempo de duración no pertenece a la eternidad, es una estructura artificial y es temporal.)

Siempre estaremos resguardados si nos acercamos a nuestro Ángel Guardián, recordando que quien está cerca de su Ángel sabrá qué camino tomar en momentos de conflicto. Y si de veras están por aparecer los seres cósmicos, como algunos creen, si son entidades que tienen propósitos tendenciosos y los que promulgan su llegada creen que son buenos, trabajan para su llegada y continuamente están invocando su presencia, debemos estar cubiertos con el resplandor de protección que da la oración. Por otro lado, nunca será en vano elevar nuestro pensamiento de amor al cielo, pues de esta manera podremos tener la certeza que a nuestra vida llegarán sólo los seres que emanen amor, ya sea que lleguen en vehículos espaciales o en su cuerpo de luz.

A los Ángeles, mensajeros de Dios, Nuestro Padre, que junto a San Miguel Arcángel, hoy trabajan arduamente para proteger a la humanidad, ofrecemos este trabajo, y les pedimos su protección en todos los momentos de la vida.

Con todo mi amor,

para San Miguel Arcángel y sus Ángeles.

BIBLIOGRAFÍA

- "So that´s in the Bible?" Broadman & Holman Publishers
- Aceves Hernández José Luis, San José, Nuestro padre y señor, devocionario; Ediciones Populares
- Agee M.J. The end of the Age, Avon Books
- Alford Alan F., Gods of the new millennium, New English Library
- Anónimo, Las Tablas Esmeralda de Tresmegisto, Editorial Solar
- Apócrifo, El Libro de Adán, Ediciones Obelisco
- Apócrifo, El Pastor de Hermas, Librería Parroquial de Clavería
- Apócrifo, The Lost Books of the Bible and the forgotten books of Eden, World Bible Pub., Inc.
- Apócrifo, Vida de Adán y Eva fuera del Paraíso, Muñoz Moya y Montraveta, Editories
- Apostolado Bíblico Católico, Oraciones del Buen Cristiano, Editorial Lecat
- Aspra Lucy, "Apariciones", Editorial La Casa de los Ángeles
- Aspra Lucy, "Diario Angelical", Editorial Sirio
- Aspra Lucy, Agenda Angelical, Sirio
- Aspra Lucy, Los Ángeles del Destino Humano "¡Morir sí es vivir!, Editorial La Casa de los Ángeles
- Aspra Lucy, Manual de Ángeles, vol. 1 "Di ¡Sí! a los ángeles y sé completamente feliz", La Casa de los Ángeles
- Aspra Lucy, Manual de Ángeles, vol. 2, "Las Emisiones Siderales de los Ángeles de la Astrología", La Casa de los Ángeles
- Bailey Alice A., El alma y su mecanismo, Editorial Sirio
- Bailey Alice A., Serving Humanity, Lucis Trust
- Bailey Alice, Tratado sobre el fuego cósmico, Kier
- Bailey Alice, Una gran aventura, la muerte. Sirio
- Banerjee Dr. H.N., The once and future life, Dell Publishing Co. Inc.
- Beltrán Anglada Vicente, Estructuración dévica de las formas, Editorial Eyras
- Beltrán Anglada Vicente, La jerarquía, los ángeles solares y la humanidad, Asociación Vives
- Beltrán Anglada Vicente, Magia Organizada planetaria, Arbor Editorial
- Berg Philip S. Dr., Las ruedas de un alma, Centro de investigación de la Cábala
- Besant Annie y C.W. Leadbeater, "Formas del Pensamiento", Editorial Humanitas
- Besant Annie, "Cristianismo Esotérico", Kier
- Besant Annie, El Hombre y sus cuerpos, Editorial Humanitas
- Besant Annie, El Poder del Pensamiento, Humanitas
- Besant Annie, El Sendero de la Iniciación, Reencarnación, Editorial Posada
- Besant Annie, Estudio sobre la Conciencia, Humanitas
- Besant Annie, Genealogía del Hombre, Kier
- Besant Annie, Lecturas populares de Teosofía, Editorial Posada

- Biblia de América, La Casa de la Biblia
- Biblia de Jerusalem, Editorial Porrúa, S.A.
- Biblia Latinoamérica, Editorial Verbo Divino
- Biblia Latinoamérica, Soc. Bíblica Católica Internacional
- Blavatsky H.P., Doctrinas y enseñanzas teosóficas, Dédalo
- Blavatsky Helena P., La clave de la Teosofía, Posada
- Blavatsky, Helena P., Isis sin velo II, Sirio
- Blavatsky, Helena P., Isis sin velo IV, Sirio
- Blavatsky, Helena P., La Doctrina Secreta I a VI, Kier
- Boulay R.A., Flying Serpents and dragons, The Book tree
- Bramley William, The Gods of Eden, Avon Books
- Budge Wallis, Salida del Alma hacia la luz del Día, Libro Egipcio de los Muertos, Abraxas
- Bueno Mariano, El Gran Libro de la Casa Sana, Roca
- Calle Ramiro A., Enseñanzas para una muerte serena, Ediciones Temas de Hoy S.A.
- Castro Maisa, org. Oraciones de Poder II, Raboni editora
- Champdor Albert, El Libro Egipcio de los Muertos, Edaf
- Chevalier/Alain Gheerbrant, Diccionario de los símbolos, Herder
- Codesal A., Evangelios Concordados ilustrados, Apostolado Marian
- Collins Andrew, From the Ashes of Angels, Bear & Company
- Conway D.J., Magickal Mystical Creatures, Llewellyn Publications
- Cotterell Maurice M. The Supergods, Thorsons
- D'Alveydre Saint-Yves, La Misión de la India, Luis Cárcamo Editor
- Delacour Jean-Baptiste, Glimpses of the Beyond, Dell Publishing Co.
- Diccionario Esotérico de la Biblia, Océano/Abraxas
- Diccionario Rosacruz recopilado por Fraternidad Rosacruz, Kier
- Dorbenko Uri, Inside stories of true conspiracy, Conspiracy Digest
- Emoto Masaru, Dr., Messages from Water, Vol. 2, I.H.M. General Research Institute
- Emoto Masaru, Dr., The Message from Water, I.H.M. General Research Institute
- Enciclopedia de la Biblia, Ediciones Garriga
- Essene Virginia and Sheldon Nidle, You are becoming a galactic human, S.E.E. Publishing Co.
- Fortune Dion, "Autodefensa Psíquica", Edaf
- Gale-Kumar Kristina, The Phoenix returns, Sai Towers Publishing
- Godtsseels S.J., Biblia Temática,
- Guiley Rosemary Ellen, Enciclopedia of Mysticl & Paranormal Experience, Harper's
- Hall Manly P., El recto pensamiento, Kier
- Hall Manly P., Ensayos sobre los principios fundamentales de la práctica, Kier
- Hall Manly P., Fuerzas Invisibles, Kier
- Hall Manly P., La anatomía oculta del hombre, Kier
- Hall Manly P., Las facultades superiores y su cultivo, Kier

- Hall Manly P., Lo que la sabiduría antigua espera de sus discípulos, Kier
- Hall Manly P., Muerte y más allá, Kier
- Hall Manly P., Reincarnation, The Cycle of Necessity, The Philosophical Reserach Society Inc.
- Hall Manly P., The Secret Teachings of all ages, The Philosophical Reserarch Soc., Inc
- Hall Manly Palmer, Melquisedec y el misterio del fuego, Kier
- Havers Guillermo M., Rezad cada día, Libros católicos
- Heindel Max, "El cuerpo vital y el cuerpo de deseos, Kier, S.A.
- Heindel Max, "Principios ocultos de la salud y curación", Editorial Kier, S.A
- Heindel Max, Concepto Rosacruz del Cosmos, Luis Cárcamo, editor
- Heindel Max, El Velo del Destino, Editorial Kier, S.A.
- Henry William, "El Retorno del Mesías", Robin Book
- Herraiz Maximiliano, San Juan de la Cruz, Obras completas. Ediciones Sígueme
- Herraiz Maximiliano, Santa Teresa de Jesús, Obras Completas. Ediciones Sígueme
- Hodson Geoffrey, El Reino de los dioses, Kier
- Hodson Geoffrey, Occult powers in nature and in man, The Theosophical Publishing House
- Hodson Geoffrey, Preparación para el Nacimiento, El libro del Maestro, A.C.
- Howe George & G.A. Harrer, A Handbook of Classical Mythology, Oracle
- Hyatt David, Más allá de la muerte, Grupo Editorial Tomo
- Icke David, Alice in Wonderland, Bridge of Love
- Icke David, The Biggest Secret, Bridge of Love
- Icke David, The Children of the Matrix, Bridge of Love
- Jacobo Heriberto M., Oraciones para enfermos y difuntos, Ediciones Paulinas
- Jinarajadasa C., Fundamentos de Teosofía, Editorial Kier
- Keel John A., Operation Trojan Horse, IllumiNet Press
- Keith Crim, The Perennial Dictionary of World Religions, Harper San Francisco
- Keith Jim, Mind Control, World Control, Adventures Unlimited Press
- Kirton M. Isabella, El alma del niño no nacido, Errepar
- Klimo Jon, Mensajes del Más Allá, Roca
- Kübler-Ross Elizabeth La Muerte: un amanecer, Océano
- Kübler-Ross Elizabeth, Vivir hasta despedirnos, Océano
- Kübler-Ross Elizabeth, La Rueda de la vida, Punto de Lectura
- Leadbeater C.W., El hombre visible e invisible, Editorial Humanitas
- Leadbeater C.W., El Plano Astral y el Plano Mental, Editorial Kier, S.A.
- Leadbeater C.W., Los Sueños, Editorial Humanitas
- Leadbeater C.W., Vislumbres de ocultismo, Humanitas
- Leadbeater, C.W., "El Más Allá de la Muerte", Casa de Horus, S.L.
- Leadbeater, C.W., "La Vida interna", Editorial Teosófica
- Leadbeater, C.W., "Un libro de texto de teosofía", Editorial Humanitas
- Leadbeater, C.W., A los que lloran la muerte de un ser querido. Editorial Orion
- Leadbeater, C.W., Los Chakras, Edicomunicación, S.A.

- Leadbeater, C.W., Protectores Invisibles, Humanitas
- Leloup Jean – Yves, The Gospel of Mary Magdalene, Inner Traditions
- Levitt/Weldon, Is there life after death? Harvest House Pub.
- López Rangel Carlos, Atrocidades del Fanatismo, Edamex
- Maes Hercilio, Ramatís, La vida más allá de la sepultura, Kier
- Maes Hercilio, Ramatís, Magia de Redención, Editorial Kier, S.A.
- Marrs Jim, Alien Agenda, Perennial
- Marrs Jim, Psi Spies, AlienZoo Publishing
- Mayo Esteban, Los Misterios, Editorial Mayo
- Meek George W., Dr., Morir y después... ¿qué pasa? Diana
- Morehouse David, Psychic Warrior, St. Martin´s Paperbacks
- O´Day Gail R., David Peterson, "The Access Bible" with the Apocryphal/deuterocanonical Books, Oxford University Press
- P. Luis Butera V., Novenario Bíblico para difuntos, Edisepa
- Picknett Lynn / Clive Prince, The Stargate Conspiracy, Berkley Books, New York
- Pavri P., "Teosofía explicada", Editorial Orión
- Pelton Robert W., Confrontations with the devil, Pocket Books
- Pfeifer Cornelio Orc., Pbro., Devocionario a los Ángeles, Dixit
- Powell Arturo E., El Cuerpo Astral, Editorial Kier, S.A.
- Powell Arturo E., El Cuerpo Mental, Kier
- Powell Arturo E., El doble etérico, Kier
- Powell Arturo E., El Sistema Solar, Kier
- Powell Arturo, El Cuerpo Casual y el Ego, Kier
- Reyes, Benito F., Evidencia Científica de la existencia del alma, Errepar
- Riviere Jean, Amuletos, talismanes y pantáculos, Martínez Roca
- Rojo de la Vega José y Patricia Negrete, Un pésame para consolar, Editorial Renacimiento
- Sada Ricardo y Monroy Alfonso, Curso de Teología Sacramentaria, Editorial Minos
- Sagrada Biblia, Editorial Herder
- Sagrada Biblia, Grolier
- Schlemmer Phyllis V., The Only planet of choice, Gateway Books,
- Sherman Harold, The dead are alive, Ballantine Books
- Schroeder Gerald L.,The Science of God, Broadway Books
- Sitchin Zecharia, Genesis Revisited, Avon Books
- Sogyal Rimpoché, El Libro Tibetano de la Vida y de la Muerte, Urano
- Sri Krishna Prem and Sri Madhava A., Man, the measure of all things, The Theosophical Publishing House
- Steiner Rudolf, Las manifestaciones del Karma, Kier
- Stevens Ernest J., Ph.D., Lights, Colors, tones and nature´s finer forces. Health Research
- Strassman Rick, DMT The spirit molecule, Park Street Press
- Strong James Ll.D., S.T.D., The New Strong´s exhaustive concordance of the Bible, Thomas Nelson Publichers

- Swerdlow Stewart A., Blue Blood, true blood, Expansion Publishing Co. Inc.
- Szekely Edmond Bordeaux, El Evangelio de los Esenios, Sirio
- Szekely Edmond Bordeaux, El Evangelio de los Esenios II, Sirio
- Szekely Edmond Bordeaux, El Evangelio de los Esenios, III y IV, Sirio
- Szekely Edmond Bordeaux, El Libro Esenio de la Creación, Sirio
- Szekely Edmond Bordeaux, Las Enseñanzas de los Esenios desde Enoch hasta los rollos del Mar Muerto, Sirio
- Taylor Richard S., Diccionario Teológico Beacon, Casa Nazarena de Publicaciones
- Trigueirinho, "La muerte sin miedo ni culpa", Kier
- Unger Cerril F., "Los demonios y el mundo moderno", Logoi
- Uyldert Mellie, Esoterismo de las plantas, Edaf editores
- Van Praagh James, Hablando con el cielo, Editorial Atlántida
- Wentz Evans, El Libro Tibetano de los Muertos, Kier
- White Michael, Weird Science, Avon Books
- Wilson R.H. El Cuerpo Astral, Ediciones Doble-R S.L.
- Wilson Robert Antón, Everything is under control, Harper Perennial
- Xavier, Francisco Cándido, La Vida en el mundo espiritual, Kier
- Xavier, Francisco Cándido, Misioneros de la Luz, Kier
- Xavier, Francisco Cándido, Volví de otro mundo, El Libro del Maestro, A.C
- Zaniah, Diccionario Esotérico, Editorial Aldilá

OTROS LIBROS DE LUCY ASPRA

DIARIO ANGELICAL. Un libro para que puedas comunicarte con tu Ángel Guardián y recibir un mensaje diariamente de él. Publicado por Editorial Sirio.

AGENDA ANGELICAL ¡La Agenda mágica. Es una Agenda perpetua que puedes adquirir cualquier día del año porque te funciona para siempre. Son 365 Ángeles listos para guiarte, asesorarte y llenarte de amor. Publicado por Editorial Sirio.

MANUAL DE ÁNGELES, vol. 1 "Di ¡Sí! a los Ángeles y sé completamente feliz". Contiene toda la información para comenzar un estudio profundo sobre los divinos servidores de Dios. Es un método para que puedas dar cursos sobre los Ángeles; conocer las respuestas sobre su naturaleza y función. Contiene 27 láminas a color y tiene información sobre las diversas jerarquías celestiales; la relación entre los Ángeles de las distintas religiones y filosofías. Contiene ejercicios, meditaciones, oraciones, etc.

MANUAL DE ÁNGELES, vol 2, "Las Emisiones Siderales de los Ángeles de la Astrología". Trata de los Ángeles que cíclicamente nos cubren con sus emisiones cósmicas. Los nombres con que se conocen, de dónde derivan y qué significan. La misión de las personas según las emanaciones que reciben de los Ángeles y el servicio que están llamadas a desempeñar. Lláminas a todo color de los Ángeles de la Astrología. Encontrará toda la información que requiere sobre el Ángel de cada Signo astrológico.

"APARICIONES" ¿Qué significan las apariciones?, ¿quiénes las ven? Información sobre "Rosa Mística", la Virgen Enfermera, la Virgen Exorcista etc. Es la Enfermera Celestial que muchos doctores, enfermeras y pacientes "han visto" en los hospitales. Oraciones poderosas, meditaciones, la Corona de San Miguel, relatos de curaciones milagrosas, oraciones de exorcismo y mucho más.

LOS ÁNGELES DEL DESTINO HUMANO, vol. 1 "¡Morir sí es vivir!", es un libro para perder el miedo a la "muerte" porque la "muerte" no existe, sólo es volverte invisible. ¿De dónde venimos? ¿Por qué estamos aquí? ¿A dónde vamos?... ¿Qué son los sueños?... Cuál es la función de los Ángeles del Silencio que laboran activamente a la hora de la "Muerte". Cómo nos asisten los Ángeles de la Vida en el momento de la partida final. Cómo ayudar a los que se adelantan. No temas, la muerte no existe, sólo es la puerta de entrada a otro estado de conciencia, a un mundo objetivo que vibra en una frecuencia distinta a la del mundo físico. El que fallece ¡¡VIVE!! Sólo que no lo pueden ver los que siguen en la Tierra. ¡Este es el libro más importante de tu vida! Aquí encontrarás respuestas claras. Sabrás cómo actuar cuando llegue el momento más trascendental de tu vida. Contiene: oraciones, meditaciones, ejercicios para ayudar a bien morir etc.

Puedes adquirirlos en:

La Casa de los Ángeles
Campeche 261, Esq. Chilpancingo, Col. Hipódromo Condesa
México, D.F., C.P. 06100
Tels. (55) 5574-3052 / 5584-2325 /5564-3392
e-mail: casangel@prodigy.net.mx
www.lacasadelosangeles.com.mx

Esta obra termino de imprimirse
en Septiembre de 2003
en los talleres de
GM Impresores`
Tel. 56 33 98 09
Editado por :
Editorial La Casa de los Ángeles
Edición: 5000 Ejemplares.